삶으로서의 은유

Metaphors We Live By

George Lakoff and Mark Johnson

삶으로서의 은유
수정판

조지 레이코프·마크 존슨 지음

노양진·나익주 옮김

삶으로서의 은유
수정판

수정판 1쇄 발행 2006년 11월 25일
수정판 12쇄 발행 2025년 8월 25일

지은이 조지 레이코프·마크 존슨
옮긴이 노양진·나익주
펴낸이 박찬익

펴낸곳 ㈜ **박이정**
경기도 하남시 조정대로45 미사센텀비즈 8층 F827호
Tel. 031)792-1193, 1195, Fax. 02)928-4683
http://www.pijbook.com, E-mail pijbook@naver.com
등록 2014년 8월 22일 제2020-000029호

ISBN 89-7878-832-7 93700

값 22,000 원

수정판을 옮기면서

『삶으로서의 은유』는 1981년 초판이 나온 지 20여 년이 지난 2003년에 수정판이 발간되었다. 수정판에서는 내용의 변화는 없고 다만 30여 쪽에 달하는 「저자 후기」를 추가했다. 저자들은 새로운 후기에서 초판 발간 이후 이 책과 관련된 지적 상황의 변화를 개괄적으로 서술하고 있으며, 그 동안 자신들의 부분적인 이론 변화에 관해서도 간략하게 언급하고 있다.

이번 수정판의 번역본에서는 초판의 번역본에서 지적되었던 크고 작은 문제를 수정하고 보완했다. 대부분 용어 사용과 같은 표현상의 문제들이다. 수정판의 출간을 위해 또 다시 많은 분의 도움을 받았다. 전체적으로 초판 번역본을 읽어 주신 정순희 선생님께 감사드리며, 섬세한 교정과 최종적인 편집 작업을 위해 애써 준 전남대학교 철학과 대학원의 곽소현 님과 주선희 님에게도 감사를 표하고 싶다. 특히 어려운 출판 여건 속에서 우여곡절 끝에 수정판의 출간을 맡아 주신 박이정의 박찬익 사장님께도 깊은 감사를 드린다.

2006년 10월
노양진·나익주

옮긴이의 말

이 책의 원저가 언어학자와 철학자의 공동작업의 산물이듯이 이 번역도 언어학도와 철학도의 공동작업으로 이루어졌다. 나익주는 서강대학교 대학원 재학 시절 김태옥 선생님과 연세대학교 이기동 선생님의 지도 아래 이 책을 접했고, 노양진은 서던일리노이대학교에서 이 책의 저자인 마크 존슨의 지도 아래 언어철학을 공부했다. 우리는 우연히 이 책에 대해 친근한 인연이 있음을 알게 되었고, 아직 국내에 완역되어 있지 않은 점을 감안하여 번역에 착수했다.

이 책은 외형적으로는 아주 쉽고 평이하게 씌어 있지만 이 책이 담고 있는 함의들은 언어학적으로 뿐만 아니라 철학적으로도 아주 깊고 신선한 것들이다. 레이코프와 존슨은 각각 독자적인 탐구를 수행하는 과정에서 매우 중요한 관심사를 공유하고 있다는 것을 깨닫게 되었는데, 이 책은 이러한 관심사에 대한 공동 연구의 산물이다. 이들의 핵심적 관심사는 철학과 언어학에서 전통적인 주류로 간주되어 온 '객관주의'(objectivism)가 심각한 문제를 안고 있다는 것이다.

객관주의는 이 세계에 관해 하나의 정확한 기술이 가능하다는 믿음을 바탕으로 선(善), 진리, 옳음 등을 탐구할 때도 항구적이고 객관적인 기준이 있으며, 또 있어야 한다고 주장한다. 언어학, 특히 의미 이론에서 객관주의는 언어가 그 자체로 고정된 문자적·객관적 의미를 갖는다고 가정한다. 레이코프와 존슨은 이러한 객관주의가 우리의 실제 언어와 사고의 많은 부분을 일방적으로 무시하거나 간과할 때에만 가능한 견해라고 주장한다. 여기에서 이들이 주목하는 것이 바로 '은유'(metaphor)이다. 레이코프와 존슨에 따르면 전통적으로 언어학과 철학은 은유(隱喩)를 다만 시(詩)나 수사(修辭)에 적합한 장식적인 언어 사용 기교로 간주함으로써 은유를 주변적 관심사로 간주해 왔다. 이에 반해 이들은 이 책을 통해 단순한 언어 현상으로 무시해 왔던 은유가 언어뿐만 아니라 우리의 사고와 행위에서도 중심적인 역할을 하고 있다고 주장한다.

이 책이 보여주는 것은 우리의 언어가 은유적이라는 사실을 우리 대부분이 일상적으로 의식하지 못하지만, 은유는 너무나 자연스러운 현상으로서 언어 속에 넓게 확산되어 있다는 것이다. 언어에 스며 있는 이러한 관습적 은유는 우리의 사고와 경험 속의 더 근본적인 은유적 구조에 의해 형성된다. 우리의 개념화와 행동에서 정합성과 질서의 대부분은 개념적 은유의 체계가 우리의 경험을 정합적으로 구조화하는 방식에 근거한다. 따라서 내적 자아, 관습, 인간관계, 일, 사회생활, 도덕적 경험 등 우리의 가장 기본적인 실재의 일부는 객관적으로 주어지는 것이 아니라 우리 문화의 은유들에 의해서 정의된다. 그리고 체험적 은유(experiential metaphors)는 문화에 따라 다르기 때문에 그러한 은유가 정의하는 문화적인 실재도 문화에 따라 다르다. 따라서 진리는 절대적인 것이 아니라 언제나 인간의 이해에 근거하고, 인간의 이해는 또한 은유적으로 구조화된다. 이러한 견해는 언어와 의미, 진리에 관한 서양철학과 언어학의 지배적인 이론에 대한 심각한 도전이다.

레이코프와 존슨은 자신들의 입장을 '체험주의'(experientialism)라고 부르는데, 체험주의에 대한 이론적 서술은 이 책의 논의만으로는 그 윤곽이 충분히 드러나지 않는다. 체험주의에 대한 더 상세한 서술은 레이코프의 『여자와 불, 위험한 것들』(*Women, Fire, and Dangerous Things*, 1987)과 존슨의 『마음 속의 몸』(*The Body in the Mind*, 1987), 그리고 레이코프와 존슨의 『몸의 철학』(*Philosophy in the Flesh*, 1999)에서 찾아 볼 수 있다. 요약하면, 체험주의의 핵심적 주장은 우리의 모든 사고와 이해의 뿌리가 우리의 신체적 활동에 있으며, 보다 복잡하고 추상적인 사고는 신체적 활동을 토대로 하는 은유적 확장을 통해서 이루어진다는 것이다. 물론 이러한 주장이 『삶으로서의 은유』에서 제시한 논의만으로는 충분히 지지받을 수 있는 것은 아니지만, 이 책을 읽는 과정에서 적어도 이 책이 그러한 가정을 논의의 핵심적 바탕으로 삼고 있다는 점은 염두에 둘 만하다.

철학적 측면에서 볼 때 체험주의의 특징은 객관주의를 거부하면서도 극단적인 주관주의 또는 상대주의에 기울지 않는다는 점이다. 말하자면 체험주의는 객관주의와 주관주의(나 상대주의)의 이분법적 대립을 넘어서는 제3의 관점을 지향한다. 즉 인간의 인식이 생리적 차원에서는 상호주관성을 가능케 하는 공통적 특성을 갖지만 더 추상적인 단계에서는 여전히 자연적·문화적·사회적 변이에 상대적이라는 포괄적 입장을 취한다. 물론 이들의 주장은 아직도 많은 복합적 논의의 소지를 안고 있는 것이 사실이지만, 이 주장을 지지하는 방대한 증거가 언어학, 인류학, 심리학, 신경과학, 인지과학, 컴퓨터과학 등의 경험과학 영역에서 지속적으로 발견되고 있다.

『삶으로서의 은유』는 그 동안 독일어와 스페인어, 일본어를 비롯한 여러 언어로 번역되었으며, 영어권의 많은 대학에서 학부와 대학원 교재로 사용하고 있어서 이미 인지언어학 분야에서는 고전으로서의 확고한 지위를 굳혔다. 이 책은 주로 '인지문법'(cognitive grammar)을 연구하는 언어학자들이 1980년대 초반에 국내에 소개해 몇몇 대학에서 언어학 과목의 교재로 사용하고 있지만, 철학 분야에서는 관심이 여전히 미미한 상태이다.

이 책에서 제시하는 이론 자체는 언어학적으로나 철학적으로나 아주 새로운 것이기는 하지만 전반적으로 아주 평이한 문체로 씌어 있고, 또한 이 책이 제시하고 있는 수많은 실례는 우리가 일상에서 쉽게 접할 수 있는 표현이어서 언어학이나 철학, 여타의 인문학

전공자, 인지과학 전공자는 물론 마음의 본성에 관심이 있는 독자들은 누구든지 큰 부담 없이 이해할 수 있을 것이라고 생각한다.

그럼에도 불구하고 저자들의 이론이 소개하는 새로운 개념을 우리말로 옮기는 데에는 단순히 기술적인 것 이상의 어려움을 겪어야 했다. 그 대표적인 한 예가 다소 생경해 보이는 '체험주의'라는 용어일 것이다. experientialism의 어원이 experience(경험)라는 점을 감안하면 '경험주의'라고 옮기는 것이 자연스러울 것으로 보이지만, 전통적인 '경험주의'(empiricism)와의 개념적 혼동을 피할 생각으로 그렇게 선택했다. 또한 체험주의가 사용하는 '경험' 개념은 전통적인 경험주의의 '경험'과는 매우 다른 폭과 의미를 갖지만, 여전히 '경험'이라고 옮겼다. 전통적인 경험주의가 경험이라는 말을 '우리의 감각에 직접적으로 주어지는 것'이라는 매우 제한적인 의미로 사용하는 반면, 체험주의는 경험을 물리적이든 추상적이든 '우리를 인간으로 만들어 주는 모든 것'이라는 포괄적 의미로 사용하고 있다. 이러한 경험 개념은 체험주의의 논의에서 매우 중요한 부분이기 때문에 단순히 용어 문제라는 차원을 넘어서서 전반적인 이론적 맥락 속에서 섬세하게 고려해야 할 문제이다.

주로 언어학과 관련된 전반부는 나익주가 옮겼고, 철학적 논의가 주를 이루는 후반부는 노양진이 옮겼다. 전체적으로 원문과 대조하여 함께 수정하고 윤문도 했지만 여전히 부족함이 있을 것이다. 이 책에서 제시하는 수많은 표현은 실제 영어의 일상적 용례이기 때문에 이 책의 논의의 맥락을 잃지 않고 그 표현의 의미를 동시에 우리말로 전달하려다 보니 몇몇 눈에 거슬리는 부분을 피할 수 없는 경우도 있었다. 이러한 점에 대해서는 관심 있는 독자의 조언과 양해를 구한다. 그리고 독자의 편의를 위해 원문에 없는 「찾아보기」를 추가했다.

레이코프와 존슨은 이 책의 한국어판 출판에 적극적인 동의와 격려를 아끼지 않았다. 번역된 원고를 일독하고 많은 수정과 조언을 해 주신 전남대학교 철학과의 조재인 선생님과 우리말 쓰기를 꼼꼼히 바로잡아 주신 국어국문학과의 정경운 선생님께 특별한 감사를 드린다. 또한 번역투의 표현을 자연스러운 우리말로 다듬어 주신 김행순 선생님과 강정희 선생님께도 감사드린다. 그렇지만 여전히 발견될 오역과 졸역은 모두 옮긴이들의 책임이며, 앞으로 기회가 허락하는 대로 보완할 생각이다.

1995년 6월
노양진·나익주

* 수정판 11쇄를 펴내며

『삶으로서의 은유』는 1995년의 초판과 원서의 증보판(2003)을 번역한 2006년의 수정판을 합하여 18쇄를 찍었다. 이 수정판을 꼼꼼히 다시 읽으며 일부 전문 용어의 번역어를 바꾸고 어순과 호응 관계를 조정하며 번역문을 다듬어서 가독성을 높이고자 했다.

2024년 6월

지은이의 말

이 책은 사람들이 어떻게 자신의 언어와 경험을 이해하는가에 대한 우리 두 사람의 공통 관심사에서 비롯되었다. 1979년 1월 초에 처음 만났을 때, 우리는 서양철학과 언어학에서 의미에 관한 지배적 이론이 부적절하다는 생각을 공유하고 있음을 알게 되었다. 말하자면 그러한 전통 안에서는 '의미'가 사람들이 실제로 자신들의 삶에서 의미 있다고 생각하는 것과는 커다란 괴리를 갖는 다는 것이다.

은유에 대한 이러한 관심의 공유 덕분에 우리는 손을 잡게 되었다. 마크는 대부분의 전통적인 철학적 견해가 우리가 세계와 우리 자신을 이해하는 데 은유가 행하는 역할을 전혀는 아니라 하더라도 거의 인정하지 않는다는 것을 발견했다. 조지는 우리의 일상언어와 사고에 은유가 넓게 퍼져 있다는 것을 보여주는 증거, 즉 오늘날 의미에 관한 철학과 의미론 분야의 어떤 영미 이론과도 합치하지 않는 언어적 증거를 찾아냈다. 전통적으로 은유는 이 두 영역에서 주변적 관심사로 간주되어 왔다. 오히려 우리는 은유가 중심적 관심사, 아마도 이해에 관한 적절한 해명의 열쇠일 것이라는 직관을 공유하고 있었다.

우리는 만난 지 얼마 되지 않아 오늘날 주요한 의미 이론의 결함을 드러내는 몇몇 언어학적 증거를 제시할 것으로 생각되는 짤막한 논문을 공동 집필하기로 했다. 일주일도 못되어 우리는 그리스 시대 이래로 서구적 전통 안에서 당연한 것으로 간주되어 온 오늘날의 철학과 언어학의 몇몇 가정이 우리가 다루려고 하는 종류의 문제를 아예 제기조차 하지 못하도록 가로막고 있음을 알게 되었다. 그 문제는 기존의 의미 이론을 확장하거나 교정하는 정도의 것이 아니라, 서양철학 전통의 핵심적 가정을 수정하는 것이었다. 특히 이것은 모든 객관적·절대적 진리의 가능성과 이와 관련된 일련의 가정을 거부하는 것이었다. 또한 객관적 진리보다는 인간의 경험과 이해가 중심적 역할을 하는 그런 대안을 제시하는 일이었다. 그 과정에서 우리는 체험주의적 접근의 기본 원리를 발견하게 되었다. 바로 언어와 진리, 이해와 같은 주제뿐만 아니라 우리의 일상적 경험의 유의미성을 지향한 원리였다.

1979년 7월 1일
캘리포니아 버클리

감사의 말

생각은 허공으로부터 생기는 것이 아니다. 이 책의 전반적인 생각은 다양한 지적 전통의 종합이며, 우리의 은사와 동료, 학생, 친구들에게서 받은 영향의 산물이다. 덧붙여, 수많은 구체적인 생각은 말 그대로 무수한 사람들과의 논의로부터 나온 것이다. 우리는 빚을 진 수많은 사람들에게 또한 모든 전통에 대해 진심으로 감사한다. 우리는 다만 몇몇 사람을 거명할 수 있을 뿐이며, 다른 사람들은 우리가 감사의 마음을 전하고 있다는 것을 그들이 알아주었으면 하는 바람이다. 우리의 전반적인 생각의 원천은 다음과 같다.

로스(John Robert Ross)와 코언(Ted Cohen)은 다양한 방식으로 언어학과 철학, 삶에 관한 우리의 생각을 만들어 주었다. 벡커(Pete Becker)와 린드(Charlotte Linde)는 사람들이 자신의 삶에서 정합성을 창조해 내는 방식을 음미할 수 있도록 해 주었다. 틀 의미론(frame semantics)에 대한 필모어(Charles Fillmore)의 저작과, 지식-표상 체계에 관한 위너그래드(Terry Winograd)의 견해, 쉥크

(Roger Schank)의 스크립트(script) 개념은 언어적 게슈탈트에 대한 조지의 초기 구상에 토대를 제공해 주었다. 우리는 이러한 개념을 체험적 게슈탈트(experiential gestalts)로 일반화했다.

가족유사성과 범주화의 원형 이론, 범주화의 모호성에 관한 우리의 견해는 비트겐슈타인(Ludwig Wittgenstein)과 로쉬(Eleanor Rosch), 자데(Lotfi Zadeh), 고건(Joseph Goguen)에게서 나온 것이다. 어떻게 언어가 그 사용자의 개념 체계를 반영하는가에 대한 우리의 관찰은 상당 부분이 새피어(Edward Sapir)와 워프(Benjamin Lee Whorf), 그리고 그 전통을 따르는 다른 많은 사람들에게서 빌어 온 것이다. 은유와 의례의 관계에 대한 우리의 생각은 말리노프스키(Bronislaw Malinowski), 레비스트로스(Claude Lévi-Strauss), 터너(Victor Turner), 기어츠(Clifford Geertz) 등의 전통으로부터 따온 것이다.

우리의 개념 체계가 물리적·문화적 환경 안에서의 지속적인 성공적 활동에 의해 형성되는 방식에 관한 생각은 부분적으로는 피아제(Jean Piaget)로부터 시작한 인간 발달에 관한 연구의 전통에서 비롯된 것이며, 부분적으로는 깁슨(James. J. Gibson)과 젠킨스(James Jenkins)의 연구에서 비롯된, 특히 쇼우(Robert Shaw)와 터비(Michael Turvey) 등의 연구를 통해 대변되는 생태심리학에서 비롯되었다. 인문학의 본질에 관한 견해는 리쾨르(Paul Ricoeur)와 맥콜리(Robert McCauley), 그리고 대륙 철학의 전통으로부터 큰 영향을 받았다.

샌드라 존슨(Sandra McMorris Johnson)과 멜셔(James Melchert), 해리슨 부부(Newton and Helen Harrison), 앤틴 부부(David and Ellie Antin) 덕분에 우리는 우리에게 미적 경험과 우리 경험의 다른 측면 사이의 공통적 연관성을 볼 수 있었다. 그리고 아비트블리트 (Don Arbitblit) 덕택에 우리는 우리 자신의 생각이 정치와 경제에 대해 지니는 함축에 관심을 가질 수 있었다. 치앙(Y. C. Chiang)은 신체적 경험과, 자아와 세계를 보는 방식 사이의 관계를 볼 수 있도록 해 주었다.

또한 우리 자신이 반대하는 철학적 생각을 전개하는 오늘날의 철학자들에게도 큰 빚을 졌다. 우리는 의미와 진리에 대한 서양의 전통적인 사상에 중대한 공헌을 한 몬테규(Richard Montague), 크립키(Saul Kripke), 루이스(David Lewis), 데이빗슨(Donald Davidson) 등의 철학자에게 경의를 표한다. 전통적인 철학적 사유에 대한 그들의 해명을 통해 우리 자신이 어디에서 전통으로부터 괴리되며, 어디에서 그러한 요소를 유지할 것인가를 알 수 있게 되었다.

우리의 주장은 주로 언어적 실례의 증거에 의존한다. 대부분이라고 할 수는 없지만 많은 실례가 동료와 학생, 친구들과의 토론에서 나온 것이다. 특히 로스(John Robert Ross)는 전화와 엽서로 많은 실례를 꾸준히 제공해 주었다. 16장과 17장의 수많은 실례는 브러

그만(Claudia Brugman)에게서 따왔다. 그녀는 또한 원고를 준비하는 데 값진 도움을 주었다. 다른 많은 사례는 아비트블리트(Don Arbitblit)와 버그만(George Bergman), 볼린저(Dwight Bolinger), 보어킨(Ann Borkin), 브론슨(Matthews Bronson), 힐(Clifford Hill), 호울게이트 3세(D. K. Houlgate III), 러브(Dennis Love), 맨들(Tomm Mandel), 맨리-버서(John Manley-Buser), 매콜리(Monica Macauley), 맥콜리(James D. McCawley), 네이지(William Nagy), 닐리푸어(Reza Nilipoor), 넌버그(Geoff Nunberg), 레이더(Margaret Rader), 레디(Michael Reddy), 실리만(Ron Silliman), 스위처(Eve Sweetser), 토비(Marta Tobey), 짐머(Karl Zimmer), 그리고 캘리포니아대학교(버클리)와 샌프란시스코 예술대학의 학생들에게서 나왔다.

이 연구에서 많은 개개의 생각은 비공식적인 대화에서 비롯되었다. 우리는 특히 아틀라스(Jay Atlas), 베네스라프(Paul Bennaceraf), 브란트(Besty Brandt), 브룩스(Dick Brooks), 이브 클라크(Eve Clark), 허브 클라크(Herb Clark), 코프만(J. W. Coffman), 던디스(Alan Dundes), 에릭슨(Glenn Erickson), 필모어(Charles Fillmore), 가이저(James Geiser), 힌튼(Leanne Hinton), 케이(Paul Kay), 랭포르(Les Lamport), 루이스(David Lewis), 맥클루어(George McClure), 랜드(George Rand), 설(John Searle), 슬라빈(Dan Slobin), 테이너(Steve Tainer), 타미(Len Talmy), 워른(Elizabeth Warren), 윌렌스키(Bob Wilensky)에게 감사를 드리고 싶다.

삶으로서의 은유

| 차례 |

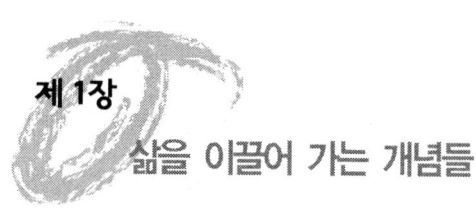

제1장
삶을 이끌어 가는 개념들

은유는 대부분의 사람들에게 일상의 언어라기보다는 특수한
언어의 문제로 시적 상상력과 수사적 풍부성의 도구이다.
더 나아가 은유는 전형적으로 단순히 언어만의 특성, 즉 사고와
행위보다는 말의 특성으로 생각되어 왔다. 이 때문에 대부분의 사람들
은 은유 없이도 잘 살 수 있다고 생각한다. 그러나 우리는 은유가
우리의 일상적 삶—단지 언어뿐만 아니라 사고와 행위—에 널리
퍼져 있다는 것을 알게 되었다. 우리가 생각하고 행동하는 관점이
되는 일상적 개념 체계의 본성은 근본적으로 은유적이다.

우리의 사고를 지배하는 개념은 단순히 지성의 문제가 아니다.
그러한 개념은 가장 세속적인 부분에 이르기까지 우리의 일상적인
활동을 지배한다. 개념은 우리가 지각하는 대상, 이 세계 안에서
살아가는 방식, 다른 사람과 관계를 맺는 방식 등을 구조화한다.

따라서 개념 체계는 우리의 일상적인 실재를 규정하는 데 핵심적인 역할을 한다. 만일 개념 체계가 대부분 은유적이라는 우리의 제안이 옳다면 우리의 사고방식, 경험 대상, 일상의 행위 등은 매우 중요한 정도로 은유의 문제이다.

그러나 개념 체계는 우리가 항상 의식하고 있는 그런 것이 아니다. 매일 행하는 사소한 것들에 대해 우리는 어떤 특정한 방식으로 다소간 자동적으로 생각하고 행동한다. 그렇지만 이 방식이 정확히 무엇인지는 분명치가 않다. 이것을 찾아내는 한 방법은 언어를 관찰하는 것이다. 의사소통이란 우리가 생각하고 행동할 때 사용하는 것과 동일한 개념 체계에 근거하고 있기 때문에 언어는 이 개념 체계가 어떤 것인지를 보여주는 증거의 중요한 원천이다.

우리는 언어적 증거를 주된 바탕으로 우리의 일상적 개념 체계가 대부분 그 본성이 은유적이라는 것을 발견했다. 또한 우리가 지각하고 사고하는 방식과, 우리의 행위를 구조화하는 은유들이 무엇인가를 구체적으로 확인할 수 있는 길을 발견했다.

어떤 개념이 은유적이라는 것과 그러한 개념이 일상적인 활동을 구조화한다는 것은 무엇을 의미하는가? 이 질문에 대답하기 위해서 먼저 「논쟁」개념과 개념적 은유인 「논쟁은 전쟁」을 살펴보기로 하자. 이 은유는 다음과 같은 다양한 표현을 통해 우리의 일상언어에 반영되어 있다.

ARGUMENT IS WAR

「논쟁은 전쟁」

yobur claims are *indefensible*.

(너의 주장은 방어할 수 없다.)

He *attacked every weak point* in my argument.

(그는 내 논증의 모든 약점을 공격했다.)

His criticisms were *right on target*.

(그의 비판은 **적확한 것이었다**.)

I *demolished* his argument.

(나는 그의 주장을 **분쇄했다**.)

I've never *won* an argument with him.

(나는 그와의 논쟁에서 한번도 **이긴** 적이 없다.)

You disagree? Okay, *shoot*!

(동의하지 않는다고? 그래, **빨리 질러 봐**!)

If you use that *strategy*, he'll *wipe you out*.

(네가 그 **전략**을 사용한다면 그가 너를 **쓸어버릴 걸**.)

He *shot down* all of my arguments.

(그는 나의 모든 논증을 **격파했다**.)

　여기에서 중요한 것은, 우리가 전쟁의 관점에서 논쟁에 관해서 단지 이야기만 하는 것이 아니라는 점이다. 우리는 실제로 논쟁에서 이기거나 질 수 있다. 우리는 논쟁 상대자를 적수로 본다. 우리는 그의 입장을 공격하고, 우리 자신의 입장을 방어하며, 진지를 빼앗기도 하고 빼앗기기도 한다. 우리는 전략을 구상하고 사용한다.

어떤 입장을 방어할 수 없다는 것을 알게 되면, 우리는 그 입장을 포기하고 새로운 공격선을 취할 수도 있다. 우리가 논쟁할 때 행하는 많은 것은 부분적으로 전쟁이라는 개념에 의해 구조화된다. 비록 물리적 싸움은 전혀 없지만 언어적 싸움은 있다. 논쟁의 구조인 공격, 방어, 반격 등은 이 실재를 반영한다. 「논쟁은 전쟁」 은유가 이 문화에서 우리의 삶을 이끌어 가는 은유라는 것은 바로 이러한 의미이다. 즉 이 은유는 우리가 논쟁에서 수행하는 행위를 구조화한다.

　논쟁이 전쟁의 관점에서 비추어지지 않는, 즉 패자도 승자도 없고, 공격이나 방어 또는 입지 강화나 입지 상실이 전혀 의미가 없는 문화를 상상해 보라. 논쟁이 일종의 춤으로, 참가자는 무용수로 여겨지고, 균형 속에서 미적으로 즐겁게 실행하는 것을 논쟁의 목표로 삼는 문화를 상상해 보자. 그런 문화에서는 사람들이 논쟁을 다른 방식으로 비추어 보며, 다른 방식으로 경험하고 행하고 말하게 될 것이다. 그렇지만 아마도 우리는 전혀 그들이 논쟁하고 있다고 여기지 않을 것이다. 말하자면 그들은 그저 다른 어떤 것을 행하고 있는 것이다. 그들이 하고 있는 것을 '논쟁하기'라고 부르는 것조차도 아마 이상하게 들릴 것이다. 아마도 그들의 문화와 우리 문화의 차이를 묘사하는 가장 자연스러운 방법은 우리는 싸움의 관점에서 어떤 담화 형태를 구조화하며, 그들은 춤의 관점에서 그 담화 형태를 구조화한다고 말하는 것이다.

이것은 어떤 은유적 개념, 예를 들면 「논쟁은 전쟁」 은유가 논쟁을 할 때 우리가 하는 행위를 (적어도 부분적으로) 구조화한다는 것과 우리 자신이 실행 중인 행위를 이해하는 방식을 (적어도 부분적으로) 구조화한다는 것이 무엇을 뜻하는지를 보여주는 실례이다. **은유의 본질은 한 종류의 사물을 다른 종류의 사물의 관점에서(in terms of) 이해하고 경험하는 것이다.** 이 말은 논쟁이 전쟁의 하위 종(種)이라는 말이 아니다. 논쟁과 전쟁은 다른 종류의 사물이다. 즉 논쟁은 언어 담화이고 전쟁은 무력 대결이며, 논쟁과 전쟁에서 수행하는 행위도 다른 종류의 행위이다. 그러나 「논쟁」은 「전쟁」의 관점에서 부분적으로 구조화되고, 이해되고, 수행되고, 말해진다. 개념이 은유적으로 구조화되고, 행위가 은유적으로 구조화되고, 따라서 언어가 은유적으로 구조화된다.

더구나 이것은 논쟁을 하거나 논쟁에 관해서 이야기하는 일상적인 방식이다. 우리가 어떤 입장을 공격하는 것에 관해 말할 때 사용하는 정상적인 표현은 '입장을 공격하다'(attack a position)이다. 논쟁에 관해 이야기하는 관습적 방식은 우리가 좀처럼 의식하지 못하는 은유를 전제한다. 그 은유는 단순히 우리가 사용하는 낱말 안에 있는 것이 아니라, 논쟁이라는 개념 안에 담겨 있다. 논쟁의 언어는 시적인 것도, 환상적인 것도, 수사적인 것도 아니다. 그것은 문자적이다. 우리가 논쟁에 대해서 그런 방식으로 이야기하는 것은 논쟁을 그런 방식으로 개념화하기 때문이다. 말하자면 우리는 우리 자신이 사물을 개념화하는 방식에 따라 행위하는 것이다.

지금까지 우리의 주장 중 가장 중요한 것은 은유가 단순한 언어의 문제, 즉 낱말의 문제가 아니라는 것이다. 오히려 우리는 인간의 사고 과정의 대부분이 은유적이라고 주장하려고 한다. 이것이 인간의 개념 체계가 은유적으로 구성되고 규정된다는 말의 의미이다. 언어적 표현으로서 은유가 가능한 것은 바로 인간의 개념 체계 안에 은유가 존재하기 때문이다. 따라서 우리가 이 책에서 「논쟁은 전쟁」 같은 은유에 관해서 이야기할 때, 은유는 언제나 은유적 개념을 나타내는 의미로 이해해야 할 것이다.

제 2장
은유적 개념의 체계성

논쟁에는 대개 유형이 있다. 즉 논쟁할 때 우리는 전형적으로 하는 것이 있고 하지 않는 것이 있다. 우리가 논쟁을 싸움의 관점에서 부분적으로 개념화한다는 사실은 논쟁이 취하는 형태와, 논쟁할 때 우리가 행하는 것에 대해 이야기하는 방식에 체계적인 영향을 준다. 은유적 개념은 체계적이기 때문에 그 개념의 그러한 측면에 대해 이야기하는 데 사용하는 언어도 체계적이다.

우리는 전쟁에 관한 어휘에서 나온 표현, 예를 들면 **입장을 공격하다**(attack a position), **방어할 수 없는**(indefensible), **전략**(strategy), **새로운 공격선**(new line of attack), **승리하다**(win), **입지를 얻다**(gain ground) 등이 논쟁의 전투적 측면에 대해 이야기하는 체계적 방식을 형성한다는 것을 「논쟁은 전쟁」 은유에서 보았다. 논쟁에 대해 이야기하기 위해서 우리가 그러한 표현을 사용할 때 그 표현이 일정한 의미를 갖는 것은 우연이 아니다. 싸움에 관한 개념적 망의 일부가 부분적으로 논쟁 개념을 특징짓고, 따라서 그 언어는 동일한 방식으로 개념을 특징짓게 된다. 우리 언어의 은유적 표현은 은유적 개념과 체계적인 방식으로 연결되어 있기 때문에 우리는 은유적인 언어 표현을 사용해서 은유적 개념의 본질을 탐구하고, 또 우리 활동의 은유적 성질을 이해할 수 있다.

일상언어 속의 은유적 표현은 어떻게 우리의 일상활동을 구조화하는 개념의 은유적 본성에 관한 통찰을 줄 수 있는가? 이 방식을 이해하기 위해서 현대 영어에 반영되어 있는 은유적 개념인 「시간은 돈」을 검토해보자.

TIME IS MONEY
「시간은 돈」

You're *wasting* my time.
(너는 나의 시간을 **낭비**하고 있다.)
This gadget will *save* you hours.
(이 장치는 네 시간을 **절약**해 줄 것이다.)
I don't *have* the time to *give* you.
(나는 너에게 **내줄** 시간이 **없다**.)
How do you *spend* your time these days?
(요즈음 어떻게 시간을 **보내니**?)
That flat tire *cost* me an hour.
(저 터진 타이어 때문에 한 시간이 **들었다**.)

I've *invested* a lot of time in her.

(나는 그녀에게 많은 시간을 **투자했다**.)

I don't *have enough* time to spare for that.

(나는 그것에 할애할 **만한** 시간이 **없다**.)

You're *running out* of time.

(너는 시간에 **쫓기고** 있어.)

You need to *budget* your time.

(너는 네 시간을 **아껴 쓸** 필요가 있다.)

Put aside some time for ping pong.

(탁구 칠 시간을 좀 **남겨 놓아라**.)

Is that *worth your while*?

(그것에 네 **시간을 쓸 가치가** 있니?)

Do you *have* much time *left*?

(시간이 많이 **남았니**?)

He's living on *borrowed* time.

(그는 **여분의** 시간을 살고 있다.)

You don't *use* your time *profitably*.

(너는 시간을 **유익하게 쓰지** 않는다.)

I *lost* a lot of time when I got sick.

(나는 아팠을 때 많은 시간을 **빼앗겼다**.)

Thank you for your time.

(시간을 내주어 **고맙다**.)

우리 문화에서는 시간이 귀중한 상품이다. 시간은 우리의 목적을 달성하기 위해서 우리가 사용하는 한정된 자원이다. 어떤 일과 그 일에 소요되는 시간이 전형적으로 연관되고, 시간이 정확히 양으로 측정되는 현대 서양 문화에서 일의 개념이 발달되어 온 방식 때문에 시간이나 주, 년 단위로 사람들에게 보수를 지불하는 것이 관례가 되었다. 우리 문화에서는 여러 측면에서 「시간은 돈」이다. 예를 들어, 전화 통화 단위, 시간제 임금, 호텔 객실료, 연간 예산, 대출금 이자, '시간을 바침'(일정 기간을 복역함)으로써 사회에 빚을 갚는 것 등의 측면에서 시간은 돈이다. 이러한 관행은 인류의 역사에서 비교적 새로운 것이어서 모든 문화에 존재하는 것은 결코 아니다. 이 관행은 현대 산업사회에서 발생했으며, 우리의 기본적인 일상 활동을 매우 뿌리 깊게 구조화한다. 우리가 마치 시간이 귀중한 상품, 예컨대 한정된 자원, 심지어 돈인 것처럼 **행동한다**는 사실에 따라 우리는 시간을 그러한 식으로 **생각한다**. 그래서 우리는 시간 을 소비할 수 있고, 낭비할 수 있고, 계획성 있게 쓸 수 있고, 현명하 게 또는 서투르게 투자할 수 있거나 허비할 수 있는 그러한 종류의 사물로 이해하고 경험한다.

「시간은 돈」과 「시간은 한정된 자원」(TIME IS A LIMITED RE-SOURCE), 「시간은 귀중한 상품」(TIME IS A V ALUABLE COM-MODITY)은 모두 은유적 개념이다. 우리가 시간을 개념화하는 데 돈이나 한정된 자원, 귀중한 상품에 대한 일상적 경험을 사용하기 때문에 이러한 개념은 은유적이다. 이것이 인간이 시간을 개념화하 는 필연적인 방식은 아니며, 다만 우리 문화와 관련된 것이다. 시간 이 **이들** 중 어느 것에도 해당하지 않는 문화도 있다.

「시간은 돈」이나 「시간은 자원」, 「시간은 귀중한 상품」이라는 은유적 개념은 하위 범주화에 근거한 단일 체계를 형성한다. 왜냐하면 우리의 사회에서 돈은 한정된 자원이고, 한정된 자원은 귀중한 상품이기 때문이다. 이 하위 범주화 관계는 은유들 사이의 함의 관계를 특징짓는다. 「시간은 돈」은 「시간은 한정된 자원」을 함의하고, 「시간은 한정된 자원」은 「시간은 귀중한 상품」을 함의한다.

우리는 전체 체계를 특징짓기 위해서 가장 특수한 은유적 개념, 이 경우에는 「시간은 돈」을 사용하는 관행을 택하고 있다. 「시간은 돈」 은유와 관련된 어떤 표현(소비하다, 투자하다, 아껴 쓰다, 유익하게, 비용이 들다)은 특별히 돈을 지시하고, 어떤 표현(사용하다, 다 쓰다, 충분히 가지다, 다 소모하다)은 한정된 자원을 지시하고, 또 어떤 표현(가지다, 주다, 잃다, ～에 감사하다)은 귀중한 상품을 가리킨다. 이것은 은유적 함의들이 은유적 개념의 정합적 체계를 특징짓고 그러한 개념에 대한 은유적 표현의 정합적인 대응 체계를 특징짓는 방식을 보여주는 한 실례이다.

제 3장
은유적 체계성 : 부각과 은폐

우리에게 어떤 개념의 한 측면을 다른 개념의 관점에서 이해하도록 (예컨대, 싸움의 관점에서 논쟁의 측면을 이해하도록) 해 주는 체계성은 필연적으로 그 개념의 다른 측면을 은폐할 것이다. 은유적 개념은 우리에게 어떤 개념의 한 측면(예 : 논쟁의 전투적 측면)에 초점을 맞추도록 함으로써 그 은유와 일치하지 않는 다른 측면에 초점을 맞추지 못하도록 방해한다. 예를 들어 열띤 논쟁 중에 우리가 적의 입장을 공격하고, 우리 자신의 입장을 방어하려고 할 때, 우리는 논쟁의 협동적 측면을 놓칠 수 있다. 우리는 당신의 논쟁 상대자가 상호 이해를 위해 노력할 때 귀중한 상품인 자신의 시간을 당신에게 제공하고 있는 것으로 간주할 수도 있다. 그러나 우리가 전투적 측면에 몰두할 때는 흔히 상호 협력적인 측면을 놓치게 된다.

어떤 은유적 개념이 경험의 어떤 측면을 은폐할 수 있는 방식의 훨씬 더 미묘한 경우는 레디(M. Reddy)가 이른바 '도관 은유'(conduit metaphor)에서 찾아볼 수 있다. 레디는 언어에 대한 우리의 언어가 대략 다음과 같은 복합 은유에 의해 구조화된다고 본다.

> IDEAS (OR MEANINGS) ARE OBJECTS
> 「아이디어(나 의미)는 물건」
> LINGUISTIC EXPRESSIONS ARE CONTAINERS
> 「언어 표현은 그릇」
> COMMUNICATION IS SENDING
> 「의사소통은 전달하는 것」

화자는 아이디어(물건)를 낱말(그릇) 속에 넣고, 이 물건을 청자에게 (어떤 도관을 따라) 보내고, 그 청자는 그 낱말/그릇으로부터 아이디어/물건을 꺼낸다. 레디는 100가지도 넘는 유형의 영어 표현을 통해 이를 실증하고 있다. 레디의 추측으로는, 이러한 영어 표현이 우리가 언어에 관해서 말하는 데 사용하는 표현의 최소한 70퍼센트를 차지한다. 여기에 몇 개의 예가 있다.

The CONDUIT Metaphor (「도관」 은유)

It's hard to *get* that idea *across* to him.
(그 아이디어를 그에게 전달하기 힘들다.)

I *gave* you that idea.

(나는 너에게 그 아이디어를 주었다.)

Your reasons *came through* to us.

(네 구실은 받아들이기 쉬웠다.)

It's difficult to *put* my ideas *into* words.

(내 생각은 말로 표현하기 어렵다.)

When you *have* a good idea, try to *capture* it immediately *in* words.

(좋은 아이디어가 있을 때는 즉시 적어 두도록 노력해라.)

Try to *pack* more thought *into* fewer words.

(더 많은 생각을 더 짧은 말에 담도록 노력해라.)

You can't simply *stuff* ideas *into* a sentence any old way.

(너는 생각을 어떤 낡은 방식으로도 문장 속에 그저 담을 수는 없다.)

The meaning is right there *in* the words.

(그 의미는 바로 그 낱말들 속에 있다.)

Don't *force* your meanings *into* the wrong words.

(네 의도를 그 틀린 낱말 속에 우겨 넣지 말라.)

His words *carry* little meaning.

(그의 말은 거의 의미를 담고 있지 않다.)

The introduction *has* a great deal of thought *content*.

(그 서론은 아주 많은 생각을 담고 있다.)

Your words seem *hollow*.

(너의 말은 내용이 없어 보인다.)

The sentence is *without* meaning.

(그 문장은 의미가 없다.)

The idea is *buried in* terribly dense paragraphs.

(그 생각은 몹시 빽빽한 단락 속에 묻혀 있다.)

이러한 실례에서 「도관」 은유가 은폐하는 어떤 것이 있음을 식별하거나, 심지어는 여기에 행여 어떤 은유가 있음을 식별하는 것은 훨씬 더 어렵다. 이것은 언어에 대한 관습적인 사고방식이기 때문에 이 은유가 실재와 합치하지 않을지도 모른다고 상상하는 것조차도 때로는 어렵다. 그러나 「도관」 은유가 함의하는 것을 살펴보면 우리는 이 은유가 의사소통 과정의 측면을 숨기는 몇 가지 방식을 볼 수 있다.

첫째, 「도관」 은유의 「언어 표현은 의미를 담는 그릇」 측면은 낱말과 문장이 어떤 맥락이나 화자로부터도 독립해서 그 자체로 의미를 지니고 있다는 것을 함의한다. 예를 들어 이 은유의 「의미는 물건」 부분은 의미가 사람이나 맥락과는 독립적인 존재라는 것을 함의한다. 이 은유의 「언어 표현은 의미를 담는 그릇」 부분은 낱말(과 문장)이 여전히 맥락과 화자로부터 독립적인 의미를 지니고 있다는 것을 함의한다. 이 은유는 많은 상황, 즉 맥락의 차이가 중요하지 않은 상황이나, 대화의 모든 참여자가 문장을 꼭 같은 방식으로 이해하는 상황에 적절하다. 이 두 함의는 다음과 같은 문장이 분명히 예시한다.

The meaning is *right there in* the words.
(그 의미는 바로 그 낱말들 속에 있다.)

「도관」 은유에 따르면 위의 표현은 어떤 문장에 대해서나 정확하게 타당하다. 그러나 맥락이 중요시되는 사례는 많다. 다음은 다우닝(Pamela Downing)이 실제 대화 속에서 찾아낸 유명한 사례이다.

> Please sit in the apple-juice seat.
> (사과 주스 자리에 앉으시오.)

이 문장은 따로 떼어놓으면 전혀 의미가 없다. 왜냐하면 '사과 주스 자리'라는 표현이 어떤 종류의 물건을 지시하는 관습적인 방식이 아니기 때문이다. 그러나 발화되는 맥락 내에서는 이 문장이 완벽한 의미를 갖는다. 밤을 묵은 어떤 손님이 아침을 먹으러 내려왔다. 네 명을 위한 식탁이 차려져 있는데, 세 곳에는 오렌지 주스가 있고, 한 곳에는 사과 주스가 있다. 사과 주스 자리가 무엇인지는 분명했다. 그리고 사과 주스가 없는 그 다음 날 아침에도 어느 자리가 사과 주스 자리인지는 분명했다.

맥락 없이는 의미가 전혀 없는 문장에 더하여 동일한 문장이 사람에 따라 다른 의미를 전하게 되는 경우가 있다. 다음을 검토해 보자.

> We need new alternative sources of energy.
> (우리는 새로운 에너지 대체 자원을 필요로 한다.)

이 문장이 모빌 석유사의 사장에게 의미하는 것은 '지구의 벗'이라는 환경단체의 대표에게 의미하는 것과는 아주 다르다. 의미란바로 그 문장 속에만 있지는 않은 것이다. 이 문장을 말하거나, 듣고 있는 사람이 누구인지, 그리고 그의 사회적·정치적 태도가무엇인지가 매우 중요하다. 문장이 조금이라도 의미를 지니는가, 만일 그렇다면 그 문장이 무슨 의미를 지니는가를 결정하는 데 맥락이 필요한 경우에는 「도관」은유가 합치하지 않는다.

이러한 실례가 보여주는 것은 지금까지 우리가 살펴본 은유적 개념이 우리에게 의사소통과 논쟁, 시간에 대한 부분적 이해를 제공하며, 또한 그렇게 함으로써 이러한 개념의 다른 측면을 은폐한다는점이다. 여기에 관련된 은유적 구조화는 전체적이 아니라 부분적이라는 점을 이해하는 것이 중요하다. 만일 은유적 구조화가 전체적이라면, 한 개념은 단순히 다른 한 개념의 관점에서 이해되는 것이아니라 실제로 바로 그 다른 개념일 것이다. 예를 들면 시간은 실제로는 돈이 아니다. 당신이 무엇인가를 하기 위해 **당신의 시간을 들였음에도 불구**하고 성공하지 못했다면 당신은 당신의 시간을 되돌려받을 수 없다. 시간 은행은 없다. 나는 **당신에게 많은 시간을 줄수 있지만**, 당신이 내게 바로 그 시간을 되돌려 줄 수는 없다. 비록**같은 양의 시간을 돌려줄 수는 있지만** 말이다. 이와 유사한 사례는많다. 그래서 은유적 개념의 일부는 합치하지도 않고 또 합치할 수도없다.

반면에 은유적 개념은 일상의 문자적인 사고방식과 대화 방식의 범위를 넘어서서, 이른바 비유적이거나 시적이거나 화려하거나 몽상적인 사고와 언어의 범위까지 확장될 수 있다. 그래서 아이디어가 물건이라면 우리는 이러한 물건을 무도회 의상으로 치장할 수도 있고, 가지고 놀 수도 있고, 한 줄로 정렬할 수도 있다. 그래서 우리가 어떤 개념이 은유에 의해 구조화된다고 말할 때, 이 말은 그 개념이 부분적으로 구조화된다는 것과, 그 개념이 어떤 특정한 방식으로만 확장될 수 있다는 것을 의미한다.

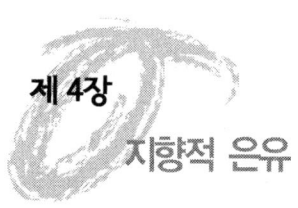

제 4장
지향적 은유

지금까지 우리는 한 개념이 다른 한 개념의 관점에서 은유적으로 구조화되는 경우, 소위 **구조적 은유**(structural metaphors)를 검토했다. 그러나 또 다른 종류의 은유적 개념, 즉 어떤 개념을 다른 개념의 관점에서 구조화하는 것이 아니라, 오히려 상호 관련 속에서 전체적인 개념 체계를 조직하는 은유적 개념이 있다. 우리는 이러한 은유를 **지향적 은유**(orientational metaphors)라고 부를 것이다. 왜냐하면 이러한 은유의 대부분은 위-아래, 안-밖, 앞-뒤, 접촉-분리, 깊음-얕음, 중심-주변 등의 공간적 지향성과 관련이 있기 때문이다. 이 공간적 지향성은 우리가 현재와 같은 몸을 가졌고, 그 몸이 우리의 물리적 환경에서 현재와 같이 활동한다는 사실로부터 생겨난다. 지향적 은유는 어떤 개념에 공간적 지향성을 준다. 예를 들어 「행복은 위」(HAPPY IS UP)를 보라. 「행복」

이 「위」 방향이라는 사실로부터 I'm feeling *up* today(나는 오늘 기분이 들떠 있다)와 같은 영어 표현이 출현한다.

이러한 은유적 지향성은 자의적인 것이 아니라, 우리의 물리적·문화적 경험에 뿌리를 두고 있다. 위-아래, 안-밖 등과 같은 양극적 대립은 본질적으로 물리적이지만, 이 대립에 토대를 둔 지향적 은유는 문화에 따라 다양하다. 예를 들어 어떤 문화에서는 미래가 우리 앞에 있는 반면, 어떤 문화에서는 미래가 우리 뒤에 있다. 그 한 실례로 네이지(W. Nagy 1974)가 심도 있게 연구한 위-아래 공간화 은유를 살펴보자. 그 각각의 경우에 개개의 은유적 개념이 어떻게 우리의 물리적·문화적 경험으로부터 나타날 수 있는지 간략히 제시할 것이다. 이 설명은 단정적인 것이 아니라 신빙성 있는 제안이다.

HAPPY IS UP ; SAD IS DOWN
「행복은 위 / 슬픔은 아래」

I'm feeling *up*.
(나는 기분이 들떠 있다.)
That *boosted* my spirits.
(그것이 나의 사기를 돋웠다.)
My spirits *rose*.
(나는 사기가 올랐다.)

You're in *high* spirits.
(너는 사기가 **높다**.)
Thinking about her always gives me a *lift*.
(그녀를 생각할 때마다 나는 **의욕이 솟는다**.)
I'm feeling *down*.
(나는 기분이 **가라앉아** 있다.)
I'm *depressed*.
(나는 **의기소침해** 있다.)
He's really *low* these days.
(그는 요즈음 아주 **사기가 저하되어** 있다.)
I *fell* into a depression.
(나는 우울증에 **빠져들었다**.)
My spirits *sank*.
(나는 의욕이 **떨어졌다**.)

물리적 근거 : 수그러진 자세는 전형적으로 슬픔이나 절망을 동반하고, 똑바로 선 자세는 긍정적인 정서 상태를 동반한다.

CONSCIOUS IS UP ; UNCONSCIOUS IS DOWN
「의식은 위 / 무의식은 아래」

Get *up*.
(일어나라.)
Wake *up*.
(깨어나라.)

I'm *up* already.

(나는 이미 일어나 있다.)

He *rises* early in the morning.

(그는 아침 일찍 일어난다.)

He *fell* asleep.

(그는 잠에 **빠졌다**.)

He *dropped* off to sleep.

(그는 잠에 **떨어졌다**.)

He's *under* hypnosis.

(그는 최면에 걸려 있다.)

He *sank* into a coma.

(그는 혼수상태에 **빠졌다**.)

물리적 근거 : 인간과 대부분의 다른 포유동물은 누워서 잠자고, 깨어 있을 때는 서 있다.

HEALTH AND LIFE ARE UP ; SICKNESS AND DEATH ARE DOWN
「건강과 삶은 위 / 아픔과 죽음은 아래」

He's at the *peak* of health.

(그는 건강이 절정에 있다.)

Lazarus *rose* from the dead.

(라자로는 죽음으로부터 **깨어났다**.)

He's in *top* shape.

(그의 건강은 최고의 상태이다.)

As to his health, he's way *up* there.

(건강에 관해서는 그는 **아주 좋은** 상태이다.)

He *fell* ill.

(그는 병에 **걸렸다**.)

He's *sinking* fast.

(그는 급속히 **쇠약해지고** 있다.)

He *came down* with the flu.

(그는 독감으로 **쓰러졌다**.)

His health is *declining*.

(그는 건강이 **약해지고** 있다.)

He *dropped* dead.

(그는 갑자기 **쓰러져** 죽었다.)

물리적 근거 : 중병 상태일 때는 우리가 물리적으로 누워 있을 수밖에 없다.

HAVING CONTROL OR FORCE IS UP ; BEING SUBJECT TO CONTROL OR FORCE IS DOWN

「통제를 하거나 힘을 갖는 것은 위/ 통제나 힘에 복종하는 것은 아래」

I have control *over* her.

(나는 그녀를 **위에서** 통제한다.)

I am on *top of* the situation.

(나는 그 상황을 **완전히** 통제하고 있다.)

He's in a *superior* position.

(그는 **높은** 지위에 있다.)

He's at the *height* of his power.

(그는 권력의 정점에 있다.)

He's in the *high* command.

(그는 상급 지휘부에 있다.)

He's in the *upper* echelon.

(그는 상급 편대에 있다.)

His power *rose*.

(그는 힘이 드세어졌다.)

He ranks *above* me in strength.

(그는 나보다 힘이 더 세다.)

He is *under* my control.

(그는 내 통제 아래 있다.)

He *fell* from power.

(그는 권좌에서 물러났다.)

His power is on the *decline*.

(그의 권력은 기울어가고 있다.)

He is my social *inferior*.

(그는 사회적으로 나보다 아랫사람이다.)

He is *low man* on the totem pole.

(그는 계급 서열이 낮은 사람이다.)

물리적 근거 : 몸의 크기는 전형적으로 몸의 힘과 상관관계가 있고, 싸움의 승자는 전형적으로 맨 윗자리에 있다.

MORE IS UP ; LESS IS DOWN

「많음은 위 / 적음은 아래」

The number of books printed each year keeps going *up*.

(연간 출판되는 책의 숫자가 계속 증가한다.)

His draft number is *high*.

(그는 지명 순위가 빠르다.)

My income *rose* last year.

(지난 해 내 소득이 올랐다.)

The amount of artistic activity in this state has *gone down* in the past year.

(지난 1년간 이 주(州)의 예술 활동이 위축되었다.)

The number of errors he made is incredibly *low*.

(그는 믿을 수 없을 정도로 실수의 비율이 낮다.)

His income *fell* last year.

(지난해 그의 소득이 내려갔다.)

He is *underage*.

(그는 미성년이다.)

If you're too hot, turn the heat *down*.

(너무 더우면 온도를 낮추어라.)

물리적 근거 : 그릇이나 더미에 물질이나 물리적 개체를 더하면 윗면이 올라간다.

FORESEEABLE FUTURE EVENTS ARE UP (AND AHEAD)
「예견할 수 있는 미래 사건은 위(이고 앞)」

All *up*coming events are listed in the paper.

(다가올 모든 행사가 그 신문에 실려 있다.)

What's coming *up* this week?

(이번 주에 무슨 일이 예정되어 있어?)

I'm afraid of what's *up and ahead* of us.

(앞으로 무슨 일이 일어날까 걱정스럽다.)

What's *up*?

(무슨 일 일어났어?)

물리적 근거 : 일반적으로 우리의 눈은 전형적으로 우리가 움직이는 방향(앞쪽, 전방)을 바라본다. 어떤 물체가 어떤 사람에게 다가올 때(나 그 사람이 그 물체에 다가갈 때), 그 물체는 더 크게 보인다. 지면은 고정된 것으로 지각되기 때문에 그 물체의 꼭대기가 그 사람의 시야에서는 위쪽으로 움직이고 있는 것처럼 보이게 된다.

HIGH STATUS IS UP ; LOW STATUS IS DOWN
「높은 지위는 위 / 낮은 지위는 아래」

He has a *lofty* position.

(그는 높은 지위에 있다.)

She'll *rise* to the *top*.

(그녀는 정상까지 오를 것이다.)

He's at the *peak* of his career.

(그는 인생의 정점에 있다.)

He's *climbing* the ladder.

(그는 출세의 사닥다리를 올라가고 있다.)

He has little *upward* mobility.

(그는 거의 승진을 못한다.)

He's at the *bottom* of the social hierarchy.

(그는 사회 계층의 **밑바닥**에 있다.)

She *fell* in status.

(그녀는 지위가 **낮아졌다**.)

사회적 근거와 물리적 근거 : 지위는 (사회적) 힘과 상관관계가 있고, (물리적) 힘은 「위」이다.

GOOD IS UP ; BAD IS DOWN
「좋음은 위 / 나쁨은 아래」

Things are looking *up*.

(만사가 잘 **되어간다**.)

We hit a *peak* last year, but it's been *downhill* ever since.

(우리는 작년에 **최고조**에 달했으나, 이후로 계속 **내리막길**이었다.)

Things are at an all-time *low*.

(상황이 **최저** 상태이다.)

He does *high*-quality work.

(그의 일솜씨는 **고급**이다.)

개인적 평안의 물리적 근거 : 행복과 건강, 삶, 통제처럼 주로 사람에게 좋은 것을 특징짓는 것은 모두 「위」이다.

VIRTUE IS UP ; DEPRAVITY IS DOWN

「미덕은 위/ 타락은 아래」

He is *high*-minded.

(그는 고결한 성품을 가졌다.)

She has *high* standards.

(그녀는 고상한 수준을 지녔다.)

She is *upright*.

(그녀는 올곧은 성품을 지녔다.)

She is an *upstanding* citizen.

(그녀는 훌륭한 시민이다.)

That was a *low* trick.

(그것은 저급한 계략이었다.)

Don't be *underhanded*.

(불공정하지 않게 하라.)

I wouldn't *stoop* to that.

(나는 그렇게까지 저열한 짓은 하지 않겠다.)

That would be *beneath* me.

(그것은 나답지 않은 일일 것이다.)

He *fell* into the *abyss* of depravity.

(그는 타락의 깊은 늪에 빠졌다.)

That was a *low-down* thing to do.

(그것은 비열한 짓이었다.)

물리적 근거와 사회적 근거 : 사람들에게는 「좋음이 위」이다(물리적 근거). 이 은유는 (우리 자신이 우리 사회와 동일시되지 않는 그런 경우에) 앞으로 논의하게 될 은유인 「사회는 사람」은유와 결합한다. 덕이 있다는 것은 사회/인간이 안녕을 유지하기 위해서 정한 규범에 맞게 행동하는 것이다. 「미덕은 위」이다. 이것은 덕 있는 행동이 사회/인간의 관점에서 사회의 안녕과 상관관계를 이루기 때문이다. 사회적 근거를 갖는 은유가 문화의 일부이기 때문에 중요한 것은 바로 사회/인간의 관점이다.

RATIONAL IS UP ; EMOTIONAL IS DOWN
「이성은 위 / 감정은 아래」

The discussion *fell to the emotional* level, but I *raised* it back *up to the rational* plane.
(그 토의는 **감정적인** 수준까지 **떨어졌지만** 나는 그것을 **이성적인** 수준으로 다시 **끌어올렸다.**)
We put our *feelings* aside and had a *high-level intellectual* discussion of the matter.
(우리는 우리의 **감정**을 제쳐놓고, 그 문제에 대해 **고차원의 지적** 토의를 했다.)
He couldn't *rise above* his emotions.
(그는 자신의 **감정을 넘어설** 수 없었다.)

물리적 근거와 문화적 근거 : 우리 문화에서 사람들은 자신들이 동물과 식물, 물리적 환경을 통제하고 있다고 생각한다. 그리고 인간을 다른 동물보다 우위에 둔다. 인간에게 이 통제 역량을 부여하는 것은 바로 인간만의 독특한 사유 능력이다. 그래서 「통제는 위」는 「사람은 위」의 근거를 제공하고, 따라서 「이성은 위」의 근거를 제공한다.

결론

이러한 실례에 근거해서 우리는 체험적 토대 형성과 정합성, 은유적 개념의 체계성에 관해 다음과 같은 결론을 제안한다.

- 우리의 근본적인 개념은 대부분 한 개 또는 둘 이상의 공간화 은유의 관점에서 구성된다.
- 각 공간화 은유에는 내적인 체계성이 있다. 예를 들어 「행복은 위」는 고립되고 임의적인 다수의 경우가 아니라 하나의 정합적 체계를 규정한다. [비정합적 체계의 한 실례는 '나는 기분이 들떠 있다'(I'm feeling up)가 "나는 행복하다"(I'm feeling happy)를 뜻하지만 '나는 기운이 솟구쳤다'(My spirits rose)는 "나는 더 슬퍼졌다"(I became sadder)를 뜻하는 체계일 것이다.]
- 다양한 공간화 은유 사이에는 전반적인 외적 체계성이 있으며, 그 체계성이 그러한 공간화 은유 사이의 정합성을 규정한다. 그래서 「좋음은 위」는 일반적인 행복에 「위」 지향성을 주며, 이 지향성은 「행복은 위」나 「건강은 위」, 「통제는 위」와 같은 특별한 경우와 정합적이다.
- 공간화 은유는 물리적·문화적 경험에 뿌리를 두고 있다. 즉 그러한 은유는 자의적으로 주어지는 것이 아니다. 은유는 어떤 개념을 오직 은유의 체험적 근거를 통해서만 이해하기 위한 매체의 역할을

한다. (은유의 체험적 근거의 몇몇 복잡성은 다음 절에서 논의한다.)

- 은유에는 가능한 물리적·사회적 근거가 많이 있다. 전체 체계 내의 정합성이 왜 어떤 근거는 선택되고, 다른 근거는 선택되지 않는지를 부분적으로 설명해 주는 것으로 보인다. 예를 들어 행복은 미소나 일반적인 팽창의 느낌과 물리적인 상관관계가 있다. 이것은 원칙적으로 「행복은 넓음/슬픔은 좁음」 은유의 근거를 형성할 수 있다. 그리고 사실 '나는 기분이 들떠 있다'와는 달리 행복의 다른 측면을 선택하는 '나는 기분이 부풀어 있다'(I'm feeling expansive)와 같은 사소한 은유적 표현이 있다. 그러나 우리 문화의 주요한 은유는 「행복은 위」이다. 말하자면 우리가 희열의 넓이보다는 높이에 대해 말하는 데에는 이유가 있다. 「행복은 위」는 「좋음은 위」, 「건강은 위」 등과 최대의 정합성을 갖는다.

- 어떤 경우에는 공간화가 한 개념의 아주 본질적인 부분이어서 우리가 그 개념을 구조화할 수 있는 어떤 대체 은유도 상상하기 힘들다. 우리 사회에서는 '높은 지위'가 그러한 개념이다. 행복과 같은 여타의 경우는 덜 분명하다. 행복이라는 개념은 「행복은 위」 은유로부터 독립적인가, 아니면 행복의 위·아래 공간화가 행복 개념의 일부인가? 우리는 이 공간화가 어떤 주어진 개념 체계 내에서 행복 개념의 일부라고 본다. 「행복은 위」 은유는 행복을 어떤 정합적인 은유 체계 안에 두고, 그 의미의 일부는 이 은유가 체계 속에서 갖는 역할을 통해서 나타난다.

- 소위 순수하게 지적(知的)인 개념, 예컨대 과학 이론의 개념은 흔히 어쩌면 언제나 물리적이거나 문화적인 바탕을 가진 은유에 근거한다. '고에너지 입자'의 고(高)는 「많음은 위」에 근거한다. 생리심리학에서처럼 '고차원 기능'의 고(高)는 「이성은 위」에 근거한다. (언어

소리 체계의 상세한 음운 양상을 지시하는) '저차원 음운론'의 저(低)는 ['현실적인'(down to earth)에서처럼] 「현세의 실재는 아래」에 근거한다. 어떤 과학 이론의 직관적인 매력은 그 이론의 은유가 우리의 경험과 얼마나 잘 합치하는가와 관련이 있다.

- 우리의 물리적·문화적 경험은 공간화 은유에 많은 가능한 근거를 제공한다. 어떤 은유가 선택되는가, 그리고 어떤 은유가 중심적인가는 문화에 따라 다를 수 있다.
- 은유의 물리적 근거와 문화적 근거를 구별하는 것은 어렵다. 왜냐하면 많은 가능한 근거 중에서 단일한 물리적 근거를 선택하는 것은 문화적 정합성과 관련이 있기 때문이다.

은유의 체험적 근거

우리는 은유의 체험적 근거에 대해 충분히 알지 못한다. 이 부분에 대한 무지 때문에 우리는 그러한 은유를 개별적으로 기술해 왔다. 그리고는 그 뒤에다 각 은유의 가능한 체험적 근거에 관해 사변적인 논평을 덧붙였다. 우리는 원칙 때문이 아니라 잘 알지 못해서 이 방법을 택하고 있다. 우리는 실제로 어떤 은유도 그 체험적 근거를 떠나서는 결코 이해할 수 없으며, 적절히 표현할 수조차 없다고 생각한다. 예를 들어 「많음은 위」는 「행복은 위」나 「이성은 위」와는 매우 다른 종류의 체험적 근거를 갖는다. 개념 「위」는 이 모든 은유 속에서 동일하지만 이러한 「위」 은유의 근거가 되는 경험은 매우 다르다. 그것은 많은 다른 「위」들(UPs)이 있다는 말이 아니라,

오히려 수직성이 다양한 방식으로 우리의 경험에 들어옴으로써 다수의 상이한 은유를 만든다는 것이다.

　은유와 그 체험적 근거의 불가분성을 강조하는 한 방식은 체험적 근거를 표현 자체의 일부로 만드는 것이다. 그래서 「많음은 위」 또는 「이성은 위」라고 표기하는 대신에 다음의 표와 같이 더 복잡한 관계를 보여줄 수도 있다.

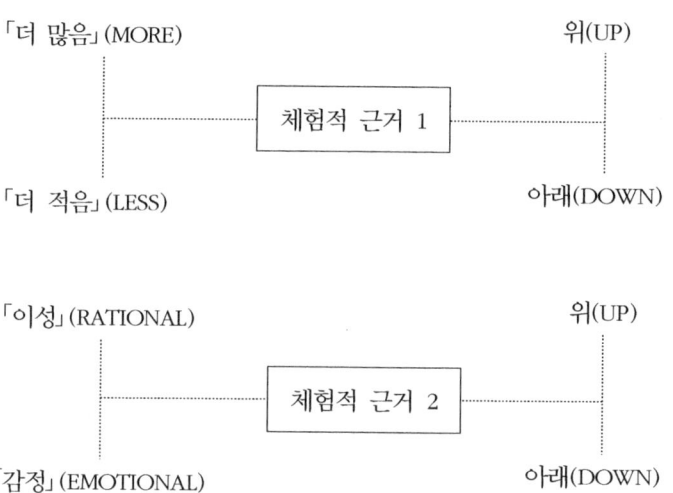

　그러한 표상은 다음 두 측면을 강조할 것이다. 우선 각 은유의 두 부분은 하나의 체험적 근거를 통해서만 연결된다. 그리고 그 은유가 이해의 목적에 부합할 수 있는 것은 오직 이 체험적 근거에 의해서만 가능하다.

우리가 그러한 표상을 사용하지 않는 것은 다만 은유의 체험적 근거에 대해서 거의 아는 바가 없기 때문이다. 우리는 「많음은 위」와 같은 은유를 서술할 때 「A는 B」(A IS B)를 계속해서 사용할 것이다. 하지만 이 「A는 B」는 이 은유의 근거가 되며, 동시에 이 은유를 이해하는 통로가 되는 어떤 일련의 경험에 대한 약칭으로 보아야 한다.

체험적 근거의 역할은 서로 다른 종류의 경험에 근거하기 때문에 상호 합치하지 않는 은유들의 작용을 이해하는 데 중요하다. 예를 들어 「알려지지 않음은 위/ 알려짐은 아래」(UNKNOWN IS UP ; KNOWN IS DOWN)와 같은 은유를 보자. 이 은유의 실례는 That's up *in the air*(그것은 **미결정 상태이다**)와 The matter is *settled*(그 문제는 **해결되었다**)이다. 이 은유는 I couldn't *grasp* his explanation(나는 그의 설명의 의미를 **파악**할 수 없었다)에서처럼 「이해하기는 쥐기」 은유와 매우 유사한 체험적 근거를 갖는다. 물리적 대상의 경우에 당신이 어떤 것을 쥐고서 손안에 지닐 수 있으면, 그것을 자세히 살펴보고 상당히 잘 이해할 수 있다. 어떤 것이 땅위의 고정된 위치에 있으면, (나뭇잎이나 종잇조각처럼) 공중에 떠다니고 있는 것보다 움켜쥐고 자세히 살펴보기가 더 용이하다. 그래서 「알려지지 않음은 위/ 알려짐은 아래」 은유는 「이해하기는 쥐기」 은유와 정합적이다.

그러나 「알려지지 않음은 위」 은유는 「좋음은 위」 은유나 I'm

finishing up(나는 다 **끝내가고 있다**)에 예시된 「끝남은 위」 은유와는 정합성을 갖지 않는다. 우리는 「끝남」(FINISHED)이 「알려짐」(KNOWN)과 짝을 이루고, 「끝나지 않음」(UNFINISHED)이 「알려지지 않음」(UNKNOWN)과 짝을 이룰 것으로 기대할지도 모른다. 그러나 수직성 은유에 관한 한, 이것은 사실이 아니다. 그 이유는 「알려지지 않음은 위」 은유가 「끝남은 위」 은유와는 아주 다른 체험적 근거를 가지고 있기 때문이다.

제 5장
은유와 문화적 정합성

어떤 문화의 가장 기본적인 가치는 그 문화의 가장 근본적인 개념의 은유적 구조와 정합성을 갖는다. 그 한 예로 우리 사회의 몇몇 문화적 가치 중에서 우리의 「위-아래」 공간화 은유와는 정합적인 반면 그에 대립되는 가치는 그러한 은유와 정합적이지 않은 경우를 살펴보자.

'더 많은 것이 더 좋다'(More is better)는 「많음은 위」(MORE IS UP)나 「좋음은 위」(GOOD IS UP)와 정합성이 있다.
'더 적은 것이 더 좋다'(Less is better)는 그러한 은유와 정합성이 없다.

'더 큰 것이 더 좋다'(Bigger is better)는 「많음은 위」나 「좋음은 위」와 정합성이 있다.
'더 작은 것이 더 좋다'(Smaller is better)는 그러한 은유와 정합성이 없다.

'미래가 더 나을 것이다'(The future will be better)는 「미래는 위」(THE FUTURE IS UP)나 「좋음은 위」(GOOD IS UP)와 정합성이 있다. '미래가 더 나쁠 것이다'(The future will worse)는 그렇지 않다.

'미래에 더 많은 것이 있을 것이다'(There will be more in the future)는 「많음은 위」나 「미래는 위」와 정합성이 있다.

'네 지위는 미래에 더 높아야 한다'(Your status should be higher in the future)는 「높은 지위는 위」(HIGH STATUS IS UP)나 「미래는 위」와 정합성이 있다.

이러한 가치는 우리의 문화 속에 깊숙이 뿌리박은 가치이다. '미래가 더 좋을 것이다'는 진보라는 개념에 대한 진술이다. '미래에 더 많은 것이 있을 것이다'는 그 특수한 경우로 상품의 축적과 임금 인플레이션을 포함한다. '네 지위가 미래에 더 높아야 한다'는 입신출세주의에 대한 진술이다. 이러한 진술은 우리의 현재의 공간화 은유와 정합성이 있지만, 정반대의 진술은 그렇지 않을 것이다. 그래서 우리의 가치는 독립적이 아니라, 삶을 이끌어 가는 은유적 개념과 정합적인 체계를 형성하는 것으로 보인다. 우리는 은유적 체계와 정합적인 모든 문화적 가치가 다 실제로 존재한다고 주장하는 것이 아니라, 다만 정말로 실재하는 깊숙이 고착된 가치는 그 은유 체계와 정합적이라는 것을 주장할 따름이다.

위에서 나열한 가치는 다른 모든 조건이 동등하다면 일반적으로 우리 문화 안에서 타당하다. 그러나 조건은 보통 동등하지 않기 때문에 흔히 이러한 가치 사이에 충돌이 있고, 그래서 이러한 가치와 연관된 은유들 사이에도 충돌이 있다. 가치들 (그리고 그러한 가치의 은유들) 사이의 그러한 충돌을 설명하기 위해서, 우리는 이러한 가치와 은유를 사용하는 하위문화가 우선순위에 차이를 둔다는 것을 알아야 한다. 예를 들어 「많음은 위」는 가장 명확한 물리적 근거를 가지고 있기 때문에 항상 최고의 우선순위를 갖는 것으로 보인다. 「좋음은 위」보다 「많음은 위」에 우선순위가 있다는 것은 '인플레이션이 증가하고 있다'(Inflation is rising)나 '범죄율이 증가하고 있다'(The crime rate is going up)와 같은 예문에서 볼 수 있다. 이러한 문장은 인플레이션과 범죄율을 나쁜 것으로 가정하고 있지만, 「많음은 위」가 언제나 최상의 우선순위를 갖기 때문에 그 의미하는 바를 전달한다.

일반적으로 어떤 가치가 우선순위를 갖는가는 한편으로는 우리가 속해 있는 하위문화의 문제이고, 다른 한편으로는 개인적인 가치의 문제이다. 한 주류문화 속의 다양한 하위문화는 기본적인 가치를 공유하지만, 그러한 가치에 각각 다른 우선순위를 부여한다. 예를 들어 「좋음은 큼」은 앞으로의 월급을 다 먹어버릴 장기 분할로 큰 자동차를 지금 살 것인가, 아니면 더 작은 값싼 자동차를 살 것인가의 문제에 이르면 「미래에 더 많은 것이 있을 것」(THERE

WILL BE MORE IN THE FUTURE)과 충돌할 수 있다. 큰 자동차를 사고서 미래에 대해 걱정하지 않는 미국의 하위문화가 있는가 하면, 미래를 우선시하여 작은 자동차를 사는 미국의 다른 하위문화도 있다.

「미덕은 위」은유와 「미덕은 자원 절약」은유가 「좋음은 큼」은유보다 우선순위를 가진 하위문화 내에는 소형 자동차를 소유하는 것이 높은 중요성을 지닌 (인플레이션과 에너지 위기 이전의) 시기가 있었다. 오늘날 소형차 수가 지금까지 급속히 늘어난 것은 「좋음은 절약」은유가 「좋음은 큼」은유보다 우선순위를 갖는 거대한 하위문화가 있기 때문이다.

하위문화에 덧붙여서, 주류문화의 가치와 충돌하는 어떤 중요한 가치를 공유하는 것을 정의(定義) 속성으로 갖는 집단이 있다. 그러나 덜 명료한 방식으로 그러한 집단은 주류문화의 다른 가치를 보존한다. 트래피스트회와 같은 수도회 교단을 예로 들어보자. 그곳에서는 물질적 재산과 관련해서 「좋음은 적음」과 「좋음은 작음」이 진리이다. 물질적 재산이 중요한 무언가, 즉 신의 숭배를 방해한다고 보기 때문이다. 트래피스트회 수사들은 주류문화의 가치 「미덕은 위」를 공유한다. 비록 이 가치에 최고의 우선순위를 두고 아주 다른 정의를 내리지만 말이다. 비록 미덕에 적용되지만 「많음」이 여전히 「좋음」이다. 그리고 이 세상의 것이 아니라 더 높은 세상, 즉 신의 왕국의 것이지만 지위는 여전히 「위」이다.

더구나 「미래는 더 좋을 것이다」는 정신적 성장 (「위」)의 관점에서, 궁극적으로는 구원(실제로 「위」)의 관점에서 진리이다. 이것은 주류문화 이외의 집단에서 전형적이다. 미덕과 선, 지위는 완전히 재정의할 수 있지만 이들은 여전히 「위」이다. 중요한 것을 더 많이 갖는 것은 여전히 더 좋으며 중요한 것과 관련해서 「미래가 더 좋을 것이다」. 이 밖에도 유사한 경우는 많다. 그 가치 체계는 어떤 수도사 집단에게 중요한 것과 관련해서 내적으로 정합적이며, 동시에 그 집단에게 중요한 것과 관련해서 주류문화의 주요한 지향적 은유와 정합적이다.

집단과 마찬가지로 개인도 우선순위뿐만 아니라 자신들에게 좋은 것과 미덕이 되는 것을 정의하는 방식이 상이하다. 이런 의미에서 개인은 한 명으로 구성된 하위 집단이다. 각 개인의 가치 체계는 자신들에게 중요한 것과 관련해서 주류문화의 중요한 지향적 은유와 정합적이다.

모든 문화가 우리처럼 위-아래 지향성에 우선순위를 부여하는 것은 아니다. 어떤 문화에서는 균형이나 중심성이 우리 문화에서 위-아래 지향성이 하는 역할보다 훨씬 더 중요한 역할을 한다. 또는 비공간적 지향성인 능동-수동을 생각해 보라. 우리에게는 대부분의 경우에 「능동은 위」(ACTIVE IS UP)와 「수동은 아래」(PASSIVE IS DOWN)이다. 그러나 수동성을 능동성보다 더 중시하는 문화가 있다. 일반적으로 중요한 지향성인 위-아래, 안-밖, 중심-주변, 능동 – 수동 등은 모든 문화에 걸쳐 존재하는 것으로 보이지만, 어떤 개념이 어떤 쪽을 지향하는가와 어떤 지향성이 가장 중요한가는 문화에 따라 다르다.

제 6장
존재론적 은유

개체 은유와 물질 은유

위-아래, 앞-뒤, 접촉-분리, 중심-주변, 가까움-멂과 같은 공간 지향성은 지향성의 관점에서 개념을 이해하는 데 매우 풍부한 근거를 제공한다. 그러나 지향성을 통해서 우리가 할 수 있는 것은 그뿐이다. 물리적 대상이나 물질에 대한 우리의 경험은 이해의 더 심오한 근거, 즉 단순한 지향성을 넘어서는 근거를 제공한다. 우리는 대상과 물질의 관점에서 우리의 경험을 이해함으로써 경험의 부분을 선택하고, 이러한 부분을 동일한 종류의 분리된 대상이나 물질로 다룰 수 있게 된다. 일단 우리의 경험을 대상이나 물질로 식별할 수 있다면 우리는 이 경험을 지시할 수 있고, 범주화할 수 있고, 분류할 수 있으며, 양화할 수 있다. 그리고 이 방법으로 이 경험에 대해 추론할 수 있다.

사물의 경계나 구분이 명확하지 않을 때도 여전히 우리는 이러한 사물을 경계나 구분이 명확한 것으로 범주화한다. 예를 들어 산, 길모퉁이, 울타리 등을 보라. 물리적 현상을 그러한 방식으로 관찰하는 것은 산의 위치 파악, 길모퉁이에서의 만남, 울타리 치기 등 우리의 특정한 목적을 충족하는 데 필요하다. 전형적으로 인간의 목적은 물리적 현상을 마치 우리 자신처럼 분리된 것, 즉 표면에 의해 경계지어진 개체로 만들어 주는 인위적인 경계를 부과하도록 요구한다.

인간의 공간 지향성에 대한 기본적 경험이 지향적 은유를 만들어 내는 것처럼, 물리적 대상(특히 우리 자신의 몸)에 대한 우리의 경험이 매우 광범위하고 다양한 존재론적 은유(ontological metaphors)의 근거를 제공한다. 즉, 이러한 존재론적 은유는 사건, 활동, 생각 등을 개체나 물질로 보는 방식이다.

존재론적 은유는 다양한 목적의 달성에 기여하며, 현존하는 다양한 종류의 은유는 달성되는 목적의 종류를 반영한다. 가격 상승의 경험을 예로 들어보자. 은유적으로 가격 상승은 명사 **인플레이션**을 통해서 개체로 간주할 수 있다. 이것은 우리에게 이 경험을 지시하는 방식을 제공한다.

INFLATION IS AN ENTITY
「인플레이션은 개체」

Inflation is lowering our standard of living.

(인플레이션이 우리의 생활수준을 떨어뜨리고 있다.)

If there's *much more inflation*, we'll never survive.

(더 큰 인플레이션이 온다면 우리는 결코 살아남지 못할 것이다.)

We need to *combat inflation*.

(우리는 인플레이션과 싸워야 한다.)

Inflation is backing us into a corner.

(인플레이션이 우리를 궁지로 밀어 넣고 있다.)

Inflation is taking its toll at the checkout counter and the gas pump.

(인플레이션 때문에 물건을 살 때도, 기름을 넣을 때도 손해를 본다.)

Buying land is the best way of *dealing with inflation*.

(땅을 사는 것은 인플레이션에 대처하는 가장 좋은 방법이다.)

Inflation makes me sick.

(나는 인플레이션이 지긋지긋하다.)

이러한 경우에 인플레이션을 한 개체로 보기 때문에 우리는 인플레이션을 지시하고, 양화하며, 인플레이션의 특별한 양상을 식별하고, 인플레이션을 어떤 원인으로 인식하고, 인플레이션과 관련해서 행동하고, 아마도 심지어는 인플레이션을 이해한다고 믿을 수 있게 된다. 이러한 존재론적 은유는 우리의 경험에 합리적으로 대처하려고 할 때조차도 필수적이다.

우리가 그러한 목적을 위해 사용하는 존재론적 은유의 범위는 방대하다. 다음 목록을 보면 그러한 목적의 종류나 우리가 그러한 목적을 달성하는 데 기여하는 존재론적 은유의 대표적 실례에 관해서 어느 정도 이해할 수 있다.

지시(Referring)

My *fear of insects* is driving my wife crazy.
(곤충에 대한 나의 두려움이 내 아내를 미치게 한다.)
That was a *beautiful catch*.
(그것은 멋진 포구였다.)
We are working toward *peace*.
(우리는 **평화**를 위해 일하고 있다.)
The *middle class* is *a powerful silent force* in *American politics*.
(중산층은 미국 정치에서 강력한 침묵 세력이다.)
The *honor of our country* is at stake in this war.
(우리 나라의 명예가 이 전쟁에 달려 있다.)

양화(Quantifying)

It will take *a lot of patience* to finish this book.
(이 책을 다 읽으려면 **많은** 인내가 필요할 것이다.)
There is *so much hatred* in the world.
(세상에는 **아주 많은** 증오가 있다.)
DuPont has *a lot of political power* in Delaware.
(듀퐁은 델라웨어에 엄청난 정치적 힘이 있다.)
You've got *too much hostility* in you.
(너는 마음속에 너무 많은 적개심을 담고 있다.)
Pete Rose has *a lot of hustle and baseball know-how*.
(피트 로즈는 많은 활기와 야구 비결을 가졌다.)

양상 식별(Identifying Aspects)

The *ugly side of his personality* comes out under pressure.

(압박을 받으면 그의 성격의 추한 면이 나온다.)

The *brutality of war* dehumanizes us all.

(전쟁의 야만성이 우리 모두를 비인간화한다.)

I can't keep up with the *pace of modern life*.

(나는 현대 생활의 속도에 보조를 맞출 수가 없다.)

His *emotional health* has deteriorated recently.

(그의 정서적 건강이 최근에 악화되었다.)

We never got to feel the *thrill of victory* in Vietnam.

(우리는 베트남에서 결코 승리의 전율을 느끼지 못했다.)

원인 식별(Identifying Causes)

The *pressure of his responsibilities* caused his breakdown.
(책임감이라는 압박이 그의 몰락을 초래했다.)

He did it *out of anger*.

(그는 화가 나서 그렇게 했다.)

Our influence in the world has declined because of our *lack of moral fiber*.

(우리의 세계적 영향력이 도덕성의 결여 때문에 위축되어 왔다.)

Internal dissension cost them the pennant.

(내부 알력으로 그들은 우승을 놓쳤다.)

목표 설정과 행동의 동기 부여
(Setting Goals and Motivating Actions)

He went to New York to *seek fame and fortune*.
(그는 명성과 재산을 좇아서 뉴욕에 갔다.)
Here's what you have to do to *insure financial security*.
(재정적 안전을 보장하기 위해서 네가 해야 할 일은 이것이다.)
I'm changing my way of life so that I can *find true happiness*.
(나는 진정한 행복을 찾기 위해서 생활 방식을 바꾸고 있다.)
The FBI will act quickly in the face of a *threat to national security*.
(연방수사국은 국가안보 위협에 직면해서 신속 조치를 취할 것이다.)
She saw getting married as the *solution to her problems*.
(그녀는 결혼을 자기 문제의 해결책으로 생각했다.)

지향적 은유의 경우처럼 이러한 표현도 대부분 은유적인 것으로 인식되지 않는다. 한 가지 이유는 존재론적 은유도 지향적 은유처럼 지시나 양화 등 아주 제한된 범위의 목적을 달성하는 데 기여하기 때문이다. 단지 비물리적인 대상을 개체나 물질로 보는 것만으로는 그러한 대상에 대해 충분한 이해를 할 수 없다. 그러나 존재론적 은유는 더 정교화될 수도 있다. 여기에 「마음은 개체」(THE MIND IS AN ENTITY)라는 존재론적 은유가 우리 문화 속에서 어떻게 정교화되는지를 보여주는 두 가지 실례가 있다.

THE MIND IS A MACHINE

「마음은 기계」

We're still trying to *grind out* the solution to this question.

(우리는 이 문제의 해결책을 만들어 내려고 여전히 노력하고 있다.)

My mind just isn't *operating* today.

(내 마음은 정말 오늘 돌아가지 않고 있다.)

Boy, the *wheels are turning now*!

(야, 이제야 머리가 돌아가는군!)

I'm a *little rusty* today.

(나는 오늘 약간 불편한 상태이다.)

We've been working on this problem all day and now we're *running out of steam*.

(우리는 온 종일 이 문제에 매달려 있어서 이제는 **맥이 빠져가고 있다.**)

THE MIND IS A BRITTLE OBJECT

「마음은 부서지기 쉬운 물건」

Her ego is very *fragile*.

(그녀의 자아는 매우 **나약하다.**)

You have to *handle him with care* since his wife's death.

(아내가 죽은 이후로 그를 **조심스럽게 대해야 한다.**)

He *broke* under cross-examination.

(그는 반대 심문에 **무너졌다.**)

She is *easily crushed*.

(그녀는 쉽게 **좌절한다.**)

The experience *shattered him.*
(그 경험이 **그를 파멸시켰다.**)
I'm *going to pieces.*
(나는 **산산조각이 나고 있다.**)
His mind *snapped.*
(그의 마음은 **꺾였다.**)

이 두 은유는 상이한 종류의 대상을 명시한다. 마음이 무엇인가에 대해 상이한 은유적 모형을 제공한다. 그 덕분에 우리는 정신적 경험의 상이한 측면에 초점을 맞출 수 있다. 「기계」 은유 덕분에 우리는 마음이 켜짐/꺼짐 상태와 효율성의 수준, 생산적 능력, 내부의 기제, 힘의 원천, 작동 조건을 지니고 있다고 개념화할 수 있다. 「깨어지기 쉬운 물건」 은유는 결코 「기계」 은유만큼 풍부하지 않다. 이 은유는 다만 우리에게 심리적 강도에 대해서만 이야기할 수 있도록 해 준다. 그렇지만 두 은유 중 어느 관점에서나 생각할 수 있는 일련의 정신적 경험 영역이 있다. 우리가 생각하고 있는 예는 다음과 같다.

He broke down. (THE MIND IS A MACHINE)
(그는 속앓이 하느라 누웠다.) 「마음은 기계」
He cracked up. (THE MIND IS A BRITTLE OBJECT)
(그의 마음이 산산조각 났다.) 「마음은 깨어지기 쉬운 물건」

그러나 이 두 은유가 정신적 경험의 **정확히** 같은 측면에 초점을 맞추고 있는 것은 아니다. 고장이 나면, 기계는 더 이상 제 기능을 발휘하지 못한다. 깨어지기 쉬운 물건이 부서지면, 그 물건의 조각들이 흩날리게 되어 아마도 위험한 결과를 초래할 것이다. 그래서 예를 들어 누군가가 미치게 되어 거칠어지거나 폭력적이 될 때에는 He cracked up이라고 말해야 적절할 것이다. 반면에 누군가가 무기력해져서 심리적 이유 때문에 아무 것도 할 수 없게 되었을 때는 He broke down이라고 말하기 십상일 것이다.

이러한 존재론적 은유는 우리의 사고 속에 매우 자연스럽게 산재해 있어서 보통 정신 현상에 대한 자명하고 직접적인 기술로 여겨진다. 우리들은 대부분 그러한 기술을 결코 은유적이라고 생각하지 않는다. 우리는 He cracked under pressure(그는 압박을 받아서 정신이 돌았다)와 같은 진술을 직접적으로 참 또는 거짓이라고 간주한다. 댄 화이트가 왜 권총을 샌프란시스코 시청에 가지고 와서 조지 모스콘 시장을 쏘아 죽였는가를 설명하기 위해서 많은 저널리스트가 실제로 이 표현을 사용했다. 이러한 부류의 설명은 우리 대부분에게 너무나 자연스러운 것으로 보인다. 그 이유는 「마음은 깨어지기 쉬운 물건」과 같은 은유가 이 문화에서 우리가 가지고 있는 마음 모형의 필수적인 부분이기 때문이며, 바로 그 모형의 관점에서 우리들 대부분이 생각하고 활동하기 때문이다.

그릇 은유

땅 영역(Land Areas)

우리는 물리적 존재이고, 우리의 피부 표면에 의해 경계지어지고, 세계의 다른 부분들과 구분되며, 또한 세계의 나머지 부분을 우리의 밖에 있다고 경험한다. 우리들 각각은 경계짓는 표면과 안-밖 지향성을 지닌 하나의 그릇이다. 우리는 우리 자신의 안-밖 지향성을 표면에 의해 경계지어지는 다른 물리적 대상에 투사한다. 그래서 다른 대상도 역시 그릇으로 간주한다. 방이나 집은 분명한 그릇이다. 방에서 방으로 이동하는 것은 한 그릇에서 다른 한 그릇으로 이동하는 것, 즉 한 방 **밖으로**(out of) 나와서 다른 한 방 **안으로** (into) 들어가는 것이다.

우리는 심지어 고체의 대상에도 이 지향성을 부여한다. 바위속에 무엇이 있는가를 보려고 그 바위를 깨뜨릴 때처럼 말이다. 또한 이 지향성을 우리의 자연 환경에 부과한다. 숲 속의 벌목지가 경계를 정하는 표면을 가진다고 보며, 우리 자신을 그 벌목지의 **안**(in)이나 **밖에**(out of) 있다고 볼 수 있고, 숲 **안에** 있거나 숲 **밖에** 있다고 볼 수도 있다. 숲 안의 벌목지는 우리가 자연적인 경계로 지각할 수 있는 무엇―나무들이 다소 적어지고 그 벌목지가 시작되는 애매한 지역―을 가지고 있다. 그러나 심지어는 그릇을 정의한다고 볼 수 있는 자연적인 물리적 경계가 전혀 없는 경우에도 담이든 울타리든 추상적인 선이나 평면이든 경계를 부과한다—영토를 구분해서 영토가 안쪽과 경계면을 갖게 된다.

인간의 본능 중에 영토 소유욕보다 더 기본적인 것은 거의 없다. 그래서 그러한 식으로 어떤 영토 주변에 경계를 정하여 영토를 정의하는 것은 양화 행동이다. 인간, 바위, 땅 영역 등 모든 경계지어진 대상은 크기를 갖는다. 이로 인해서 우리는 이러한 대상이 담고 있는 물질의 양이라는 관점에서 이러한 대상을 양화할 수 있다. 예를 들어 캔사스는 경계지어진 땅, 즉 「그릇」이며, 이 때문에 우리는 There's a lot of land in Kansas(캔사스 안에는 많은 땅이 있다)라고 말할 수 있다.

물질은 그 자체가 그릇으로 간주될 수 있다. 욕조의 물을 예로 들어보자. 당신이 그 욕조 속에 들어 갈 때, 당신은 그 물 속에 들어간다. 욕조와 물은 둘 다 그릇으로 간주되지만, 다른 종류의 그릇이다. 욕조는 「그릇 물건」인 반면에 물은 「그릇 물질」이다.

시야

우리는 시야를 하나의 그릇으로 개념화하고, 우리 눈에 보이는 대상이 그 안쪽에 담겨 있다고 개념화한다. 심지어 '시야'(visual *field*)라는 낱말조차도 이 점을 암시한다. 이 은유는 당신이 땅,

마루 공간 등 어떤 영토를 바라볼 때 당신의 시야가 그 영토의 어떤 경계, 즉 당신이 볼 수 있는 그 부분을 정의한다는 사실로부터 나오는 자연스러운 은유이다. 경계지어진 물리적 공간이 그릇이고, 우리의 시야가 그 경계지어진 공간과 상관관계가 있다는 점을 고려할 때, 「시야는 그릇」(VISUAL FIELDS ARE CONTAINERS)이라는 은유적 개념이 자연스럽게 생겨난다. 그래서 우리는 다음과 같이 말할 수 있다.

The ship is *coming into* view.
(그 배가 시야에 들어오고 있다.)
I have him *in sight*.
(그는 내 시야 안에 있다.)
I can't see him — the tree is *in* the way.
(나는 그를 볼 수 없다 — 나무가 그를 가리고 있다.)
He's *out of* sight now.
(그는 이제 **시야를** 벗어나서 보이지 않는다.)
That's *in* the *center of my field* of vision.
(그것은 내 **시야의** 한가운데 있다.)
There's *nothing in sight*.
(**시야에** 아무것도 없다.)
I can't get *all* of the ships *in* sight at once.
(그 모든 배가 한꺼번에 시야에 들어오지는 않는다.)

사건, 행동, 활동, 상태

우리는 사건과 행동, 활동, 상태를 이해하기 위해서 존재론적 은유를 사용한다. 사건과 행동은 은유적으로 물건으로 개념화되고, 활동은 물질로 개념화되고, 상태는 그릇으로 개념화된다. 예를 들어 어떤 경주는 하나의 사건인데 독립된 개체로 간주된다. 경주는 공간과 시간 속에 존재하고, 명확히 정의된 경계를 갖는다. 그래서 우리는 경주를 「그릇 물건」으로 보고, 그 속에 (대상인) 참여자와, (은유적 대상인) 시작이나 끝과 같은 사건, (은유적 물질인) 달리기 활동을 담는다. 그래서 우리는 경주에 관해 이렇게 말할 수 있다.

Are you *in* the race on Sunday? (race as CONTAINER OBJECT)
(일요일 경주에 **참가하니?**)　　　　　(「그릇 물건」으로서의 경주)
Are you *going to* the race? (race as OBJECT)
(그 경주에 **갈래?**)　　　　　　　　　(「물건」으로서의 경주)
Did you *see* the race? (race as OBJECT)
(그 경주 **보았니?**)　　　　　　　　　(「물건」으로서의 경주)
The *finish* of the race was really exciting.
　　　　(running as EVENT OBJECT within CONTAINER OBJECT)
(그 경주의 **끝**은 정말로 흥미진진했다.)
　　　　　　(「그릇 물건」 속의 「사건 물건」으로서의 달리기)
There was *a lot of good running in* the race.
　　　　　　(running as a SUBSTANCE in a CONTAINER)
(그 경주에는 많은 멋진 달리기가 있었다.)
　　　　　　　　　(「그릇」 속의 「물질」로서의 달리기)

I couldn't do *much sprinting* until the end.

(sprinting as SUBSTANCE)

(나는 전력 질주를 끝까지 할 수는 없었다.) (「물질」로서의 전력 질주)

Halfway into the race, I ran out of energy.

(race as CONTAINER OBJECT)

(그 경주가 **중반으로** 접어들 때 나는 힘이 다 **빠졌다.**)

(「그릇 물건」으로서의 경주)

He's *out of* the race now. (race as CONTAINER OBJECT)

(그는 이제 그 경주에서 **빠졌다.**)　　(「그릇 물건」으로서의 경주)

일반적으로 활동은 은유적으로 「물질」로 간주되고, 따라서 「그릇」으로 간주된다.

In washing the window, I splashed water all over the floor.

(유리창을 닦는 중에 나는 온 마루 바닥에 물을 튀겼다.)

How did Jerry *get out of* washing the windows?

(제리는 어떻게 그 유리창 닦는 일에서 **벗어났어?**)

Outside of washing the windows, what else did you do?

(유리창 닦는 일 **이외에,** 무엇을 했니?)

How much window-washing did you do as a profession?

(유리창 닦기 일을 **얼마나 많이** 했니?)

How did you *get into* window-washing as a profession?

(어떻게 유리창 닦는 일에 **뛰어들게** 되었니?)

He's *immersed in* washing the windows right now.

(그는 지금 유리창을 닦는 일에 **몰두하고** 있다.)

그래서 활동은 그 활동을 구성하는 행동과 여타의 활동을 담는 그릇으로 여겨진다. 활동은 또한 그 활동에 소요되는 에너지와 재료를 담는 그릇으로 여겨지고, 또한 그 활동의 부산물을 담는 그릇으로 여겨진다. 그리고 그 부산물은 그 활동 **안에**(in) 있다거나 그 **활동으로부터 생겨난다**(emerging from)고 여겨질 수 있다.

I *put a lot of energy into* washing the windows.
(나는 그 유리창 닦는 일에 많은 힘을 들였다.)
I *get a lot of satisfaction out of* washing the windows.
(나는 그 유리창 닦는 일에서 큰 만족을 얻는다.)
There is a lot of satisfaction in washing the windows.
(그 창문들을 닦는 일에는 큰 만족이 있다.)

다양한 종류의 상태도 역시 그릇으로 개념화될 수 있다. 그래서 다음과 같은 표현이 가능하다.

He's *in* love.
(그는 사랑에 빠져 있다.)
We're *out of* trouble now.
(우리는 이제 어려움으로부터 벗어났다.)
He's *coming out of* the coma.
(그는 혼수상태에서 깨어나고 있다.)
I'm *slowly getting into* shape.
(나는 차츰 건강해지고 있다.)

He *entered* a state of euphoria.

(그는 도취 상태에 들어갔다.)

He *fell into* a depression.

(그는 우울증에 빠졌다.)

He finally *emerged from* the catatonic state he had been *in* since the end of finals week.

(그는 기말시험 이후 빠져 있던 긴장 상태에서 드디어 벗어났다.)

제 7장

의인화

아 마도 가장 명백한 존재론적 은유는 물리적 대상을 사람으로 더욱 구체화하는 은유일 것이다. 이러한 은유 덕택에 우리는 사람이 아닌 개체에 대한 넓고 다양한 경험을 인간의 동기화나 특성, 활동의 관점에서 이해할 수 있다. 다음은 이러한 이해의 몇몇 실례이다.

His *theory explained* to me the behavior of chickens raised in factories.

(그의 이론은 나에게 공장에서 사육된 병아리의 행동을 설명해 주었다.)

This *fact argues* against the standard theories.

(이 사실은 표준 이론을 반박한다.)

Life has cheated me.

(삶이 나를 속여 왔다.)

Inflation is eating up our profits.

(인플레이션이 우리의 이윤을 다 잡아먹고 있다.)

His *religion tells* him that he cannot drink fine French wines.

(그의 종교는 그에게 프랑스산 고급 포도주를 마시지 말라고 **가르친다**.)

The *Michelson-Morley experiment gave birth to* a new physical theory.

(마이클슨―몰리 실험은 새로운 물리 이론을 **탄생시켰다**.)

Cancer finally *caught up* with him.

(결국 암이 그를 **침범했다**.)

이러한 경우에 우리는 각각 사람이 아닌 것을 사람으로 보고 있다. 그러나 의인화는 단일하게 통합된 일반적 과정이 아니다. 의인화는 사람의 어떤 측면을 선택하는가에 따라서 각각 다르게 나타난다. 이것은 다음 실례를 보면 알 수 있다.

Inflation *has attacked* the foundation of our economy.

(인플레이션이 우리 경제의 토대를 공격해 왔다.)

Inflation *has pinned us to the wall.*

(인플레이션이 우리를 **궁지**로 **몰아붙였다**.)

Our biggest *enemy* right now is inflation.

(지금 현재 우리의 최대의 적은 인플레이션이다.)

The dollar *has been destroyed* by inflation.

(달러화는 인플레이션으로 줄곧 **붕괴했다**.)

Inflation *has robbed* me of my savings.

(인플레이션이 내게서 저축을 **빼앗아 갔다**.)

Inflation *has outwitted* the best economic minds in the country.

(인플레이션이 그 나라의 최고의 경제 두뇌들의 **지혜를 눌렀다**.)

Inflation *has given birth* to a money-minded generation.
(인플레이션이 배금주의 세대를 탄생시켰다.)

위의 사례에서는 인플레이션을 의인화하고 있다. 하지만 이 은유는 단순히 「인플레이션은 사람」(INFLATION IS A PERSON)이 아니라, 훨씬 더 구체적이다. 즉 「인플레이션은 적」(INFLATION IS AN ADVERSARY)이다. 이 은유는 우리에게 인플레이션에 관해서 사고하는 아주 구체적인 방식을 제공할 뿐만 아니라 인플레이션에 대응하는 방식도 제공한다. 우리는 인플레이션을 우리를 공격할 수 있고, 우리를 해칠 수 있고, 우리로부터 무엇인가를 훔쳐갈 수 있으며, 심지어 우리를 파괴할 수도 있는 적으로 간주한다. 따라서 「인플레이션은 적」 은유는 우리 정부로 하여금 인플레이션과의 전쟁 선포, 목표 설정, 희생 강요, 일련의 새로운 명령 부과 등의 정치적·경제적 조치를 취하도록 해주고 이러한 조치를 정당화한다.

여기에서 요점은 의인화가 매우 광범위한 은유를 포괄하는 일반적 범주이며, 그 각각의 은유는 어떤 사람의 상이한 측면을 선택하거나, 어떤 사람을 보는 상이한 방식을 선택한다는 것이다. 그러한 은유가 다 지니고 있는 공통점은 존재론적 은유의 확장이라는 점과, 그러한 은유 덕택에 우리가 인간의 관점에서 세계의 현상을 이해할 수 있다는 점이다—이것은 우리 자신의 동기나 목적, 행동, 특성에 근거해서 이해할 수 있는 측면이다. 인플레이션처럼 그렇게 추상적인 어떤 것을 인간의 관점에서 바라보는 것은 대부분의 사람들에게 이해가 되는 독특한 유형의 설명력을 갖는다. 아무도 실제로 이해하지 못하는 복잡한 정치적·경제적 요인으로 인해 우리가 상당한 경제적 손실을 받고 있을 때 「인플레이션은 적」 은유는 적어도 왜 우리가 이러한 손실을 입고 있는지를 정합적으로 설명해 준다.

방금 살펴본 의인화의 경우에 우리는 이론, 질병, 인플레이션 등 사람이 아닌 대상에 사람의 속성을 부여하고 있다. 그러한 경우에는 실제의 사람을 지칭하는 것이 아니다. '인플레이션이 내 저축을 빼앗아 갔다'(Inflation robbed me of my savings)고 말할 때, 우리는 어떤 사람을 지시하기 위해서 '인플레이션'이라는 말을 사용하는 것이 아니다. 이러한 경우는 다음과 같은 경우와 구분해야 한다.

The *ham sandwich* is waiting for his check.
(그 햄 샌드위치가 계산서를 기다리고 있다.)

위 문장에서는 '그 햄 샌드위치'라는 표현을 사용해서 어떤 실제의 사람, 즉 그 햄 샌드위치를 주문한 사람을 지칭하고 있다. 이러한 경우는 의인화 은유의 실례가 아니다. 왜냐하면 우리가 햄 샌드위치에 사람의 속성을 부여함으로써 그 햄 샌드위치를 이해하는 것이 아니기 때문이다. 그 대신에 우리는 어떤 개체와 관련되는 다른 개체를 지시하기 위해서 그 개체를 사용하고 있다. 이것이 이른바 **환유**(metonymy)의 경우이다. 여기에 몇 가지 더 상세한 실례가 있다.

He likes to read the *Marquis de Sade*. (=the writings of the marquis)
(그는 **사드**를 즐겨 읽는다.) (=그 후작의 저서)
He's in *dance*. (=the dancing profession)
(그는 **무용계**에 있다.) (=춤추는 직업)
Acrylic has taken over the art world. (=the use of acrylic paint)
(**아크릴**이 미술계를 휩쓸었다.) (=아크릴 페인트의 사용)
The *Times* hasn't arrived at the press conference yet.
(=the reporter from the *Times*)
(**타임즈**가 아직 기자 회견에 도착하지 않았다.)
(=타임즈의 기자)
Mrs. Grundy frowns on *blue jeans*. (=the wearing of blue jeans)
(세상 평판은 **블루진**에 이맛살을 찌푸린다.) (=블루진의 착용)
New windshield wipers will satisfy him.
(=the state of having new wipers)
(그는 **새로운 자동차 와이퍼**에 만족할 것이다.)
(=새로운 자동차 와이퍼를 부착한 상태)

우리는 전통 수사학자들의 이른바 **제유**(synecdoche)를 환유의 특수한 경우로 간주한다. 제유에서는 다음과 같이 부분이 전체를 대신한다.

THE PART FOR THE WHOLE

「부분으로 전체를 대신함」

The *automobile* is clogging our highways.
(=the collection of automobiles)
(**자동차**가 우리의 고속도로를 막고 있다.)
(=자동차의 집합)

We need a couple of *strong bodies* for our team. (=strong people)
(우리 팀에는 두서넛의 **건장한 몸**이 필요하다.) (=건장한 사람)

There are a lot of *good heads* in the university. (=intelligent people)
(그 대학에는 **훌륭한 두뇌**가 많다.) (=우수한 사람)

I've got a new *set of wheels*. (=car, motorcycle, etc.)
(나는 새로운 **바퀴 한 벌**을 구했다.) (=자동차, 오토바이 등)

We need some *new blood* in the organization. (=new people)
(우리 조직은 **새로운 수혈**이 필요하다.) (=새로운 사람)

이 경우도 환유의 다른 경우에서처럼 한 개체를 사용하여 다른 한 개체를 지시하고 있다. 은유와 환유는 다른 **종류**의 과정이다. 은유는 원칙적으로 한 사물을 다른 사물의 관점에서 생각하는 방식이기 때문에 은유의 중요한 기능은 이해이다. 반면에 환유는 일차적으로 지시의 기능을 갖는다. 즉 환유는 한 개체를 사용함으로써 다른 한 개체를 **대신한다**. 그러나 환유가 순전히 지시의 장치만은 아니다. 환유도 역시 이해를 돕는 기능을 수행한다. 예를 들어「부분으로 전체를 대신함」이라는 환유의 경우에 그 전체를 대신할 수 있는 부분은 많다. 어느 부분을 우리가 선택하는가는 우리가 그 전체의 어느 부분에 초점을 맞추고 있는가를 결정한다. 우리가 그 계획에 **훌륭한 두뇌**를 필요로 한다고 말할 때, 우리는 '총명한 사람'을 지시하기 위해서 '훌륭한 두뇌'를 사용하고 있다. 중요한 점은 단순히 어떤 부분(두뇌)을 사용해서 어떤 전체(사람)를 나타내는 것이 아니라, 오히려 그 두뇌와 연관되는 그 사람의 특별한 속성, 즉 총명성을 선택한다는 점이다.

다른 경우의 환유에서도 마찬가지다. 우리가 '**타임즈**가 아직 기자 회견에 도착하지 않았다'고 말할 때, 우리는 **타임즈**를 사용해서 어떤 기자 또는 다른 어떤 기자를 지시하고 있을 뿐만 아니라, 그 기자가 대표하는 그 기관의 중요성 또한 암시하고 있다. 그래서 '**타임즈**가 아직 기자 회견에 도착하지 않았다'는 비록 스티브 로버츠가 문제의 **타임즈** 기자라 하더라도, '스티브 로버츠가 아직 기자 회견에 도착하지 않았다'와는 다른 어떤 의미를 지닐 수 있다.

그래서 환유는 은유가 충족시키는 것과 동일한 목적의 일부를 다소는 동일한 방식으로 충족시킨다. 그러나 환유는 우리에게 지시되고 있는 것의 어떤 측면에 더 구체적으로 초점을 맞추게 해 준다.

환유는 단순히 시적인 장치나 수사적인 장치가 아니며, 또한 단순히 언어만의 문제가 아니라는 점에서는 은유와 유사하다. (「부분으로 전체를 대신함」과 같은) 환유 개념은 우리가 생각하고, 말하고, 행동하는 평범한 일상적인 방식의 일부이다.

예를 들어 우리의 개념 체계에는 「부분으로 전체를 대신함」이라는 환유의 특별한 경우, 즉 「얼굴로 사람을 대신함」(THE FACE FOR THE PERSON) 환유가 있다. 그 실례는 다음과 같다.

> She's just a *pretty face*.
> (그녀는 정말 **예쁜 얼굴**이다.)
> There are an *awful lot of faces* out there in the audience.
> (청중 속에는 **무지하게 많은 얼굴**이 나와 있다.)
> We need some *new faces* around here.
> (우리 주변에 **새로운 얼굴**이 좀 필요하다.)

이 환유는 우리 문화에서 활발한 기능을 한다. 그림이나 사진에서 초상화의 전통은 모두 이 환유에 근거한다. 당신이 내게 아들 사진을 보여달라고 부탁했을 때, 내 아들의 얼굴 사진을 보여주면 당신은 만족할 것이다. 당신은 내 아들의 사진을 보았다고 생각할 것이다. 그러나 내가 당신에게 얼굴이 없는 내 아들의 몸만 있는 사진을 보여주면, 당신은 이 사진을 이상하게 여길 것이고 만족하지도 않을 것이다. 심지어 당신은 '그런데 그는 어떻게 생겼습니까?'라

고 물을지도 모른다. 그래서 「얼굴로 사람을 대신함」이라는 환유는
단지 언어만의 문제가 아니다. 우리 문화에서는 어떤 사람이 어떻
게 생겼는가에 대한 기본적인 정보를 얻으려면 그의 자세나 몸짓보
다 그 사람의 얼굴을 본다. 얼굴의 관점에서 그 사람을 지각하고,
그러한 지각을 바탕으로 행동할 때, 우리는 환유의 관점에서 활동하
고 있는 것이다.

　은유와 마찬가지로 환유도 고립된 실례로 취급해야 할 자의적인
사건이 아니다. 우리 문화에 존재하는 다음의 대표적 실례에서 볼
수 있는 것처럼 환유적 개념도 역시 체계적이다.

THE PART FOR THE WHOLE
「부분으로 전체를 대신함」

Get *your butt* over here!
(궁둥이 좀 여기로 옮겨라!)
We don't hire *longhairs*.
(우리는 **장발**을 채용하지 않는다.)
The Giants need a *stronger arm* in the right field.
(자이언츠는 우익수에 더 뛰어난 강견이 필요하다.)
I've got a new *four-on-the-floor V-8*.
(나는 새 포-온-더-플로어형 8기통을 샀다.)

PRODUCER FOR PRODUCT

「생산자로 생산품을 대신함」

I'll have a *Löwenbräu*.
(나는 뢰벤브로이를 마실 거야.)
I bought a *Ford*.
(나는 포드 한 대를 샀다.)
He's got a *Picasso* in his den.
(그는 자기 방에 피카소 한 점을 갖고 있다.)
I hate to read *Heidegger*.
(나는 하이데거를 읽는 것이 지겹다.)

OBJECT USED FOR USER

「사용되는 물건으로 사용자를 대신함」

The *sax* has the flu today.
(그 색소폰은 오늘 독감에 걸렸다.)
The *BLT* is a lousy tipper.
(저 비엘티는 팁을 더럽게 적게 주는 사람이다.)
The *gun* he hired wanted fifty grand.
(그가 고용했던 총잡이는 5만 달러를 원했다.)
We need a better *glove* at third base.
(우리는 3루에 더 뛰어난 선수를 필요로 한다.)
The *buses* are on strike.
(버스는 파업 중이다.)

CONTROLLER FOR CONTROLLED

「통제자로 피통제자를 대신함」

Nixon bombed Hanoi.
(닉슨은 하노이를 폭격했다.)
Ozawa gave a terrible concert last night.
(오자와는 어젯밤 형편없는 연주회를 했다.)
Napoleon lost at Waterloo.
(나폴레옹은 워털루에서 졌다.)
Casey Stengel won a lot of pennants.
(케이시 스텡걸은 여러 차례 우승을 했다.)
A Mercedes rear-ended *me*.
(벤츠가 내 차를 뒤에서 받았다.)

INSTITUTION FOR PEOPLE RESPONSIBLE

「기관으로 책임자를 대신함」

Exxon has raised its prices again.
(엑슨이 가격을 다시 올렸다.)
You'll never get the *university* to agree to that.
(너는 결코 대학이 그 문제에 동의하도록 만들 수 없을 것이다.)
The *Army* wants to reinstitute the draft.
(군대는 징병제도를 다시 도입하려고 한다.)
The *Senate* thinks abortion is immoral.
(상원은 낙태가 비도덕적이라고 생각한다.)
I don't approve of the *government's* actions.
(나는 정부의 조치에 찬성하지 않는다.)

THE PLACE FOR THE INSTITUTION

「장소로 기관을 대신함」

The *White House* isn't saying anything.
(백악관은 아무 말도 하지 않고 있다.)
Washington is insensitive to the needs of the people.
(워싱턴은 국민의 요구에 둔감하다.)
The *Kremlin* threatened to boycott the next round of SALT talks.
(크렘린은 솔트 회담의 다음 원탁 협상을 거부하겠다고 위협했다.)
Paris is introducing longer skirts this season.
(파리는 이번 시즌에 더 긴 스커트를 소개하고 있다.)
Hollywood isn't what it used to be.
(할리우드는 예전 같지 않다.)
Wall street is in a panic.
(월가는 공황이다.)

THE PLACE FOR THE EVENT

「장소로 사건을 대신함」

Let's not let Thailand become another *Vietnam*.
(타일랜드가 또 다른 **베트남**이 되지 않게 합시다.)
Remember the *Alamo*.
(앨러모를 기억하자.)
Pearl Harbor still has an effect on our foreign policy.
(진주만은 아직도 우리의 외교 정책에 영향을 미친다.)
Watergate changed our politics.
(워터게이트는 우리 정치를 변화시켰다.)

It's been *Grand Central Station* here all day.
(온종일 **도떼기시장**이었다.)

위와 같은 환유 개념은 은유 개념과 동일한 방식으로 체계적이다. 위에 주어진 문장은 임의적인 것이 아니다. 이러한 문장은 우리의 사고와 행동을 조직하는 관점이 되는 어떤 일반적인 환유적 개념의 사례이다. 환유적 개념 덕택에 우리는 다른 어떤 사물과의 관계를 통해서 어떤 사물을 개념화할 수 있다. **피카소 한 점**(a Picasso)을 떠올릴 때, 우리는 그냥 그 자체로 미술 작품 한 점만을 생각하고 있는 것이 아니다. 우리는 화가에 대한 그 작품의 관계, 즉 그의 미술 개념, 그의 기교, 미술사에서의 그의 역할 등의 관점에서 그 작품을 생각하는 것이다. 우리가 피카소 작품 한 점, 심지어는 그가 십대에 그린 스케치 한 점에 대해 존중의 행위를 하는 것은 이 화가에 대한 이 작품의 관계 때문이다. 이것이 「생산자로 생산품을 대신함」 환유가 우리의 사고와 행동에 모두 영향을 미치는 방식이다.

마찬가지로 여종업원이 '저 햄 샌드위치가 계산서를 주래요'라고 말할 때 그녀는 인간으로서의 그 사람에게 관심이 있는 것이 아니라, 오직 고객으로서의 그 사람에게만 관심이 있는 것이다. 바로 이런 이유에서 그러한 문장의 사용은 사람을 비간화한다. 닉슨 자신이 하노이에 폭탄을 투하하지 않았을 수도 있지만, 우리는 「통제자로 피통제자를 대신함」 환유를 통해서 '닉슨이 하노이를 폭격했다'고 말할 뿐만 아니라, 닉슨이 폭탄 투하를 실행하고 있으며 그에게 이 폭탄 투하 행위의 책임이 있다고 생각한다. 다시 한번 이것이 가능한 이유는 「통제자로 피통제자를 대신함」 환유에 들어 있는 환유적 관계의 성질 때문이다. 이 환유에서는 책임이 바로 초점을 받는 국면이다.

그래서 환유적 개념은 은유와 마찬가지로 우리의 언어뿐만 아니라 우리의 사고와 태도, 행동을 구조화한다. 그리고 환유적 개념도 은유적 개념과 마찬가지로 우리의 경험에 토대를 두고 있다. 사실 환유적 개념의 토대는 은유적 개념의 경우보다 일반적으로 더 분명하다. 그 이유는 환유적 개념의 토대가 보통 직접적인 물리적·인과적 연상을 포함하기 때문이다. 예를 들어 「부분으로 전체를 대신함」 환유는 부분이 일반적으로 전체에 관련되는 방식에 대한 우리의 경험에서 나온다. 「생산자로 생산품을 대신함」은 생산자와 생산품 사이의 인과관계(와 전형적인 물리적 관계)에 근거한다. 「장소로 사건을 대신함」은 사건의 물리적 장소에 대한 우리의 경험에 토대를 두고 있다. 다른 환유도 이와 유사하다.

문화적 상징과 종교적 상징은 환유의 특수한 경우이다. 예를 들어 기독교 신앙 속에는 「비둘기로 성령을 대신함」(DOVE FOR HOLY SPIRIT)이라는 환유가 있다. 다른 환유와 마찬가지로 이 상징도 자의적이 아니다. 이 상징은 서양 문화 속의 비둘기 개념과 기독교 신학 속의 성령 개념에 토대를 두고 있다. 이를테면 병아리나 독수리, 타조가 아니라 왜 비둘기가 성령의 상징이 되는가에는 그 이유가 있다. 비둘기는 아름답고, 다정하고, 온화하고, 무엇보다도 평화롭다고 생각된다. 새로서 비둘기의 자연적인 서식지는 하늘이며, 하늘은 성령의 자연적 거주지인 천국을 환유적으로 나타낸다. 비둘기는 우아하게 날고, 소리 없이 움직이고, 전형적으로 하늘로부터 와서 사람들 사이에 내려앉는다고 여겨지는 새이다.

문화와 종교의 개념 체계는 본성상 은유적이다. 상징적 환유는 일상생활은 물론 종교와 문화를 특징짓는 정합적인 은유적 체계들 사이의 결정적인 연결 기제이다. 우리의 물리적 경험에 토대를 둔 상징적 환유는 종교적 개념과 문화적 개념을 이해하는 데 필수적인 수단을 제공한다.

제 9장
은유적 정합성에의 도전

우리는 은유와 환유가 자의적인 것이 아니라 우리의 경험을 개념화하는 수단이 되는 정합적 체계를 형성한다는 증거를 제시했다. 그러나 일상적인 은유적 표현에서 외견상의 비정합성을 쉽게 찾아 볼 수 있다. 이 문제에 관한 연구를 다 완성하지는 못했다. 하지만 면밀하게 검토했던 그러한 은유적 표현이 결코 비정합적이 아닌 것으로 판명되었다. 비록 처음에는 비정합적인 것처럼 보였지만 말이다. 두 가지 실례를 살펴보기로 하자.

외견상의 은유적 모순

필모어(C. Fillmore)는 (대화 중에) 영어에 시간을 구조화하는 두 개의 모순적인 방식이 있는 것처럼 보인다고 말했다. 첫째, 미래가 앞에 있고 과거가 뒤에 있다.

> In the weeks ahead of us ... (future)
> (앞으로 몇 주 이내에 ~) (미래)
> That's all behind us now. (past)
> (이제는 우리 뒤로 다 지나간 일이다.) (과거)

둘째, 미래가 뒤에 있고 과거가 앞에 있다.

> In the following weeks ... (future)
> (뒤 따르는 몇 주 이내에 ~) (미래)
> In the preceeding weeks ... (past)
> (앞선 몇 주 동안에 ~) (과거)

이것은 은유적인 시간 구조화 내의 모순처럼 보인다. 더구나 어떤 나쁜 결과도 초래함이 없이 외견상 모순적인 두 은유가 서로 섞일 수 있다. 예를 들어 다음 문장을 보라.

> We're looking *ahead* to the *following* weeks.
> (우리는 앞으로 몇 주 뒤까지 내다보고 있다.)

이 문장에서 ahead(앞으로)는 미래를 앞이라고 조직화하는 반면, following(뒤따르는)은 미래를 뒤라고 조직화하는 것으로 보인다. 이 은유적인 문장에 실제로 정합성이 있다는 것을 이해하기 위해서는 앞-뒤 구성에 대한 몇 가지 사실을 먼저 검토해야 한다. 사람이나 자동차 같은 사물은 본유적인 앞과 뒤가 있지만, 나무와 같은 다른 사물은 그렇지 않다. 어떤 환경에서는 바위가 앞-뒤 구조를 부여받을 수 있다. 당신이 중간 크기의 바위를 바라보고 있고, 당신과 바위 사이에, 이를테면 그 바위로부터 1피트 떨어진 곳에 공이 하나 있다고 가정하자. 그러면 당신이 '공이 바위 앞에 있다'(The ball is in front of the rock)라고 말하는 것이 적절하다. 그 바위는 마치 당신이 마주보고 있는 앞면을 가지고 있는 것처럼 앞-뒤 지향성을 부여받는다. 그러나 이것이 보편적인 것은 아니다. 그 바위가 반대의 지향성을 부여받을 언어도 있다. 하우사[Hausa, 아프리카의 주요 종족의 하나―옮긴이 줘 언어가 바로 그러한 사례의 하나이다. 공이 당신과 바위 사이에 있을 때, 그러한 언어에서는 공이 바위 뒤에 있다고 말할 것이다.

움직이는 대상은 일반적으로 앞-뒤 지향성을 부여받아서 앞쪽이 이동의 방향에 있다. (또는 앞쪽이 표준적인 이동 방향에 있기 때문에 후진 중인 자동차는 앞쪽을 그대로 보유한다.) 예를 들어 정지해 있을 때는 전혀 앞쪽이 없는 구(球) 모양의 위성이 궤도 안에 있을 때는 움직이고 있는 방향 덕분에 앞쪽을 부여받는다.

그러니까 영어에서는 시간이 「시간은 움직이는 물건」(TIME IS A MOVING OBJECT) 은유의 관점에서 구조화되고, 미래가 우리를 향해 움직인다.

The time will come when ...
(~할 시간이 올 것이다.)
The time has long since gone when ...
(~할 시간이 오래 전에 지나가 버렸다.)
The time for action has arrived.
(조치를 취해야 할 시간이 왔다.)

'시간이 날아간다'(Time flies)는 속담은 「시간은 움직이는 물건」 은유의 실례이다. 우리는 미래를 향해 마주 서 있기 때문에 다음과 같은 실례를 갖는다.

Coming up in the weeks ahead ...
(앞으로 몇 주 안에 나타날~)
I look forward to the arrival of Christmas.
(나는 크리스마스가 오기를 기다린다.)
Before us is a great opportunity, and we don't want it to pass us by.
(우리 앞에 아주 좋은 기회가 있는데, 우리 곁을 그냥 지나가게 하고 싶지 않다.)

「시간은 움직이는 물건」 은유 덕분에 시간은 움직임의 방향에 따른 앞-뒤 지향성을 부여받는다. 어떤 움직이는 물체이든 다 그러한 지향성을 부여받을 것처럼 말이다. 그래서 미래가 우리를 향해 움직일 때, 미래는 우리를 마주하고 있다. 그래서 우리는 다음과 같은 표현을 사용하게 된다.

I can't face the future.
(나는 미래를 직면할 수 없다.)
The face of things to come ...
(다가 올 일의 모습~)
Let's meet the future head-on.
(미래와 정면으로 맞서자.)

ahead of(우리 앞에)나 I look forward(나는 앞을 내다보다), before us(우리 앞에)와 같은 표현은 사람을 참조해서 시간의 방향을 결정하지만, precede(앞서다)나 follow(뒤따르다)와 같은 표현은 시간을 참조해서 시간의 방향을 결정한다. 그래서 다음과 같은 표현은 가능하다.

Next week and the week following it.
(다음 주와 그 다음 주)

그러나 다음과 같은 표현은 가능하지 않다.

*The week following me ...
(나를 뒤따르는 주~)

미래 시간은 우리를 마주하고 있기 때문에 그 미래의 시간을 뒤따르는 시간은 더 먼 미래에 있으며, 모든 미래 시간은 현재를 뒤따른다. 바로 이 때문에 뒤따르는 주(weeks to follow)가 우리 앞에 있는 주(weeks ahead of us)와 같게 된다.

　이 실례의 요점은 단지 모순이 없음을 보여줄 뿐만 아니라 관련되는 모든 미묘한 세부 사항을 보여준다는 것이다. 즉 이 실례는 「시간은 움직이는 물건」 은유를 보여주고, 시간을 물건으로 여기는 이 은유적 이해 덕분에 시간이 부여받는 앞·뒤 지향성을 보여준다. 또한 이 은유에 근거해서 follow(뒤따르다)나 precede(앞서다), face(맞서다)와 같은 낱말이 시간에 적용될 때 이 적용이 일관성 있음을 보여준다. 이 일관성 있는 세부적인 은유 구조는 다 시간에 대한 우리의 기본적인 일상적 언어의 일부이다. 이러한 언어는 아주 익숙해서 우리가 보통은 주목하지 않을 것이다.

정합성 대 일관성

　우리는 「시간은 움직이는 물건」 은유가 내적 일관성을 갖는다는 것을 보여주었다. 그러나 시간의 흐름을 개념화하는 또 하나의 방식이 있다.

TIME IS STATIONARY AND WE MOVE THROUGH IT
「시간은 정지해 있고 우리가 시간을 관통해 움직인다」

As we go through the years, ...
(우리가 세월을 헤치고 나아갈 때~)

As we go further into the 1980s, ...
(우리가 1980년대로 더 깊이 접어들 때 ~)
We're approaching the end of the year.
(연말을 향해 가고 있다.)

　여기에서 우리는 「시간이 우리를 지나간다」(TIME PASSES US)
의 두 개의 하위 사례를 보게 된다. 즉 첫 번째 경우에는 우리가
움직이고 있고, 시간이 정지한 채 서 있다. 두 번째 경우에는 시간이
움직이고, 우리가 정지해 있다. 두 경우의 공통점은 우리와 관련한
상대적 운동으로서, 미래는 우리 앞에 있고 과거는 우리 뒤에 있다
는 점이다. 즉 그 두 경우는 동일한 은유의 하위 사례이다. 이것은
다음 도표가 잘 보여준다.

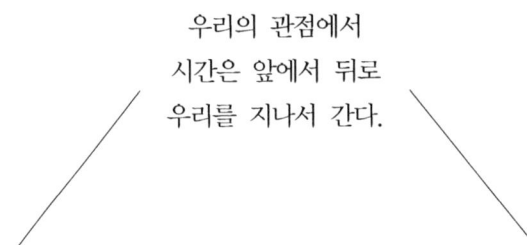

우리의 관점에서
시간은 앞에서 뒤로
우리를 지나서 간다.

시간은 움직이는 물건이고　　　　시간은 정지해 있고 우리가
우리를 향해 움직인다.　　　　　그 사이를 통과해 미래의
　　　　　　　　　　　　　　　방향으로 움직인다.

이것은 이 두 은유가 중요한 공통의 함의를 지닌다는 것을 말해 주는 또 하나의 방식이다. 두 은유는 다 우리의 관점에서 시간이 앞에서 뒤로 우리를 지나간다는 것을 함의한다.

이 두 은유 사이에는 일관성이 없다. (즉 이 두 은유는 어떤 단일한 이미지도 형성하지 못한다.) 그럼에도 불구하고 이 두 은유는 하나의 중요한 범주의 하위 범주가 되고, 따라서 중요한 공통의 함의를 지닌다는 점에서 '상호 합치'한다. 상호 **정합성 있는** (즉 '상호 합치하는') 은유들과 **일관성 있는** 은유들 사이에는 차이점이 있다. 우리는 은유들 사이의 연결이 일관성(constistency)보다는 정합성(coherence)을 갖는 경우가 더 많다는 것을 발견했다.

또 하나의 실례로 다른 은유를 들어보자.

LOVE IS A JOURNEY
「사랑은 여행」

Look *how far we've* come.
(우리가 얼마나 멀리 왔는지 보라.)
We're *at a crossroads.*
(우리는 기로에 서 있다.)
We'll just have to *go our separate ways.*
(우리는 그저 각자의 길을 가야 해.)
We can't *turn back now.*
(우리는 이제 되돌아 갈 수 없다.)

I don't think this relationship is *going anywhere*.

(나는 이 관계가 더 이상 진전될 것으로 생각지 않는다.)

Where are we?

(우리는 지금 어디에 와 있지?)

We're *stuck*.

(우리는 꼼짝 못하고 있다.)

It's been a *long, bumpy road*.

(그것은 멀고 험한 길이었다.)

This relationship is a *dead-end street*.

(이 관계는 막다른 길이다.)

We're just *spinning our wheels*.

(우리는 제자리걸음을 하고 있다.)

Our marriage is *on the rocks*.

(우리 결혼은 좌초되었다.)

We've gotten *off the track*.

(우리는 궤도를 벗어났다.)

This relationship is *foundering*.

(이 관계는 허우적거리고 있다.)

　　여기에서 기본적인 은유는 「여행」 은유이며, 우리가 할 수 있는 여행의 유형은 자동차 여행이나 기차 여행, 바다 여행 등 다양하다.

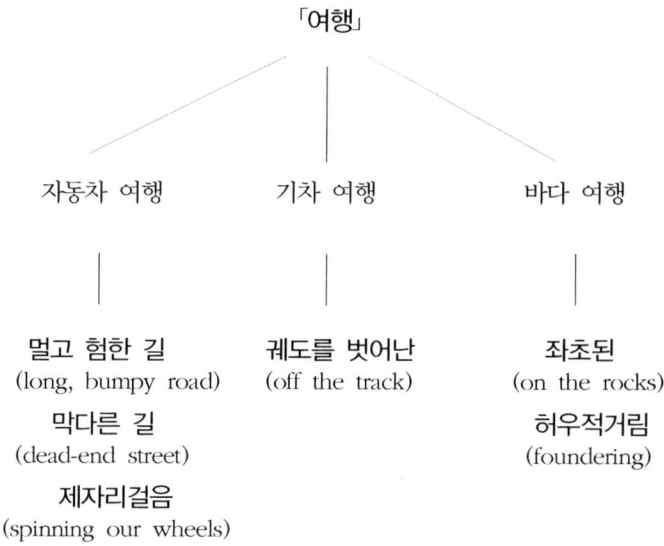

다시 말하지만 다양한 「여행」 은유에 다 들어맞는 일관성 있는 단일한 영상은 전혀 없다. 이 은유들이 정합적이 되는 요인은 모두 다 「여행」 은유라는 사실이다. 비록 각각의 여행 은유가 상이한 여행 수단을 명시하지만 말이다. 「시간은 움직이는 물건」 은유의 경우에도 똑같은 일이 일어난다. 이 은유의 경우에는 어떤 물건이 움직일 수 있는 다양한 방식이 있다. 그래서 **시간은 날아가고**(time *flies*), **시간은 기어가고**(time *creeps along*), **시간은 빠르게 지나간다**(time *speeds by*)는 말을 한다. 일반적으로 은유적 개념은 구체적 영상(날아가기, 기어가기, 길을 따라 내려가기 등)의 관점에서 정의되는 것이 아니라, 지나감(passing)과 같은 보다 일반적인 범주의 관점에서 정의된다.

제 10장
추가적 실례

우리는 은유가 부분적으로 우리의 일상적 개념을 구조화한다는 것과, 이 구조가 우리의 문자적 언어 속에 반영되어 있다는 것을 주장했다. 그러나 이 주장의 철학적 함축을 전체적으로 서술하기 위해서는 좀 더 많은 예가 필요하다. 다음의 각 실례에서 우리는 하나의 은유와, 그 은유의 특수한 경우인 일상적인 표현의 목록을 제시한다. 영어 표현은 두 종류이다. 즉, 하나는 1) 단순한 문자적 표현이고, 다른 하나는 2) 각 은유와 합치하면서 동시에 해당 주제에 대해서 이야기하는 평범한 일상적인 방식의 일부가 되는 숙어이다.

THEORIES (and ARGUMENTS) ARE BUILDINGS
「이론(과 논증)은 건물」

Is that the *foundation* for your theory?

(저것이 당신 이론의 **토대**입니까?)

The theory needs more *support*.

(그 이론은 더 많은 **뒷받침**을 필요로 한다.)

The argument is *shaky*.

(그 논증은 **불안정**하다.)

We need some more facts or the argument will *fall* apart.

(우리는 좀 더 많은 사실을 필요로 한다. 그렇지 않으면 그 논증은 **무너질** 것이다.)

We need to *construct a strong* argument for that.

(우리는 그것에 대한 강한 논증을 **세울** 필요가 있다.)

I haven't figured out yet what the *form* of the argument will be.

(나는 그 논증이 어떤 **형식**일 것인지 아직 짐작할 수 없다.)

Here are some more facts to *shore up* the theory.

(여기에 그 이론을 **지탱해** 줄 좀 더 많은 사실들이 있다.)

We need to *buttress* the theory with *solid* arguments.

(우리는 **견고한** 논증으로 그 이론을 **뒷받침**할 필요가 있다.)

The theory will *stand* or *fall* on the strength of that argument.

(그 이론은 그 논증의 힘에 따라 **유지**되거나 **무너질** 것이다.)

The argument *collapsed*.

(그 논증은 **붕괴**되었다.)

They *exploded* his latest theory.

(그들은 그의 최근 이론을 격파했다.)

We will show that theory to be without *foundation*.

(우리는 그 이론이 토대가 없음을 보여줄 것이다.)

So far we have put together only the *framework* of the theory.

(지금까지 우리는 그 이론의 틀만을 세웠다.)

IDEAS ARE FOOD

「아이디어는 음식」

What he said left *a bad taste in my mouth*.

(그가 했던 말은 뒷맛이 좋지 않다.)

All this paper has in it are r*aw facts, half-baked ideas, and warmed-over theories*.

(이 논문에는 날것 그대로의 사실과 덜 다듬어진 아이디어, 겉만 손질된 이론만이 들어 있다.)

There are too many facts here for me to *digest* them all.

(여기에는 내가 소화시키기에 너무나 많은 사실들이 있다.)

I just can't *swallow* that claim.

(나는 그 주장을 그저 그대로 소화할 수가 없다.)

That argument *smells fishy*.

(그 논증은 석연치 않은 데가 있다.)

Let me *stew over* that for a while.

(그것에 대해 당분간 신중히 음미해 보겠소.)

Now there's a theory you can really *sink your teeth into*.
(이제 당신이 정말로 **몰두할** 수 있는 이론이 있습니다.)
We need to set that idea *percolate* for a while.
(우리는 그 아이디어를 얼마 동안 **여과할** 필요가 있다.)
That's *food for thought*.
(그것은 **사고의 양식**이다.)
He's a *voracious* reader.
(그는 **열정적인** 독서가이다.)
We don't need to *spoon-feed* our students.
(우리는 학생에게 **숟가락으로 떠먹일** 필요가 없다.)
He *devoured* the book.
(그는 그 책을 게걸스레 **탐독했다**.)
Let's let that idea *simmer on the back burner* for a while.
(그 아이디어가 얼마동안 **무르익도록** 놔둡시다.)
This is a *meaty* part of the paper.
(이것이 그 논문의 **핵심**이 되는 부분이다.)
Let that idea *jell* for a while.
(그 아이디어가 얼마 동안 **굳어지게** 합시다.)
That idea has been *fermenting* for years.
(그 아이디어는 여러 해 동안 **숙성되어** 가고 있다.)

삶과 죽음과 관련해서 「아이디어는 유기체」이다. 즉 「아이디어」는 「사람」이거나 「식물」이다.

IDEAS ARE PEOPLE

「아이디어는 사람」

The theory of relativity *gave birth to* an enormous number of ideas in physics.

(상대성 이론은 물리학에서 엄청나게 많은 아이디어를 낳았다.)

He is the *father* of modern biology.

(그는 현대 생물학의 아버지이다.)

Whose *brainchild* was that?

(그것은 누구의 머리에서 나왔는가?)

Look at what his ideas have *spawned*.

(그의 아이디어가 잉태해 온 것을 보라.)

Those ideas *died off* in the Middle Ages.

(그 아이디어들은 중세에 소멸했다.)

His ideas will *live* on forever.

(그의 아이디어들은 영원히 살아남을 것이다.)

Cognitive psychology is still in its *infancy*.

(인지심리학은 아직도 유아기 상태에 있다.)

That's an idea that ought to be *resurrected*.

(그것은 되살아나야 할 아이디어이다.)

Where'd you *dig up* that idea?

(그 아이디어를 어디에서 캐내었냐?)

He *breathed new life into* that idea.

(그는 그 아이디어에 새로운 활기를 불어넣었다.)

IDEAS ARE PLANTS

「아이디어는 식물」

His ideas have finally come to *fruition*.

(그의 아이디어가 마침내 **결실**을 맺었다.)

That idea *died on the vine*.

(그 아이디어는 **피어나지도 못했다**.)

That's a *budding* theory.

(그것은 막 **싹트고** 있는 이론이다.)

It will take years for that idea to *come to full flower*.

(그 아이디어가 **만개하려면** 수년이 걸릴 것이다.)

He views chemistry as a mere *offshoot* of physics.

(그는 화학을 단지 물리학의 한 **지류**로 본다.)

Mathematics has many *branches*.

(수학에는 많은 **분과**가 있다.)

The *seeds* of his great ideas were *planted* in his youth.

(그의 위대한 아이디어들의 **씨앗**은 그가 젊었을 때 **뿌렸다**.)

She has a *fertile* imagination.

(그녀에게는 **풍성한** 상상력이 있다.)

Here's an idea that I'd like to *plant* in your mind.

(네 마음속에 **심어** 주고 싶은 아이디어가 여기 있다.)

He has a *barren* mind.

(그는 생각이 **없다**.)

IDEAS ARE PRODUCTS
「아이디어는 생산품」

We're really *turning (churning, cranking, grinding) out* new ideas.
(우리는 정말로 새로운 아이디어를 생산해 내고 (짜내고, 구부리고, 다듬어 내고) 있다.)

We've *generated* a lot of ideas this week.
(우리는 이번 주에 많은 아이디어를 창출했다.)

He *produces* new ideas at an astounding rate.
(그는 놀라운 속도로 새로운 아이디어를 만들어 낸다.)

His *intellectual productivity* has decreased in recent years.
(그의 지적 생산성은 최근 몇 년 동안 감소해 왔다.)

We need to *take the rough edges off that idea, hone it down, smooth it out.*
(너는 그 아이디어를 다듬고 갈고 매끄럽게 할 필요가 있다.)

It's a rough idea: it needs to be *refined.*
(그것은 거친 아이디어이다. 다듬을 필요가 있다.)

IDEAS ARE COMMODITIES
「아이디어는 상품」

It's important how you *package* your ideas.
(당신의 아이디어를 어떻게 포장하느냐가 중요하다.)

He won't *buy* that.

(그는 그것을 받아들이지 않을 것이다.)

That idea just won't *sell.*

(그 아이디어는 먹혀들지 않을 것이다.)

There is always a *market* for good ideas.

(훌륭한 아이디어는 언제나 팔리기 마련이다.)

That's a *worthless* idea.

(그것은 가치 없는 아이디어이다.)

He's been a source of *valuable* ideas.

(그는 귀중한 아이디어의 원천이었다.)

I wouldn't *give a plugged nickel for* that idea.

(나는 그 아이디어에 단 한 푼도 주지 않겠다.)

Your ideas don't have a chance in the *intellectual marketplace.*

(당신의 아이디어는 지적 시장에서 전혀 승산이 없다.)

IDEAS ARE RESOURCES

「아이디어는 자원」

He *ran out of* ideas.

(그는 아이디어가 떨어졌다.)

Don't *waste* your thoughts on small projects.

(하찮은 계획에 아이디어를 낭비하지 말라.)

Let's *pool* our ideas.

(우리의 아이디어를 모아 봅시다.)

He's a *resourceful* man.

(그는 아이디어가 풍부한 사람이다.)

We *used up* all our ideas.

(우리는 모든 아이디어를 다 써 버렸다.)

That's a *useless* idea.

(그것은 쓸모없는 아이디어이다.)

That idea will *go a long way*.

(그 아이디어는 상당한 도움이 될 것이다.)

IDEAS ARE MONEY

「아이디어는 돈」

Let me put in my *two cents' worth*.

(내 의견을 말하겠소.)

He's *rich* in ideas.

(그는 아이디어가 풍부하다.)

That book is a *treasure trove* of ideas.

(그 책은 아이디어의 보고이다.)

He has a *wealth* of ideas.

(그에게는 풍부한 아이디어들이 있다.)

IDEAS ARE CUTTING INSTRUMENTS

「아이디어는 자르는 도구」

That's an *incisive* idea.

(그것은 예리한 아이디어이다.)

That *cuts right to the heart of* the matter.

(그것은 문제의 핵심을 제대로 찌른다.)

That was a *cutting* remark.

(그것은 예리한 논평이었다.)

He's *sharp*.

(그는 날카롭다.)

He has a *razor* wit.

(그에게는 면도날 같은 재치가 있다.)

He has a *keen* mind.

(그는 날카로운 두뇌를 지니고 있다.)

She *cut* his argument to ribbons.

(그녀는 그의 논증을 난도질했다.)

IDEAS ARE FASHIONS

「아이디어는 유행」

That idea *went out of style* years ago.

(그 아이디어는 수년 전에 유행이 지났다.)

I hear sociobiology *is in* these days.

(내가 듣기로는 사회생물학이 요즘 한창이다.)

Marxism is currently *fashionable* in Western Europe.

(마르크스주의가 현재 서유럽에서 유행하고 있다.)

That idea is *old hat*!

(그 아이디어는 구식이야!)

That's an *outdated* idea.

(그것은 **낡은** 생각이다.)

What are the new *trends* in English Criticism?

(영국 비평의 새로운 **추세**는 무엇인가?)

Old-fashioned notions have no place in today's society.

(**낡은** 관념은 오늘날 사회에 설 자리가 없다.)

He keeps *up-to-date* by reading *The New York Review of Books*.

(그는 『뉴욕 도서 비평』을 읽으며 **시대적 추세**를 따라잡는다.)

Berkeley is a center of *avant-garde* thought.

(버클리는 **전위적** 사고의 중심지이다.)

Semiotics has become quite *chic*.

(기호학은 이제 아주 **세련되었다.**)

The idea of revolution is no longer *in vogue* in the United States.

(미국에서 혁명이라는 생각은 더 이상 **유행하지** 않는다.)

The transformational grammar *craze* hit the United States in the mid-sixties and has just made it to Europe.

(변형문법 **열풍**이 1960년대 중반에 미국을 **강타했고,** 이제 막 유럽에 도달했다.)

UNDERSTANDING IS SEEING; IDEAS ARE LIGHT-SOURCES; DISCOURSE IS A LIGHT-MEDIUM

「이해하는 것은 보는 것 / 아이디어는 빛의 근원 / 담화는 빛의 매개체」

I *see* what you're saying.

(네 말의 의미는 이제 **분명히** 알겠어.)

It *looks* different from my *point of view*.

(그것은 나의 관점에서는 다르게 보인다.)

What's your *outlook* on that?

(당신은 *그것에* 대해 어떻게 **전망하십니까**?)

I *view* it differently.

(나는 그것을 다르게 **본다**.)

Now I've got the *whole picture*.

(이제야 **전체적 구도가** 보인다.)

Let me *point something out* to you.

(당신에게 **지적해** 줄 것이 있습니다.)

That's an *insightful* idea.

(그것은 **통찰력** 있는 아이디어이다.)

That was a *brilliant* remark.

(그것은 **눈부신** 논평이었다.)

The argument is *clear*.

(그 논증은 **명확하다**.)

It was a *murky* discussion.

(그것은 **흐리멍덩한** 토의였다.)

Could you *elucidate* your remarks?

(당신의 논평을 **분명하게** 설명해 주시겠습니까?)

It's a *transparent* argument.

(그것은 **투명한** 논증이다.)

The discussion was *opaque*.

(그 토의는 불투명했다.)

LOVE IS A PHYSICAL FORCE (ELECTROMAGNETIC, GRAVITATIONAL, etc.)

「사랑은 물리적 힘 (전자기력, 중력 등)」

I could feel the *electricity* between us.

(나는 우리 사이에서 **전류를** 느낄 수 있었다.)

There were *sparks*.

(**불꽃이** 튀었다.)

I was *magnetically drawn* to her.

(나는 그녀에게 **자석처럼** 끌렸다.)

They are uncontrollably *attracted* to each other.

(그들은 어쩔 수 없이 서로에게 **끌렸다.**)

They *gravitated* to each other immediately.

(그들은 즉시 서로에게 **끌렸다.**)

His whole life *revolves* around her.

(그의 모든 삶은 그녀를 **중심으로** 돌아간다.)

The *atmosphere* around them is always *charged*.

(그들의 분위기는 언제나 **충만해** 있다.)

There is incredible *energy* in their relationship.

(그들의 관계는 믿을 수 없을 정도로 강한 **힘이** 있다.)

They lost their *momentum*.

(그들은 원동력을 잃었다.)

LOVE IS A PATIENT

「사랑은 환자」

There is a *sick* relationship.

(병적인 관계가 존재한다.)

They have a *strong, healthy* marriage.

(그들은 힘차고 건강한 결혼 생활을 한다.)

The marriage is *dead* — it can't be *revived*.

(그 결혼은 끝났다 — 다시 소생할 수 없다.)

Their marriage is *on the mend*.

(그들의 결혼 생활은 나아지고 있다.)

We're getting *back on our feet*.

(우리는 다시 일어서고 있다.)

Their relationship is *in really good shape*.

(그들의 관계는 아주 좋은 상태이다.)

They've got a *listless* marriage.

(그들은 맥 풀린 결혼 생활을 해 왔다.)

Their marriage is *on its last legs*.

(그들의 결혼 생활은 힘겨운 상태이다.)

It's a *tired* affair.

(그것은 피곤한 정사이다.)

LOVE IS MADNESS

「사랑은 미침」

I'm *crazy* about her.

(나는 그녀에게 미쳐 있다.)

She *drives me out of mind*.

(그녀는 나를 돌게 한다.)

He constantly *raves* about her.

(그는 끊임없이 그녀에게 열광한다.)

He's gone *mad* over her.

(그는 그녀에게 미쳐버렸다.)

I'm just *wild* about Harry.

(나는 정말로 해리에게 미쳐 있다.)

I'm *insane* about her.

(나는 그녀 때문에 제정신이 아니다.)

LOVE IS MAGIC

「사랑은 마법」

She *cast her spell* over me.

(그녀는 나에게 마술을 걸었다.)

The *magic* is gone.

(마법이 풀렸다.)

I was *spellbound*.

(나는 마법에 걸렸다.)

She had me *hypnotized*.

(그녀는 나를 최면에 빠뜨렸다.)

He has me *in a trance*.

(그는 나를 황홀경에 빠뜨린다.)

I was *entranced* by him.

(나는 그에게 매혹되었다.)

I'm *charmed* by her.

(나는 그녀에게 매료되었다.)

She is *bewitching*.

(그녀는 넋을 잃게 한다.)

LOVE IS WAR

「사랑은 전쟁」

He is known for his many rapid *conquests*.

(그는 많은 여자를 재빨리 정복한 것으로 유명하다.)

She *fought for* him but his mistress *won out*.

(그녀는 그를 차지하려고 싸웠으나 그의 정부에게 졌다.)

He *fled from* her advance.

(그는 그녀의 접근으로부터 도망쳤다.)

She *pursued* him *relentlessly*.

(그녀는 그를 집요하게 쫓아다녔다.)

He is slowly *gaining ground* with her.

(그는 그녀와의 관계에서 차츰 유리한 고지를 차지해 가고 있다.)

He *won* her hand in marriage.

(그는 그녀에게서 결혼 승낙을 얻어냈다.)

He *overpowered* her.

(그는 그녀를 압도했다.)

She is *besieged* by suitors.

(그녀는 구혼자들에게 둘러싸여 있다.)

He has to *fend* them *off*.

(그는 그들을 막아내야 한다.)

He *enlisted the aid* of her friends.

(그는 그녀의 친구들의 도움을 받았다.)

He *made an ally* of her mother.

(그는 그녀의 어머니를 자기편으로 만들었다.)

Theirs is a *misalliance* if I've ever seen one.

(내가 보기에 그들의 결합은 분명히 잘못된 결합이다.)

WEALTH IS A HIDDEN OBJECT

「재산은 숨겨진 물건」

He's *seeking* his fortune.

(그는 재산을 찾고 있다.)

He's flaunting his *new-found* wealth.

(그는 새로 얻은 재산을 과시하고 있다.)

He's a *fortune-hunter*.

(그는 재산 때문에 결혼하려는 사람이다.)

She's a *gold-digger*.

(그녀는 남자를 홀려 돈을 빼앗는 여자이다.)

He *lost* his fortune.

(그는 재산을 잃었다.)

He's *searching for* wealth.

(그는 부를 찾고 있다.)

SIGNIFICANT IS BIG

「중요함은 큼」

He's a *big* man in the garment industry.

(그는 의류업계의 거물이다.)

He's a *giant* among writers.

(그는 작가 세계의 거인이다.)

That's the *biggest* idea to hit advertising in years.

(그것은 근년에 광고업계를 강타할 **최대의** 아이디어이다.)

He's *head and shoulders above* everyone in the industry.

(그는 그 업계에서 가장 **두각을 나타내고** 있다.)

It was only a *small* crime.

(그것은 **사소한** 범죄에 불과했다.)

That was only a *little* white lie.

(그것은 **조그만** 선의의 거짓말일 뿐이었다.)

I was astounded at the *enormity* of the crime.

(나는 그 범죄의 **극악함**에 놀랐다.)

That was one of the *greatest* moments in world series history.

(그것은 월드 시리즈 역사상 **가장 위대한** 순간 중 하나였다.)

His accomplishments *tower over* those of *lesser* men.

(그의 업적은 더 작은 사람들의 업적 위에 우뚝 솟아 있다.)

SEEING IS TOUCHING ; EYES ARE LIMBS
「보는 것은 만지는 것 / 눈은 손발」

I can't *take* my eyes *off* her.
(나는 그녀에게서 눈을 뗄 수 없다.)
He sits with his eyes *glued to* the TV.
(그는 텔레비전에 눈을 딱 붙인 채 앉아 있다.)
Her eyes *picked out* every detail of the pattern.
(그녀의 눈은 그 패턴의 모든 세부 사항을 집어냈다.)
Their eyes *met*.
(그들의 눈이 마주쳤다.)
She never *moves* her eyes *from* his face.
(그녀는 그의 얼굴에서 잠시도 눈을 떼지 않는다.)
She *ran* her eyes *over* everything in the room.
(그녀는 눈으로 방안의 모든 것을 훑었다.)
He wants everything *within reach of* his eyes.
(그는 자신의 눈길이 닿는 모든 것을 가지고 싶어한다.)

EYES ARE CONTAINERS FOR THE EMOTIONS
「눈은 정서를 담는 그릇」

I could see the fear *in* his eyes.
(나는 그의 눈 속에서 두려움을 볼 수 있었다.)
His eyes were *filled* with anger.
(그의 눈은 분노로 가득 찼다.)

There was passion *in* her eyes.

(그녀의 눈에는 열정이 담겨 있었다.)

His eyes *displayed* his compassion.

(그의 눈은 연민을 드러냈다.)

She couldn't *get* the fear *out* of her eyes.

(그녀는 자신의 눈에서 두려움을 털어낼 수 없었다.)

Love *showed in* his eyes.

(그의 눈에 사랑이 드러났다.)

Her eyes *welled* with emotion.

(그녀의 눈에서 감정의 눈물이 솟구쳤다.)

EMOTIONAL EFFECT IS PHYSICAL CONTACT

「정서적 영향은 물리적 접촉」

His mother's death *hit* him *hard*.

(어머니의 죽음이 그에게 큰 충격을 주었다.)

That idea *bowled me over*.

(그 아이디어가 나를 놀라게 했다.)

She's a *knockout*.

(그녀는 뛰어난 미인이다.)

I was *struck* by his sincerity.

(그의 신실성이 가슴에 와 닿았다.)

That really *made an impression* on me.

(그것은 정말로 내게 감명을 주었다.)

He *made his mark on* the world.

(그는 **출세했다.**)

I was *touched* by his remark.

(그의 논평에 **감동했다.**)

That *blew me away.*

(나는 그것에 **홀딱 반했다.**)

PHYSICAL AND EMOTIONAL STATES ARE ENTITIES WITHIN A PERSON

「신체 상태와 정서 상태는 개인 내부의 개체」

He has a pain *in* his shoulder.

(그는 어깨에 통증이 있다.)

Don't *give* me the flu.

(내게 감기를 **옮기지** 말라.)

My cold has *gone from my head to my chest.*

(나의 감기가 **머리에서 가슴으로 옮겨갔다.**)

His pains *went away.*

(그의 고통이 **사라졌다.**)

His depression *returned.*

(그의 우울증이 **되돌아왔다.**)

Hot tea and honey will *get rid of* your cough.

(뜨거운 차와 꿀이 네 기침 감기를 **없애 줄 것이다.**)

He could barely *contain* his joy.

(그는 기쁨을 거의 **억누를 수 없었다.**)

The smile *left* his face.

(그의 얼굴에서 미소가 **사라졌다**.)

Wipe that sneer *off* your face, private!

(야 졸병, 얼굴에서 그 냉소를 **지워**!)

His fears *keep coming back*.

(그의 두려움이 **자꾸만 몰려온다**.)

I've got to *shake off* this depression — it keeps *hanging on*.

(나는 이 우울증을 **털어 내야만** 한다 — 그것이 계속 **맴돈다**.)

If you've got a cold, drinking lots of tea will *flush it out* of your system.

(감기에 걸릴 때 차를 많이 마시면 몸으로부터 감기가 **씻겨 나 갈 것이다**.)

There isn't a *trace* of cowardice *in* him.

(그에게는 비겁한 **기색이 없다**.)

He hasn't got *an honest bone in his body*.

(그에게 정직성이라고는 **없다**.)

VITALITY IS A SUBSTANCE
「원기는 물질」

She's *brimming* with vim and vigor.

(그녀는 활기와 기운이 **넘친다**.)

She's *overflowing* with vitality.

(그녀는 생기가 **넘친다**.)

He's *devoid* of energy.
(그는 원기가 **없다**.)

I don't *have* any energy *left* at the end of the day.
(나는 하루가 끝날 무렵에는 힘이 하나도 **없다**.)

I'm *drained*.
(나는 기운이 빠졌다.)

That *took a lot out of me*.
(나는 그것 때문에 매우 힘들었다.)

LIFE IS A CONTAINER
「삶은 그릇」

I've had a *full* life.
(나는 **충만한** 삶을 꾸려 왔다.)

Life is *empty* for him.
(그에게는 삶이 공허하다.)

There's *not much left* for him *in* life.
(그의 삶에는 남은 것이 별로 없다.)

Her life is *crammed* with activities.
(그녀의 삶은 많은 활동으로 가득 차 있다.)

Get the most out of life.
(삶을 **최대한** 활용하라.)

His life *contained* a great deal of sorrow.
(그의 삶은 아주 많은 슬픔을 담고 있다.)

Live your life *to the fullest*.
(당신의 삶을 충만하게 사시오.)

LIFE IS A GAMBLING GAME
「삶은 도박」

I'll *take my chances*.
(나는 모험을 하겠다.)
The odds are against me.
(나에게 승산이 없다.)
I've got an *ace up my sleeve*.
(나는 비장의 카드를 숨기고 있다.)
He's *holding all the aces*.
(그는 모든 강점을 다 갖고 있다.)
It's a *toss-up*.
(승부를 점칠 수 없다.)
If you *play your cards right*, you can do it.
(패를 제대로 쓰면 넌 그것을 할 수 있다.)
He *won big*.
(그는 크게 성공했다.)
He's a real *loser*.
(그는 완전한 패자이다.)
Where is he when the *chips are down*?
(이 위급한 상황에 그는 어디에 있는가?)
That's my *ace in the hole*.
(그것은 나의 비장의 패이다.)
He's *bluffing*.
(그는 허세를 부리고 있다.)

The president is *playing it close to his vest.*
(사장은 불필요한 모험을 피하고 있다.)
Let's *up the ante.*
(출자액을 올립시다.)
Maybe we need to *sweeten the pot.*
(돈을 더 걸어야 할지도 몰라.)
I think we should *stand pat.*
(나는 우리의 의견을 고수해야 한다고 생각한다.)
That's *the luck of the draw.*
(그것은 추첨 운이다.)
Those are *high stakes.*
(그것은 큰 도박이다.)

위의 마지막 실례에서는 소위 '입말 공식'(speech formulas)
과 '고정된 형식의 표현', '구절 어휘'를 모아 놓았다. 이러한
표현은 여러 가지 면에서 단일 낱말과 같은 기능을 하는데, 언어
에는 이런 표현이 수천 개나 있다. 위에 제시된 실례에서 일련
의 그러한 구절 어휘는 단일한 은유적 개념에 의해 정합적으로
구조화된다. 그러한 구절 어휘는 각각 「삶은 도박」 은유의 실례
이지만, 전형적인 도박 상황이 아니라 인생에 관해 이야기하는
데 사용된다. '구성체'라는 낱말을 사용하는 것이 이론에 대해
이야기하는 정상적인 방식인 것처럼, 그러한 구절 어휘는 삶의

상황에 대해 이야기하는 표준적인 방식이다. 우리가 그러한 구절 어휘를 은유적 개념에 의해 구조화되는 소위 문자적 표현 범주에 넣는 것은 바로 이 때문이다. 만일 당신이 '우리는 승산이 없어'나 '우리는 모험을 해야 할 거야'라는 말을 한다면, 흔히들 당신이 은유적으로 말하고 있는 것이 아니라, 그 상황에 적합한 표준적인 일상 언어를 사용하고 있다고 간주할 것이다. 그럼에도 불구하고 당신의 상황에 대해서 이야기하고, 생각하고, 심지어 그 상황을 경험하는 당신의 방식은 은유적으로 구조화될 것이다.

제 11장
은유적 구조화의 부분성

지금까지 은유적으로 정의되는 개념의 체계적 특성을 기술했다. 그러한 개념은 수많은 다른 은유(예컨대 「시간은 돈」 「시간은 움직이는 물체」 등)의 관점에서 이해된다. 개념의 은유적 구조화는 필연적으로 부분적이며, 구절 어휘부를 비롯한 그 언어의 어휘부에 반영되어 있는데, 그 구절 어휘부는 '기초가 없음'(to be without foundation)과 같은 고정된 형식의 표현을 포함한다. 「이론은 건물」의 예에서 보듯이 개념이 체계적인 방식으로 은유적으로 구조화되기 때문에, 우리는 한 영역(「건물」)의 표현(**구성하다, 기초**)을 사용해서 은유적으로 정의되는 영역(「이론」)의 대응 개념에 대해 이야기할 수 있다. 예를 들어 **기초**가 은유적으로 정의되는 영역에서 무엇을 의미하는지는 「이론은 건물」이라는 은유적 개념이 「이론」이라는 개념을 구조화하는 데 사용되는 세부 방식에 달려 있을 것이다.

「이론」이라는 개념을 구조화하기 위해 사용되는 「건물」 개념의 부분은 기초와 외형이다. 지붕, 안방, 계단, 복도 등은 「건물」 개념의 부분 중에서 「이론」 개념의 일부로 사용되지 않는 부분이다. 그래서 「이론은 건물」 은유에는 '사용되는' 부분(기초와 외형)과 '사용되지 않는' 부분(방, 계단 등)이 있다. **구성하다**나 **기초**와 같은 표현은 그러한 은유적 개념의 사용된 부분의 실례이고 이론에 대한 일상적인 문자적 언어의 일부이다.

그러나 예를 들어 「이론은 건물」과 같은 은유의 '사용되지 않은' 부분을 반영하는 언어 표현은 어떠한가? 여기에 네 개의 예문이 있다.

His theory has thousands of little rooms and long, winding corridors.
(그의 이론에는 수천 개의 조그만 방과 길고 꼬불꼬불한 복도가 있다.)
His theories are Bauhaus in their pseudofunctional simplicity.
(그의 이론은 유사 기능의 단순성 측면에서 바우하우스이다.)
He prefers massive Gothic theories covered with gargoyles.
(그는 이무깃돌로 덮인 대형 고딕 양식의 이론을 선호한다.)
Complex theories usually have problems with the plumbing.
(복합 이론은 보통 배관에 문제가 있다.)

이러한 문장은 일상적인 문자적 언어 영역 밖에 있으며, 흔히 말하는 '비유적' 언어 또는 '상상적' 언어의 일부이다. 그래서 문자적 표현(예: '그는 어떤 이론을 구성했다')과 상상적 표현(예: '그의 이론은 아무깃돌로 덮여 있다')은 동일한 일반적 은유(「이론은 건물」)의 실례가 될 수 있다.

여기에서 우리는 상상적(이거나 비문자적)인 은유가 갖는 세 개의 아류를 구분해 볼 수 있다.

어떤 은유의 사용되는 부분의 확장. 예를 들면 '이 사실은 내 이론의 벽돌이고 모르타르이다.'를 보라. 이 은유적인 문장에서는 건물의 외형을 언급한다. 반면에 「이론은 건물」 은유에서는 사용되는 재료를 언급하는 것을 꺼린다.

문자적 은유의 사용되지 않는 부분의 실례. 예를 들어 '그의 이론에는 수천 개의 조그만 방과 길고 꼬불꼬불한 복도가 있다'를 보라.

새로운(novel) 은유, 즉 우리의 통상적인 개념 체계의 일부를 구조화하기 위해서 사용되는 것이 아니라, 어떤 것에 대한 새로운 사고방식으로 사용되는 은유의 실례. 예를 들어 '고전적 이론은 많은 아이들의 아버지인 족장인데, 그 아이들 대부분은 끊임없이 싸운다'를 보라. 이러한 아류는 각각 우리의 통상적인 개념 체계를 구조화하는 은유적 개념의 사용 부분 밖에 있다.

일반적인 은유적 개념을 특징짓기 위해서 제시했던 언어 표현이 다 비유적이라는 점에 잠시 주목해 보자. 그 실례는 「시간은 돈」

「시간은 움직이는 물체」「통제는 위」「아이디어는 음식」「이론은 건물」 등이다. 이 표현 중 어느 것도 문자적이 아니다. 이것은 그러한 표현의 일부만이 우리의 통상적인 개념을 구조화하기 위해 사용된다는 사실의 자연스러운 귀결이다. 그러한 표현은 우리의 통상적인 개념에서 사용되지 않는 부분을 필연적으로 포함하기 때문에 문자적 표현의 영역을 벗어난다.

지금까지 논의해 왔던 표현(예: '그 시간이 올 것이다' '우리는 어떤 이론을 구성하고 어떤 아이디어를 공격한다' 등)은 각각 우리가 살아가고 사고할 때 계속해서 사용하는 개념인 은유적 개념들의 전체 체계 안에서 사용된다. 언어 안의 모든 다른 낱말과 구절 어휘처럼 이러한 은유적 표현은 관습에 의해 고정된다.

전체 은유 체계의 부분인 이 경우에 덧붙여, 고립되어 있으면서 우리의 언어나 사고 속에서 체계적으로 사용되지 않는 특이한 은유적 표현이 있다. 이것은 산발치(foot), 양배추 결구(head), 책상다리(leg) 등처럼 잘 알려진 표현이다. 이러한 표현은 은유적 개념의 고립된 실례이다. 이 경우에는 사용되는 부분의 오직 한 실례(나 어쩌면 둘 또는 셋)만이 있다. 그래서 산발치는 「산은 사람」(A MOUNTAIN IS A PERSON) 은유에서 유일하게 사용된 부분이다. 일상적인 대화에서는 산의 머리(head)나 어깨(shoulders), 몸통(trunk)이라는 말을 사용하지 않는다. 비록 특별한 맥락에서는 이러한 사용하지 않는 부분에 근거해서 새로운 은유적 표현을 만들 수도 있지만 말이다. 실제로 등산가들은 '산의 **어깨**'(즉 꼭대기 근처 벼랑)라는 말이나 '산을 **정복하고**(conquering) 산과 **싸우고**(fighting), 심지어는 산에 **의해서 살해당한다**'(being killed by)는 말을 할 것이다. 이러한 말은 「산은 사람」 은유의 미사용 국면을 사용한 표현이다. 그리고 산이 유정적이며, 꼭대기가 머리가 되는 풍자 만화 관습이 있다.

여기에서 요점은 「산은 사람」처럼 우리의 문화와 언어 속에 주변적인 은유가 있다는 점이다. 그러한 은유의 사용 부분은 그 언어에 관습적으로 고정된 오직 하나의 표현만으로 구성될 수 있으며, 아주 적은 부분이 사용되기 때문에 그러한 은유는 다른 은유적 개념과 체계적으로 상호 작용하지 않는다. 이 때문에 그러한 개념은 우리의 목적에 비추어 볼 때 그다지 흥미로운 편이 아니지만, 전혀 흥미롭지 않은 것은 아니다. 왜냐하면 그러한 개념은 새로운 은유적 표현을 만들어 내거나 농담을 할 때 사용되지 않는 부분에까지 확장될 수 있기 때문이다. 사용되지 않는 부분에까지 그러한 개념을 확장하는 우리의 능력은 그러한 개념이, 아무리 주변적이라 할지라도, 실제로 존재한다는 것을 보여준다.

산발치와 같은 실례는 특이하고 체계적이지 못하며 고립되어 있다. 그러한 실례는 다른 은유와 상호 작용하지 않으며, 우리의 개념 체계 안에서 특별히 흥미로운 역할을 하지 못하기 때문에 우리의 삶을 이끌어 가는 은유가 아니다. 그러한 은유가 지닌 생명력의 유일한 징조는 하위문화에서 확장될 수 있다는 점과 그러한 은유의 미사용 부분이 (비교적 흥미롭지 못한) 새로운 은유의 근거로 작용한다는 점이다. 어떤 은유적 표현이 '죽은'(dead) 표현이라고 불리는 것이 정당하다면, 위의 이러한 실례가 바로 '죽은' 표현이다. 「산은 사람」과 같은 주변적인 은유적 개념의 관점에서 부분적으로 이해된다는 점에서는 비록 이러한 실례가 희미한 생명의 불꽃을 지니고 있기는 하지만 말이다.

이 고립되고 비체계적인 경우를 우리가 논의해 온 체계적인 은유적 표현과 구별하는 것은 중요하다. **시간을 낭비하는 것**(wasting time), **입장을 공격하는 것**(attacking positions), **각자 우리의 길을 가는 것**(going our separate ways) 등과 같은 표현은 우리의 행동과 사고를 구조화하는 체계적인 은유적 개념의 반영이다. 그러한 표현은 가장 근본적인 의미에서 '살아 있다'. 즉 우리의 삶을 이끌어가는 은유이다. 영어의 어휘부 속에 관습적으로 고정되어 있다 하더라도 그러한 표현은 여전히 살아 있는 것이다.

제 12장
개념 체계의 토대는 어떻게 형성되는가?

우리의 주장은 정상적인 개념 체계의 대부분이 은유적으로 구조화된다는 것이다. 즉 대부분의 개념은 다른 개념의 관점에서 부분적으로 이해된다. 이것은 우리의 개념 체계의 토대 형성에 중요한 문제를 제기한다. 은유 없이 직접적으로 이해되는 개념이 하나라도 있는가? 만약 그렇지 않다면 도대체 우리는 어떻게 어떤 것을 이해하는가?

직접적으로 이해되는 개념의 우선적 후보는 「위」(UP)와 같은 단순한 공간 개념이다. 우리의 공간 개념 「위」는 우리의 공간 경험으로부터 나온다. 우리에게는 몸이 있고, 우리는 똑바로 설 수 있다. 우리의 거의 모든 운동은 우리의 위-아래 지향성을 바꾸거나 유지하거나 전제하거나 어떤 식으로든 감안하는 운동 계획과 관련이 있다. 우리의 세계 내 지속적인 물리적 활동은, 심지어 잠을 잘

때조차도, 위-아래 지향성을 우리의 물리적 활동과 단순히 관련짓는 것이 아니라 핵심적으로 연결한다.

우리의 운동 계획과 일상적 활동에서 위아래 지향성이 중심적이어서 우리는 이 지향적 개념의 다른 대안이 결코 있을 수 없다고 생각할지도 모른다. 그렇지만 객관적으로 말하면 그 자체로는 위-아래 지향성을 가지지 않는, 데카르트식 좌표(Cartesian coordinates)를 비롯한, 많은 가능한 공간 지향성 틀이 있다. 그렇지만 인간의 공간 개념은 「위-아래」「앞-뒤」「안-밖」「가까움-멂」 등을 포함한다. 우리의 끊임없는 일상적인 신체 활동에 적합한 것은 바로 인간의 이러한 공간적 개념이다. 이로 인해서 이러한 공간적 개념이 다른 가능한 공간 구조화에 비해 우선순위를 부여받는다— 우리에게는 그러하다. 달리 말하면 공간 개념의 구조는 우리의 끊임없는 공간 경험, 즉 물리적 환경과의 상호작용으로부터 발생한다. 이러한 식으로 발생하는 개념이 가장 근본적인 의미에서 우리의 삶을 이끌어 가는 개념이다.

그래서 개념 「위」는 단순히 그 자체로 이해되는 것이 아니라 우리가 살고 있는 중력계에 상대적인 우리의 직립 자세와의 관련 속에서 지속적으로 수행하는 일련의 운동 기능으로부터 발생한다. 어떤 공 모양의 존재가 다른 어떤 종류의 경험에 대한 지식이나 상상력도 없이 중력계 밖에 살고 있다고 상상해 보라. 「위」가 그러한 존재에게는 무슨 의미가 있을 수 있을까? 이 질문에 대한 답은 이 공

모양 물체의 생리뿐만 아니라 그 문화에도 달려 있을 것이다.

달리 말하면 우리의 이른바 '직접적인 물리적 경험'은 결코 단순히 어떤 종류의 몸을 지니고 있다는 문제가 아니다. 오히려 **모든 경험은 문화적 전제의 방대한 배경 안에서 생긴다.** 따라서 직접적인 물리적 경험에 대해서 마치 직접적인 경험의 어떤 핵이 먼저 있고, 그 다음에 우리가 그 핵을 우리 개념 체계의 관점에서 해석하는 것처럼 이야기하는 것은 오해를 초래할 수 있다. 문화적 가정과 가치, 태도는 우리가 우리 마음대로 경험 위에 놓거나 놓지 않을 수 있는 개념적 덮개가 아니다. 모든 경험이 철두철미하게 문화적이라고 말하는 것, 즉 경험 자체 안에 우리 문화가 이미 현존하는 그러한 방식으로 우리가 우리의 '세계'를 경험한다고 말하는 것이 더 정확할 것이다.

그렇지만 모든 경험이 문화적 전제를 포함한다는 것을 인정한다 하더라도, 우리는 여전히 일어서기와 같은 '더' 물리적인 경험과, 결혼식 참석과 같은 '더' 문화적인 경험 사이의 중요한 구분을 할 수 있다. 앞으로 '물리적' 경험 대 '문화적' 경험이라는 말을 할 때, 우리는 바로 이런 의미로 이 용어를 사용한다.

우리 몸이 기능을 발휘하는 관점이 되는 중심적 개념 중「위-아래」「안-밖」「앞-뒤」「밝음-어두움」「따스함-차가움」「남성-여성」 등 몇몇은 다른 개념보다 더 명확히 묘사할 수 있다. 우리의 정서적 경험도 공간적 경험이나 지각적 경험만큼 기본적이다. 하지9만 정서적 경험은 우리의 신체적 활동의 관점에서 훨씬 덜 명확히 묘사된다. 공간을 명확히 묘사하는 어떤 개념 구조이든 우리의 지각 운동 기능으로부터 발생하지만, 정서를 명확히 규정하는 어떤 개념 구조도 단지 우리의 정서적 기능으로부터 발생하지는 않는다. (행복과 같은) 감정과 (직립 자세와 같은) 감각 운동 경험 사이에는 **체계적인 상관물**이 있기 때문에 이것이 (「행복은 위」와 같은) 지향적 은유 개념의 근거를 이룬다. 그러한 은유를 통해서 우리는 우리의 감정을 더 명확히 규정된 용어로 개념화할 수 있으며, 또한 그 감정을 일반적인 복지와 관련된 다른 개념(예 :「건강」「생명」「통제」 등)에 연결할 수 있게 된다. 이러한 의미에서 우리는 **창발적 은유**(emergent metaphors)와 **창발적 개념**(emergent concepts)이라는 말을 할 수 있다.

예를 들어 「물건」과 「물질」, 「그릇」 개념은 직접 나타난다. 우리는 우리 자신을 세상의 다른 부분과 분리된 개체로, 즉 안쪽과 바깥쪽을 지닌 그릇으로 경험한다. 우리는 또한 외부의 사물을 개체로, 대개는 역시 안쪽과 바깥쪽을 지닌 그릇으로 경험한다. 우리는 우리 자신을 살이나 뼈 같은 물질로 구성되어 있다고 경험하고, 외부의 사물을 숲, 돌, 금속 등 다양한 종류의 물질로 만들어져 있다고 경험한다. 우리는 시각과 촉각을 통해서 많은 사물이 뚜렷한 경계를 지니고 있다고 경험하고, 또 사물이 뚜렷한 경계를 전혀 지니고 있지 않을 때는 흔히 그 사물에 경계를 투사한다. 즉 그러한 사물(예컨대 숲, 벌목지, 구름 등)을 개체로, 흔히 그릇으로 개념화한다.

지향적 은유의 경우에서처럼, 기본적인 존재론적 은유의 토대는 **우리 경험 내부의 체계적 상관물을 통해** 형성된다. 앞에서 보았던 것처럼, 예컨대 「시야는 그릇」 은유는 우리가 보는 대상과 한정된 물리적 공간 사이의 상관관계에 그 근거가 있다. 「시간은 움직이는 물체」 은유는 우리를 향해 움직이는 물체와 그 물체가 우리에게 도달하는 데 걸리는 시간 사이의 상관관계에 근거한다. 동일한 상관관계가 ('그는 그것을 10분 안에 했다'에서처럼) 「시간은 그릇」 은유의 근거이다. 바로 그 물체가 통과한 한정된 공간은 통과하는 데 걸린 시간과 상관관계가 있기 때문이다. 사건과 행동은 한정된 시간 폭과 상관관계가 있으며, 바로 이 때문에 「그릇 물건」이 된다.

물리적 물체에 대한 경험은 환유의 근거를 제공한다. 환유적 개념은 우리의 경험 안의 상관관계로부터 발생한다. 그런데 그 상관관계는 두 개의 물리적 개체 사이에 존재하거나(예 : 「부분으로 전체를 대신함」 「물건으로 사용자를 대신함」), 어떤 물리적 개체와 은유에 의해 물리적 개체로 개념화되는 어떤 대상 사이에 존재한다 (예 : 「장소로 사건을 대신함」 「기관으로 책임자를 대신함」).

아마도 토대 형성과 관련해 강조해야 할 가장 중요한 점은 어떤 경험과 우리가 그 경험을 개념화하는 방식 사이의 차이이다. 우리는 물리적 경험이 다른 종류의 경험 — 정서적·정신적·문화적 경험이나 다른 어떤 경험 — 보다 더 기본적이라고 주장하는 것은 아니다. 이 모든 경험은 정말로 물리적 경험만큼 기본적일 수 있다. 오히려 토대 형성에 대한 우리의 주장은 우리가 전형적으로 비(非)물리적인 것을 물리적인 것의 관점에서 개념화한다는 것이다. 즉 덜 명확히 묘사되는 것을 더 명확히 묘사되는 것의 관점에서 개념화한다는 것이다. 다음 예문들을 살펴보자.

Harry is *in* the kitchen.
(해리는 부엌 안에 있다.)
Harry is *in* the Elks.
(해리는 엘크스에 가입되어 있다.)
Harry is *in* love.
(해리는 사랑에 빠져 있다.)

위 문장은 공간적 경험과 사회적 경험, 정서적 경험이라는 세 개의 다른 경험 영역을 가리킨다. 이러한 경험 영역 중 어느 것도 다른 것보다 경험적 우위성을 지니는 것은 아니다. 이러한 경험 영역은 모두 다 동등하게 기본적인 종류의 경험이다.

그러나 개념적 구조화와 관련해서는 차이가 있다. 첫 번째 문장의 「안」(IN) 개념은 명확히 묘사되는 방식으로 공간적 경험으로부터 직접 발생한다. 이 「안」 개념은 은유적 개념의 실례가 아니다. 그렇지만 나머지 두 문장은 은유적 개념의 실례이다. 두 번째 문장은 「사회적 집단은 그릇」 은유의 실례이다. 우리는 이 은유의 관점에서 사회적 집단의 개념을 구조화한다. 이 은유는 사회적 집단의 개념을 공간화를 통해 '다루도록' 해 준다. '안'(in)이라는 낱말과 「안」이라는 개념은 위의 세 예문에서 모두 다 동일하다. 즉 우리는 「안」의 상이한 세 개의 개념이나 세 개의 동음이의적인 낱말 '안'을 갖는 것이 아니다. 우리는 하나의 창발적 개념인 「안」과 이 개념에 대응하는 하나의 낱말, 그리고 사회적 집단과 정서적 상태를 부분적으로 정의하는 두 개의 은유적 개념을 갖는다. 이러한 경우가 보여 주는 것은 우리가 '동등하게 기본적인' 종류의 경험을 가질 수 있지만, 반면에 그러한 경험에 대한 개념화는 '동등하게 기본적'이지 않을 수 있다는 점이다.

제13장
구조적 은유의 토대 형성

단순한 물리적 개념(예: 「위-아래」「안-밖」「물건」「물질」등)에 근거한 은유는 우리의 개념 체계 속의 어떤 것에 못지않게 기본적이다. 이러한 은유 없이 우리는 세계 안에서 제대로 기능을 발휘할 수 없다―즉 사유할 수도 소통할 수도 없다. 이러한 단순한 물리적 개념에 근거한 은유는 그 자체로는 아주 풍부하지 않다. 어떤 것이 「안-밖」 지향성을 지닌 「그릇 물건」으로 간주된다고 말하는 것은 그것에 대해 아주 많은 것을 말하는 것이 아니다.

그러나 「마음은 기계」 은유와 다양한 의인화 은유의 경우에서 보았던 것처럼 우리는 공간화 은유를 훨씬 더 구체적으로 정교화할 수 있다. 이 덕분에 우리는 (「마음」과 같은) 개념을 상당히 상세하게 정교화할 수 있고, 또한 그러한 개념의 어떤 측면을 부각하고 다른 어떤 측면을 숨기는 적절한 수단을 찾을 수 있다. (「이성적 논쟁은 전쟁」과 같은) 구조적 은유는 이를 설명해 주는 가장 풍부한 원천이다. 구조적 은유 덕분에 우리는 단순한 지향적 은유나 존재론적 은유를 통해서 하는 것, 즉 단순히 개념에 지향성을 부여하고 지시하고 양화하는 것보다 훨씬 더 많은 일을 할 수 있다. 이에 더하여 구조적 은유는 고도로 구조화되고 명확히 묘사된 하나의 개념을 사용해서 다른 어떤 개념을 우리로 하여금 구조화하도록 해 준다.

지향적 은유나 존재론적 은유처럼 구조적 은유도 우리의 경험 내부의 체계적 상관관계에 토대를 두고 있다. 이 말의 의미를 상세히 파악하기 위해서 「이성적 논쟁은 전쟁」 은유의 토대가 어떻게 형성될 수 있는가를 살펴보기로 하자.

이 은유 덕분에 우리는 더 쉽게 이해하는 무언가, 즉 물리적 충돌의 관점에서 이성적인 논쟁이 무엇인가를 개념화할 수 있다. 싸움은 모든 동물 세계에서 볼 수 있다. 하지만 인간이라는 동물 사이에서만큼 그렇게 많은 싸움은 다른 어디에서도 찾아볼 수 없다. 동물은 음식, 성, 영토, 통제 등 자신이 원하는 물건을 얻기 위해서 싸운다. 왜냐하면 동일한 물건을 원하거나 이 물건의 획득을 막으려고 하는 다른 동물이 있기 때문이다. 원하는 물건을 얻기 위해 더 정교한 방법을 개발해 왔다는 점을 제외하고는 인간이라는 동물에게도 이것은 마찬가지이다.

'이성적 동물이기 때문에 우리는 우리의 싸움을 수많은 방식으로 제도화해 왔다. 그러한 방식 중의 하나가 전쟁이다. 비록 우리가 오랜 세월에 걸쳐 물리적 충돌을 제도화해 왔고, 많은 고상한 사상을 활용해서 이 충돌을 수행하는 더 효과적인 방법을 개발해 왔지만, 그 기본 구조는 본질적으로 변하지 않고 남아 있다. 두 야수의 싸움에서 과학자들은 협박을 위해 도전하고, 영토를 확보하고 수호하며, 공격하고 방어하며, 반격하고 후퇴하며, 항복하는 관행을 발견했다. 인간의 싸움에도 이와 동일한 관행이 있다.

그렇지만 이성적 동물이 된다는 것의 일면은 실제의 물리적 충돌의 위험을 겪지 않고서 자신이 원하는 바를 얻는 것을 포함한다. 결과적으로 우리 인간은 말싸움이라는 사회적 제도를 발전시켜 왔다. 우리는 원하는 바를 얻기 위해서 언제나 논쟁을 하고, 때로는 이 논쟁이 물리적 폭력으로 '타락해 간다'. 그러한 말싸움은 물리적 싸움과 아주 흡사한 방식으로 이해된다.

집안싸움을 예로 들어보자. 남편과 부인은 둘 다 상대편에게 어떤 문제에 대해 어떤 견해를 받아들이도록 하거나, 아니면 적어도 그 견해에 따라 행동하도록 하는 것 등 각자가 원하는 바를 얻기 위해서 애쓴다. 남편과 부인은 각각 자신이 얻을 것과 잃을 것을 가지고 있으며, 구축할 영역과 방어할 영역을 가지고 있다고 생각한다. 어떤 제어장치도 없는 논쟁에서 당신은 공격, 방어, 반격 등을 한다. 이때 협박, 위협, 권위의 사용, 모욕, 무시, 권위에의 도전, 주제의 회피, 타협, 아첨, 심지어 '합리적 이유'를 제시하려는 시도 등 가지고 있는 모든 수단을 당신의 의지대로 사용한다. 그러나 이 모든 전략은 **이유**로 제시할 수 있으며, 또 흔히들 그렇게 제시한다. 다음의 예를 보라.

> ... because I'm bigger than you. (협박)
> (~은 내가 너 보다 더 크기 때문이다.)
> ... because if you don't, I'll ... (위협)
> (~은 네가 하지 않으면 나는 ~할 것이기 때문이다.)
> ... because I'm the boss. (권위)
> (~은 내가 보스이기 때문이다.)
> ... because you're stupid. (모욕)
> (~은 네가 멍청하기 때문이다.)
> ... because you usually do it wrong. (과소평가)
> (~은 네가 대개 그것을 잘못하기 때문이다.)
> ... because I have as much right as you do. (권위에의 도전)
> (~은 내가 너만큼 많은 권리를 가지고 있기 때문이다.)
> ... because I love you. (쟁점 회피)
> (~은 내가 너를 사랑하기 때문이다.)
> ... because if you will ..., I'll ... (타협하기)
> (~은 만일 네가 ~하겠다면 나는 ~할 것이기 때문이다.)
> ... because you're so much better at it. (아첨)
> (~은 네가 그것을 훨씬 더 잘 하기 때문이다.)

위와 같은 전략을 사용하는 논쟁은 우리 문화에서 가장 흔한 것이며, 이러한 전략은 실제로 우리의 일상적인 삶의 일부이기 때문에 때때로 우리는 이러한 전략을 의식하지 못한다. 그렇지만 이러한 전략은 '비합리적'이고 '불공평'하다고 여겨지기 때문에 적어도 원칙적으로는 이러한 전략에 눈살을 찌푸리는 중요하고 강력한 분파가 우리 문화 안에 있다. 학계와 법조계, 외교계, 종교계, 언론계는 이상적이거나 '더 고차원적인' 형태의 「이성적 논쟁」을 제시한다고 주장한다. 이 형태의 이성적인 논쟁에서는 이러한 전략을 모두 금지한다.

이 「이성적 논쟁」에서 허용하는 유일한 전략은 아마도 전제의 진술과 뒷받침 증거의 인용, 논리적 결론의 도출일 것이다. 그러나 이 모든 조건을 충족하는 가장 이상적인 경우에서조차도 「이성적인 논쟁」은 여전히 「전쟁」의 관점에서 이해되고 수행된다. 여전히 구축하고 방어해야 할 입장이 있으며, 당신은 이기거나 질 수도 있다. 또한 당신에게는 적수가 있을 수 있으며, 당신은 그의 입장을 공격해서 파괴하려 하고, 그의 논증을 무너뜨리려고 애쓴다. 완전히 성공하면 당신은 그를 깨끗이 제거할 수 있다.

여기에서 요점은 논쟁에 대한 우리의 개념뿐만 아니라, 우리가 논쟁을 수행하는 방식이 물리적 싸움에 대한 우리의 지식과 경험에 토대를 두고 있다는 것이다. 설령 살면서 전쟁은 고사하고 주먹다짐 한번 해본 적이 없으며 말을 배우기 시작하던 때부터 논쟁을 해오고 있다 하더라도, 우리는 여전히 「논쟁은 전쟁」 은유에 따라 논쟁을 마음속으로 떠올리고 논쟁을 실행한다. 왜냐하면 이 은유는 우리가 살고 있는 문화의 개념 체계의 일부를 형성하기 때문이다.
「이성적 논쟁」의 이상에 따라 진행된다고 가정되는 모든 '이성적인'
논쟁은 「전쟁」의 관점에서 구상될 뿐만 아니라, 이상적인 형태의
이성적 논쟁에서는 극복한다고 여겨지는 '비이성적'이고 '불공정한'
전략이 거의 모든 이성적인 논쟁에도 숨겨진 형태로 들어 있다.
여기에 전형적인 실례가 몇 개 있다.

> It is plausible to assume that ...   (협박)
> (~라고 가정하는 것이 그럴듯하다.)
> Clearly, ...
> (~은 명백하다.)
> Obviously, ...
> (~은 분명하다.)
>
> It would be unscientific to fail to ...   (위협)
> (~하지 못하는 것은 비과학적일 것이다.)
> To say that would be to commit the Fallacy of ...
> (그렇게 말하는 것은 ~의 오류를 범하는 일일 것이다.)
>
> As Descartes showed, ...   (권위)
> (데카르트가 보여주었던 것처럼 ~)
> Hume observed that ...
> (흄은 ~을 발견했다.)
> Footnote 374 : cf. Verschlugenheimer, 1954.
> (각주 374 : 페어쉴루겐하이머, 1954 참조)

The work lacks the necessary rigor for ...   (모욕)
(그 연구는 ~에 필수적인 엄밀성이 부족하다.)
Let us call such a theory "Narrow" Rationalism.
(그런 이론을 '편협한' 이성주의라고 부르기로 하자.)
In a display of "scholarly objectivity," ...
('학문적 객관성'의 전개에서 ~)

The work will not lead to a formalized theory.   (과소평가)
(그 연구는 형식화된 이론에 이르지 못할 것이다.)
His results cannot be quantified.
(그의 성과물은 양으로 측정할 수 없다.)
Few people today seriously hold that view.
(오늘날 그 견해를 진지하게 받아들이는 사람은 거의 없다.)

Lest we succumb to the error of positivist approaches,...
(실증주의적 접근의 오류에 빠지지 않도록 ~) (권위에의 도전)
Behaviorism has led to ...
(행동주의는 ~에 이르렀다.)

He does not present any alternative theory.   (주제의 회피)
(그는 어떤 대안 이론도 제시하지 않는다.)
But that is a matter of ...
(그러나 그것은 ~의 문제이다.)
The author does present some challenging facts, although ...
(비록 ~이지만, 그 저자는 실제로 몇몇 도전적인 사실을 제시한다.)

You position is right as far as it goes, …　(타협)

(한정된 범위에서 너의 입장은 옳다 ~)

If one takes a realist point of view, one can accept the claim that …

(실재론의 입장을 취한다면, 우리는 ~라는 주장을 받아들일 수 있다.)

In his stimulating paper, …　(아첨)

(그의 흥미로운 논문에서 ~)

His paper raises some interesting issues …

(그의 논문은 몇 가지 흥미로운 쟁점을 제기한다.)

　이러한 실례 덕분에 우리는 비이성적' 논쟁(=일상의 논쟁)을 통해 이성적 논쟁의 계통을 거꾸로 추적하여 물리적 싸움에서 이성적 논쟁의 근원을 찾을 수 있다. 협박, 위협, 권위에의 호소 등의 전략이 비록 아마도 더 세련된 어구로 표현되지만 일상의 논쟁이나 전쟁과 마찬가지로 이성적 논쟁 속에도 존재한다. 우리가 이성적 논쟁의 이상을 열망하는 과학적·학문적 상황이나 법적 상황에 있든, 아니면 다만 집에서 입씨름으로 원하는 바를 얻기 위해서 노력하고 있든, 우리의 논쟁에 대해서 생각하고, 논쟁을 수행하고, 논쟁을 묘사하는 방식은 「논쟁은 전쟁」 은유에 근거한다.

　이제 우리의 삶에서 중요한 다른 구조적 은유인 「노동은 자원」과 「시간은 자원」을 살펴보기로 하자. 이 두 은유는 모두 물질 자원에 대한 우리의 경험 속에 문화적 토대를 두고 있다. 전형적으로 물질 자원은 원재료이거나 연료의 원천이다. 둘 다 의도적인 목적을 달성하는 데 적합하다고 간주된다. 연료는 난방 또는 운송에 사용되거나 완제품을 생산하는 데 필요한 에너지가 될 수도 있다. 전형적으로 원재료는 직접 생산품이 된다. 두 경우에 다 물질 자원은 **양화될 수 있고, 가치를 부여받을 수 있다.** 이 두 경우에 목적을 달성하는 데 중요한 것은 바로 물질의 특정한 조각이나 분량에 대비되는 그 물질의 **종류**이다. 예를 들어 그러한 조각이 확실히 석탄의 **종류**이기만 하면 어떤 특정한 석탄 조각이 당신의 집을 따뜻하게 해주는가는 중요하지 않다. 이 두 경우에 다 그 물질은 목적을 충족하면서 점차적으로 **다 소모된다.** 요약하면 다음과 같다.

A material resource is a *kind* of substance.
(물질 자원은 **일종의** 물질이다.)

can be *quantified* fairly precisely.
(대체로 정확히 **양화할** 수 있다.)

can be assigned a *value* per unit quantity.
(단위 양당 **가치**를 할당받을 수 있다.)

serves a *purposeful* end.
(의도적인 **목적** 달성에 기여한다.)

is used up progressively as it serves its purpose.
(목적을 충족하면서 점차로 **다 소모된다.**)

당신이 원재료로 생산품을 만드는 간단한 경우를 예로 들어보자. 이 경우는 일정한 양의 노동을 필요로 한다. 일반적으로 노동을 더 하면 할수록 그만큼 생산도 많아진다. 이것이 사실이라고, 즉 노동이 생산품의 양에 비례한다고 가정하면, 우리는 한 단위의 생산품을 만드는 데 걸리는 시간의 관점에서 노동에 가치를 할당할 수 있다. 이것의 완벽한 모형은 조립 작업선이다. 이 모형에서는 원료가 한쪽 끝에서 들어오고, 노동은 점진적인 단계로 수행되며, 노동 시간은 그 작업선의 속도 자체에 의해 확정되고, 생산품은 반대편 끝에서 나온다. 이것은 다음에서 보는 것처럼 「노동은 자원」 은유의 토대를 제공한다.

> LABOR is a *kind* of activity. (recall: AN ACTIVITY IS A SUBSTANCE)
> (「노동」은 일종의 활동이다.) (상기하라 : 「활동은 물질」)
>> can be *quantified* fairly precisely (in terms of time).
>> (시간의 관점에서 대체로 정확히 **양화할** 수 있다.)
>> can be assigned a *value* per unit.
>> (단위당 **가치를** 할당받을 수 있다.)
>> serves a *purposeful* end.
>> (의도적인 목적의 달성에 기여한다.)
>> is *used up* progressively as it serves its purpose.
>> (목적을 달성하면서 점진적으로 **다 소모된다.**)

노동은 산업사회에서 시간의 관점에서 양을 측정할 수 있고, 또한 보통 그렇기 때문에 우리는 「시간은 자원」 은유의 근거를 갖는다.

TIME is a *kind* of (abstract) SUBSTANCE.
(「시간」은 일종의 (추상적인) 「물질」이다.)

can be *quantified* fairly precisely.
(대체로 정확히 **양화할 수 있다.**)

can be assigned a *value* per unit.
(단위당 **가치를** 할당받을 수 있다.)

serves a *purposeful* end.
(**의도적인 목적 달성에 기여한다.**)

is *used up* progressively as it serves its purpose.
(목적을 달성하면서 점진적으로 다 **소모된다.**)

우리 문화에서는 현재와 같이 「노동은 자원」과 「시간은 자원」 은유를 토대로 살고 있다. 그러면서도 우리는 이 둘을 전혀 은유로 여기지 않는 경향이 있다. 그러나 이 두 은유의 경험적 토대에 대한 위의 설명이 보여주는 것처럼 둘 다 서양 산업사회의 기본적인 구조적 은유이다.

이 복잡한 두 가지 구조적 은유는 다 간단한 존재론적 은유를 이용한다. 「노동은 자원」은 「활동은 물질」을 이용한다. 「시간은 자원」은 「시간은 물질」을 이용한다. 이 두 「물질」 은유 덕분에 우리는 노동과 시간을 양화할 수 있다. 즉 노동과 시간은 평가받고, 점진적으로 소모된다고 간주되고, 금전적 가치를 할당받을 수 있다. 그리고 이 두 「물질」 은유 덕택에 우리는 시간과 노동을 다양한 목적에 '사용할 수 있는' 물건으로 간주할 수 있다.

「노동은 자원」과 「시간은 자원」은 결코 보편적인 은유가 아니다.

우리가 일을 바라보는 방식과 양화를 향한 우리의 열정, 의도적인 목적에 대한 우리의 집착 때문에 두 은유가 우리 문화 속에서 자연스럽게 생겨났다. 이 두 은유는 우리 문화에서 핵심적으로 중요한 노동과 시간의 측면을 부각한다. 이렇게 할 때 이 두 은유는 또한 노동과 시간의 어떤 측면을 경시하거나 은폐한다. 우리는 위의 두 은유가 무엇에 초점을 맞추는가를 검토함으로써 이 두 은유가 무엇을 은폐하는가도 알 수 있다.

노동을 **일종의** 활동으로 간주할 때, 이 은유는 노동을 분명히 식별할 수 있으며, 노동이 아닌 다른 것과 구별할 수 있다고 가정한다. 우리가 일과 놀이, 생산적 활동과 비생산적 활동을 구별할 수 있다고 가정한다. 이러한 가정은 아마도 조립 작업선, 은행 강도 등을 제외하고는 대부분의 경우에 현실과 맞지 않는다. 누가 노동을 수행하는가와 그가 노동을 어떻게 경험하는가, 그리고 그의 삶에서 노동의 의미는 무엇인가와 독립적으로 노동을 단지 **일종의** 활동으로 보는 것은 그 일이 개인적으로 의미 있고 만족감을 주고 인도적인지의 문제를 은폐한다.

시간을 의도적인 목적 달성에 기여한다고 보는 것과 더불어 시간의 관점에서 노동의 양을 측정하는 것은 「여가 시간」 개념을 끌어낸다. 이 「여가 시간」 개념은 「노동 시간」 개념과 아주 유사하다. 우리 사회와 유사한 사회에서는 비활동을 의도적인 목적으로 간주하지 않는다. 그러한 사회에서 여가활동에 주력하는 산업 전체가 발전했다. 그 결과로 「여가 시간」도 역시 생산적으로 소비하고, 현명하게 이용하고, 축적하고, 편성하고, 낭비하고, 잃어버리는 「자원」이 된다. 노동과 시간에 대해 「자원」 은유가 은폐하는 것은 바로 우리의 「노동」과 「시간」 개념이 우리의 「여가」 개념에 영향을 미치는 방식이다. 이 방식으로 인해 「여가」 개념은 「노동」과 놀라울 정도로 유사한 어떤 것으로 바뀐다.

노동과 시간에 대한 「자원」 은유는 다른 문화나 우리 사회의 어떤 하위문화 안에 존재하는 노동과 시간에 대한 모든 종류의 가능한 개념을 감춘다. 즉 일이 놀이가 될 수 있다는 생각, 비활동이 생산적일 수 있다는 생각, 우리가 「노동」으로 분류하는 것 중 많은 것이 어떤 명백한 목적이나 시간을 투자할 만한 가치가 있는 목적에도 부합되지 않는다는 생각 등을 은폐한다.

우리가 이 절에서 검토했던 「이성적 논쟁은 전쟁」과 「노동은 자원」, 「시간은 자원」이라는 세 개의 구조적 은유는 다 강력한 문화적 근거를 지니고 있다. 이 세 은유가 부각하는 것은 우리가 집단적으로 경험하는 것에 아주 밀접하게 대응하고 은폐하는 것은 매우 미미하게 대응하기 때문에, 이러한 은유는 우리 문화와 유사한 어떤 문화에서 자연스럽게 생겨났다. 그러나 이 세 은유는 우리의 물리적 경험과 문화적 경험 속에 토대를 두고 있을 뿐만 아니라 우리의 경험과 행동에도 영향을 미친다.

제 14장
인과관계 : 부분적 창발과 부분적 은유

우리는 토대 형성에 관한 논의에서 (「위-아래」 「안-밖」 「물건」 「물질」 등과 같은) 직접 창발하는 개념과 (「시야는 그릇」 「활동은 그릇」 등과 같이) 우리의 경험에 근거해서 창발하는 은유적 개념이 있다는 것을 보았다. 우리가 검토했던 한정된 범위의 실례로부터 짐작하건대, 직접 창발하는 개념과 은유적으로 창발하는 개념 사이에 마치 명확한 구분이 있는 것처럼 보일지도 모르고, 또한 모든 개념이 이 둘 중의 하나여야 하는 것처럼 보일지도 모른다. 그러나 이것은 사실이 아니다. 「인과관계」(CAUSATION)와 같은 기본적인 개념조차도 순수하게 창발적인 것도 아니고 순수하게 은유적인 것도 아니다. 오히려 이 개념은 직접 창발하는 핵심을 지니고 있지만 이 핵심은 은유적으로 정교화되는 것으로 보인다.

직접 조작 : 인과관계의 원형

의미의 표준 이론은 우리의 모든 복합 개념이 해체 불가능한 원소로 분석될 수 있다고 가정한다. 그러한 원소는 의미의 궁극적인 '건축벽돌'로 간주된다. 인과관계 개념은 흔히 그러한 궁극적인 건축벽돌로 간주된다. 표준 이론이 기본 개념을 해체 불가능한 원소라고 가정한다는 점에서 우리는 이 이론을 근본적으로 그릇된 것이라고 본다.

우리는 인과관계가 인간의 기본적인 개념이라는 점에 동의한다. 인과관계는 우리가 우리의 물리적 실재와 문화적 실재를 구성하기 위해서 가장 흔히 사용하는 개념 중 하나이다. 그러나 이것은 인과관계가 해체 불가능한 원소라는 것을 뜻하지는 않는다. 그 대신에 우리는 인과관계를 하나의 체험적 게슈탈트로서 가장 적절하게 이해할 수 있다고 제안할 것이다. 인과관계를 적절히 이해하기 위해서는 이 개념을 한 무리의 [해체 불가능한 원소와는] 다른 구성요소로 간주할 필요가 있다. 그러나 그 무리는 우리 인간이 부분보다 더 기본적이라고 받아들이는 전체로서 하나의 게슈탈트를 형성한다.

우리는 이것을 유아들에게서 가장 뚜렷하게 볼 수 있다. 피아제(Jean Piaget)는 유아들이 담요를 잡아당기고, 병을 던지고, 장난감을 떨어뜨리는 것처럼 자기 주위의 사물을 직접 조작할 수 있다는 것을 깨달음으로써 최초로 인과관계에 대해 배운다는 가설을 세웠다. 실제로 계속해서 숟가락을 떨어뜨리는 것 등과 같이 유아들이 마치 이 조작을 '연습하는' 것처럼 보이는 단계가 있다. 그러한 직접 조작은 유아들의 입장에서조차도 우리가 전등 스위치를 올리고, 셔츠의 단추를 잠그고, 문을 여는 것처럼 우리의 환경 안에서의 지속적인 일상적 활동의 필수적인 부분인 직접적 인과관계 개념을 특징짓는 몇몇 공통적 특성을 포함한다. 비록 이러한 행동은 각각 다르지만 대부분 소위 직접적 인과관계의 '원형적'이거나 '범례적'인 경우의 특성을 공유한다. 이 공유된 특성은 다음을 포함한다.

- 행위자(agent)는 피행위자(patient)의 어떤 상태 변화를 행위의 목표로 갖는다.
- 상태 변화는 물리적이다.
- 행위자는 이 목표를 실행할 어떤 '계획'을 갖고 있다.
- 그 계획은 행위자의 운동 계획의 사용을 필요로 한다.
- 행위자는 그 운동 계획을 통제한다.
- 행위자는 일차적으로 그 계획을 실행할 책임이 있다.
- 행위자는 에너지의 원천이다. (즉 행위자는 자신의 에너지를 피행위자 쪽으로 보낸다.) 그리고 피행위자는 에너지의 목표이다. (즉 피행위자의 변화는 외부적인 에너지 원천 때문이다.)
- 행위자는 자신의 몸이나 도구를 사용해서 피행위자와 접촉한다. (즉 행위자의 행동과 피행위자의 변화 사이에 시공간적 중복이 있다.)
- 행위자는 그 계획을 성공적으로 실행한다.
- 피행위자의 변화는 지각할 수 있다.

- 행위자는 감각 지각을 통해서 피행위자의 변화를 관찰한다.
- 단일한 구체적 행위자가 있고, 단일한 구체적 피행위자가 있다.

이 일련의 속성은 '원형적인' 직접 조작을 특징짓는다. 이러한 직접 조작은 가장 전형적인 인과관계의 사례이다. 우리는 '원형적' 이라는 말을 로쉬(E. Rosch)가 인간의 범주화 이론(1977)에서 사용했던 것과 같은 뜻으로 사용하고 있다. 그녀의 실험은 사람들이 사물을 집합 이론적 관점이 아니라 원형과 가족유사성의 관점에서 범주화한다는 것을 보여준다. 예를 들어 참새나 로빈처럼 작고, 날 수 있으며, 노래하는 새들은 원형적인 새이다. 병아리와 타조, 펭귄은 새이지만 이 범주의 중심적 구성원이 아니다. 즉 비원형적인 새이다. 그럼에도 불구하고 이들은 새이다. 왜냐하면 그 원형과의 충분한 가족유사성을 지니고 있기 때문이다. 즉 병아리와 타조, 펭귄은 사람들이 새로 분류할 만큼 원형의 적절한 속성을 충분히 공유하고 있기 때문이다.

위에서 제시한 12개의 속성은 다음과 같은 의미에서 인과관계의 원형을 특징짓는다. 그러한 속성은 우리의 일상적인 생활에서 모든 행동에 반복적으로 함께 나타난다. 우리는 이 모든 속성을 하나의 게슈탈트로 경험한다. 즉 함께 출현하는 속성들의 복합체가 그러한 속성의 개별적인 출현보다 우리의 경험에 더 기본적이다. 우리의 일상적인 활동에서 그러한 속성의 지속적인 재현을 통해서, 인과관계 범주는 원형적인 인과관계를 특징짓는 이 속성들의 복합체와 함께 발생한다. 덜 원형적인 다른 종류의 인과관계는 원형에 대해 충분한 가족유사성을 지닌 행동 또는 사건이다. 이것은 원거리 행동, 행위자가 사람이 아닌 경우, 중간 행위자의 사용, 둘 또는 그 이상의 행위자의 경우, 운동 계획의 비자발적이거나 비통제적인 사용 등을 포함할 것이다. (물리적 인과관계 안에서는 행위자와 피행위자가 사건이고, 물리적 법칙이 계획과 목표, 운동 활동을 대신하며, 인간의 독특한 측면이 다 제거된다.) 원형과의 가족유사성이 충분하지 못할 때는 어떤 것을 인과관계로 규정할 수 없다. 예를 들어 다수의 행위자가 있다면, 그들이 했던 행동이 피행위자의 변화로부터 공간적으로나 시간적으로 멀리 떨어져 있다면, 그리고 소망도 계획도 통제도 없다면, 우리는 아마 이것을 인과관계의 한 실례라고 말하지 않거나, 아니면 적어도 이 말에 대해 의문을 제기할 것이다.

　인과관계 범주는 경계가 모호하지만 방대한 범위의 실례에서 명확히 묘사된다. 세계 내에서의 우리의 성공적인 활동은 인과관계 개념을 의도, 입안, 추론 등을 통해서 조금이라도 새로운 영역의 활동에 적용하는 것을 포함한다. 이 개념이 안정적인 이유는 우리가 이 개념의 관점에서 계속해서 성공적으로 기능을 발휘하기 때문이다. 경험에서 창발하는 인과관계 개념이 주어지면 우리는 이 개념을 은유적 개념에 적용할 수 있다. 예를 들어 '해리는 농담을

해서 우리의 사기를 올렸다'(Harry raised our morale by telling jokes)에는 해리가 한 일이 우리의 사기를 「위」로 올라가게 만든 인과관계의 실례가 있다. 「행복은 위」 은유에서처럼 말이다.

우리가 특징지었던 인과관계 개념은 인간의 활동에 기본적이지만, 일상적인 건축벽돌 식 의미 '원소'가 아니다. 즉 이 개념은 해체 불가능하고 분석 불가능한 것이 아니다. 우리의 인과관계 개념은 반복적으로 나타나는 속성들의 복합체가 특징짓는 원형의 관점에서 정의되기 때문에 전체론적이며, 그러한 속성으로 분석할 수 있으며, 또한 광범위한 변이가 가능하다. 인과관계 원형의 분석 결과로 나타나는 용어(예 : 통제, 운동 계획, 의지 등)는 아마도 역시 원형에 의해 특징지어지며, 더 심오한 분석도 가능할 것이다. 이 때문에 우리는 우리 자신에게 기본적이며, 전체적이며, 동시에 무한히 분석 가능한 개념을 가질 수 있다.

원형적 인과관계의 은유적 확장

어떤 물건(예 : 종이비행기, 눈덩어리, 모래성) 만들기의 간단한 실례는 모두 직접적 인과관계의 특수한 경우이다. 그러한 실례는 모두 위에서 나열한 모든 속성을 가지고 있어서 원형적인 직접 조작을 포함한다. 그러나 그러한 경우는 만들기의 실례로 따로 분류해 주는 하나의 추가적인 특성을 갖는다. 즉 조작의 결과로 우리는 그 물건을 어떤 다른 **종류**의 물건으로 간주한다. 한 장의 종이였던 것이 이제는 한 개의 종이비행기이다. 우리는 이 종이비행기를 다르게 범주화한다. 즉 이 종이비행기는 형태와 기능이 (종이와) 다르다. **만들기**의 실례를 다른 종류의 직접 조작과 구분해 주는 것은 근본적으로 바로 이 측면이다. 물에서 얼음으로의 변화처럼 상태의 단순한 변화조차도 만들기의 한 실례로 간주될 수 있다. 왜냐하면 얼음은 형태와 기능이 물과 다르기 때문이다. 그래서 우리는 다음과 같은 예문을 갖는다.

> You can make ice out of water by freezing it.
> (물을 얼림으로써 물로 얼음을 만들 수 있다.)

이것은 다음과 같은 예문과 비슷하다.

> I made a paper airplane out of a sheet of newspaper.
> (나는 신문 한 장으로 종이비행기를 만들었다.)
> I made a statue out of clay.
> (나는 진흙으로 동상을 만들었다.)

우리는 한 상태에서 다른 상태로 변해서 새로운 형태와 기능을 갖게 되는 이러한 종류의 변화를 「물건이 물질로부터 나온다」(THE OBJECT COMES OUT OF SUBSTANCE)라는 은유의 관점에서 개념화한다. 바로 이 때문에 위의 예문에서 ~**밖으로**(out of)라는 표현을 사용하는 것이다. 즉 얼음이 물로부터 나오는 것으로 간주되고, 비행기가 종이로부터 나오는 것으로 간주되고, 동상이 진흙으로부터 나오는 것으로 간주된다. '나는 진흙으로 동상을 만들었다'와 같은 문장에서 진흙이라는 물질은 (「물질은 그릇」 은유를 통해서) 물건, 즉 동상이 나오게 되는 근원인 「그릇」으로 간주된다. 그래서 「만들기」 개념은 부분적으로 은유적이지만 완전히 은유적인 것은 아니다. 다시 말해서 「만들기」는 직접 창발하는 개념, 즉 「직접 조작」의 실례인데, 이 개념은 「물건이 물질로부터 나온다」라는 은유에 의해 더욱 정교화된다.

우리가 만들기를 개념화할 수 있는 또 하나의 방식은 「물질이 물건 속으로 들어온다」(THE SUBSTANCE COMES INTO THE OBJECT)라는 다른 은유를 사용해서 직접 조작을 정교화하는 것이다. 그래서 다음과 같은 표현이 가능하다. 여기에서 물건은 재료를 담기 위한 그릇으로 간주된다.

> I made a sheet of newspaper *into* an airplane.
> (나는 한 장의 신문을 비행기로 만들었다.)
> I made the clay you gave me *into* a statue.
> (나는 네가 주었던 그 진흙을 동상으로 만들었다.)

「물질이 물건 속으로 들어온다」 은유는 「만들기」 개념보다 훨씬 더 폭넓게 나타난다. 우리는 이 은유의 관점에서 자연적이든 인공적이든 광범위한 변화를 개념화한다. 다음 예를 살펴보자.

> The water turned *into* ice.
> (그 물이 얼음으로 변했다.)
> The caterpillar turned *into* a butterfly.
> (그 애벌레가 나비로 변했다.)
> She is slowly changing *into* a beautiful woman.
> (그녀는 차츰 아름다운 여인으로 변해 가고 있다.)

「물건이 물질로부터 나온다」 은유는 「만들기」 개념 외에도 사용되지만 훨씬 더 한정된 범위의 환경에서 사용된다. 대부분 진화와 관련이 있는 환경이다.

> Mammals developed *out of* reptiles.
> (포유동물은 파충류에서 진화했다.)
> Our present legal system evolved *out of* English common law.
> (우리의 현행 법 체계는 영국의 민법에서 발전했다.)

따라서 우리가 사용하는 이 두 은유는 직접 조작을 정교화하여 「만들기」 개념을 생성하며, 둘 다 독립적으로 사용되어 「변화」의 다양한 개념을 개념화한다.

「만들기」 개념의 일부로 사용되는 위의 두 「변화」 은유는 탄생이 있다는 사실만큼이나 근본적인 인간의 경험으로부터 자연스럽게 창발한다. 탄생에서는 어떤 물건(갓난아이)이 하나의 그릇(어머니)

으로부터 나온다. 그와 동시에 어머니의 물질(그녀의 살과 피)이 그 갓난아이(그릇 물건) 속에 들어 있다.

탄생(과 또한 작물의 성장)에 대한 경험은 일반적인 「창조」 개념의 토대를 제공한다. 이 「창조」 개념은 물리적 물건 「만들기」 개념을 핵심으로 갖지만, 또한 추상적 개체에도 확장된다. 우리는 이 토대를 일반적인 창조에 대한 탄생 은유에서 볼 수 있다.

Our nation was *born out of* a desire for freedom.
(우리 나라는 자유에 대한 소망**으로부터** 태어났다.)
His writings are products of his *fertile* imagination.
(그의 저작은 **풍성한** 상상력의 산물이다.)
His experiment *spawned* a host of new theories.
(그의 실험은 많은 새로운 이론을 **낳았다**.)
Your actions will only *breed* violence.
(너의 행동은 폭력만을 **낳을** 것이다.)
He *hatched* a clever scheme.
(그는 영악한 음모를 **품었다**.)
He *conceived* a brilliant theory of molecular motion.
(그는 뛰어난 분자 운동 이론을 **잉태했다**.)
Universities are *incubators* for new ideas.
(대학은 새로운 아이디어의 **배양기이다**.)
The theory of relativity *first saw the light of day* in 1905.
(상대성 이론은 1905년에 **최초로 빛을 보았다**.)
The University of Chicago was the *birthplace* of the nuclear age.
(시카고대학교는 핵 시대의 **탄생지였다**.)

Edward Teller is the *father* of the hydrogen bomb.

(에드워드 텔러는 수소폭탄의 **아버지**이다.)

위의 예문은 모두 일반적 은유 「창조는 탄생」의 실례이다. 이것은 우리가 인과관계의 특별한 경우를 은유적으로 개념화하는 또 하나의 실례이다.

마지막으로 우리가 「창발」 은유의 관점에서 인과관계를 개념화하는 또 하나의 특별한 경우가 있다. 이것은 정신적 상태나 감정 상태가 어떤 행동이나 사건을 초래한다고 간주되는 경우이다.

He shot the mayor *out of* desperation.

(그는 좌절감 **때문에** 시장을 쏘았다.)

He gave up his career *out of* love for his family.

(그는 가족에 대한 사랑 **때문에** 출세를 포기했다.)

His mother nearly went crazy *from* loneliness.

(그의 어머니는 외로움 **때문에** 거의 미치게 되었다.)

He dropped *from* exhaustion.

(그는 탈진으로 쓰러졌다.)

He became a mathematician *out of* a passion for order.

(그는 질서에 대한 열정 **때문에** 수학자가 되었다.)

여기에서 「상태」(절망, 고독 등)는 그릇으로 간주되고, 행동이나 사건은 그 그릇으로부터 창발하는 물건으로 간주된다. 「인과관계」는 「상태」로부터의 「사건」의 「창발」로 간주된다.

요약

    방금 살펴보았던 것처럼 「인과관계」 개념은 「직접 조작」이라는 원형에 근거하고, 「직접 조작」은 우리의 경험에서 직접 생겨난다. 원형적 핵심은 은유에 의해 정교화되어 폭넓은 「인과관계」 개념을 이끌어 낸다. 이 「인과관계」 개념에는 특수한 경우가 많이 있다. 여기에 사용된 은유는 「물건이 물질로부터 나온다」 「물질이 물건 속으로 들어온다」 「창조는 탄생」 (상태가 초래한 사건의) 인과관계는 (상태/그릇으로부터 나온 사건/대상의) 창발」 등이다.

    우리는 또한 「인과관계」 개념이 원형적 핵심, 즉 「직접 조작」이 분석 불가능한 의미 원소가 아니라 오히려 직접 조작을 수행하는 우리의 일상적인 경험 속에서 자연스럽게 함께 일어나는 다양한 속성으로 구성되는 하나의 게슈탈트라는 것을 살펴보았다. 원형적 개념인 「직접 조작」은 우리의 경험에서 기본적이고 원초적이지만 '건축벽돌'에서 요구하는 그러한 의미가 아니다. 그러한 이론에서는 각 개념이 궁극적인 건축벽돌이거나, 아니면 오직 한 가지 방식으로 해체되어서 궁극적인 건축벽돌이 될 수 있다. 오히려 다음 장에서 제안하는 우리의 이론이 주장하는 것은 경험의 자연적 차원이 있으며, 개념은 이러한 차원을 따라서 둘 이상의 방식으로 분석될 수 있다는 것이다. 더 나아가 개념은 그 각각의 차원을 따라 우리의 경험과 관련해서 계속해서 더욱 더 깊이 분석될 수 있기 때문에 항상 궁극적인 건축벽돌이 있는 것은 아니다.

그래서 바로 다음 세 가지 측면에서 「인과관계」는 분석 불가능한 원소가 아니다.

- 인과관계는 「직접 조작」이라는 원형에 대한 가족유사성의 관점에서 특징지어진다.
- 「직접 조작」이라는 원형은 그 자체가 자연스럽게 동시 발생하는 속성들의 무한히 분석 가능한 게슈탈트이다.
- 「인과관계」의 원형적 핵심은 다양한 방식으로 은유적으로 정교화된다.

제 15장
경험의 정합적 구조화

체험적 게슈탈트와 경험의 차원

우리는 지금까지 은유적 개념이 한 경험을 다른 경험의 관점에서 부분적으로 구조화하는 방식이라고 이야기했다. 은유적 구조화에 무엇이 관련되는가를 자세히 살펴보려면 먼저 하나의 경험 또는 일련의 경험이 구조를 가짐으로써 정합성을 갖는다는 것이 무엇을 뜻하는지를 보다 명확히 알아야 한다. 예를 들어 우리는 논쟁이 「전쟁」 개념을 통해 부분적으로 구조화되는 대화라고 제안했다. (이 부분적인 구조화 덕분에 우리에게 「논쟁은 전쟁」 은유가 있다.) 당신이 대화를 하고 있는 도중에, 그 대화가 논쟁으로 변했다는 것을 갑자기 깨닫게 되었다고 가정해 보라. 대화를 논쟁으로 변하게 하는 것은 도대체 무엇이며, 이 논쟁은 전쟁과 무슨 관계가 있는가? 대화와 논쟁 사이의 차이를 알기 위해서는 먼저 대화에 참여한다는 것이 무엇을 뜻하는지를 알아야 한다.

가장 기본적인 종류의 대화에는 서로 이야기하는 두 사람이 참여한다. 전형적으로 그 두 사람 중 하나가 대화를 시작하고, 두 사람은 교대로 하나의 공통의 화제 또는 일련의 화제에 관해 이야기한다. 차례를 지키는 것과 관련 주제에서 벗어나지 않는 것(이나 허용 가능한 형태로 화제를 바꾸는 것)은 상당한 정도의 협동을 필요로 한다. 그리고 어떤 대화는 참여자들을 위해 다른 어떤 목적을 가질 수도 있겠지만, 일반적으로 대화는 예의바른 사회적 상호작용의 목적을 달성하는 데 유익하다.

가장 단순한 경우인 두 사람의 예의바른 대화에서조차도 구조의 몇 가지 차원을 볼 수 있다.

참여자 : 참여자들은 어떤 자연적인 종류, 즉 사람이다. 여기에서 그들은 화자의 역할을 맡는다. 대화는 그 참여자들이 하는 행동에 의해서 규정되고, 동일한 참여자들이 대화 내내 어떤 역할을 한다.

부분 : 부분은 어떤 자연적인 종류의 활동, 즉 말하기로 구성된다. 각각의 말하기 차례는 전체적으로 대화의 일부분이고, 이 부분들은 정합적인 대화가 존재하기 위해서 어떤 방식으로 결합해야 한다.

단계 : 대화는 전형적으로 일련의 개시 조건을 가지며, 그 다음에 적어도 처음 단계와 핵심 부분, 끝 단계를 비롯해서 다양한 단계를

거친다. 그래서 대화를 시작하기 위해서 하는 말("이봐" "안녕?" 등)이 있고 그 대화를 핵심 부분으로 끌고 가는 다른 말이 있으며, 그 대화를 끝마치는 또 다른 말이 있다.

선형적 순서 : 참여자들의 말하기 차례는 선형적 순서로 배열되는데, 화자들이 바꿔가며 말을 한다는 일반적 제약이 있다. 어느 정도의 중복은 허용되기 때문에 한 사람이 자신의 말하기 차례를 이어받지 못하고 상대편이 계속 말하는 순간적인 착오가 있다. 부분들의 선형적 순서 짜기에 대한 그런 제약이 없으면 당신은 독백을 하거나 말의 혼란을 가져오는 것이지 결코 대화를 하는 것이 아니다.

인과관계 : 한 차례의 말하기가 끝나면 바로 다음 차례의 말하기가 시작한다고들 생각한다.

목적 : 대화는 수많은 목적을 달성하는 데 기여할 수 있으나, 모든 전형적인 대화는 합리적이며 협동적인 방식으로 예의바른 사회적 상호작용을 유지해야 한다는 목적을 공유한다.

대화를 좀 더 정확히 특징짓는 부가적인 사항이 많지만 구조의 이 여섯 가지 차원은 전형적인 대화의 공통점이 무엇인가에 대한 중요한 개요를 제시한다.

당신이 (적어도 구조의 이러한 여섯 가지 차원을 보유한) 어떤 대화에 참여하여 그 대화가 논쟁으로 변해가고 있음을 지각한다면, 대화 중이라는 생각을 넘어서서 당신이 지각하는 것은 바로 무엇인가? 근본적인 차이는 전투 중이라는 느낌이다. 당신에게 중요한 의견이 있다는 것과 다른 사람들이 당신의 의견을 받아들이지 않는다는 것을 깨닫게 된다. 적어도 한 참여자는 다른 참여자가 자기 의견을 포기하기를 바란다. 이로 인해 중요한 무언가를 얻거나 잃는 상황이 발생한다. 당신의 입장이 공격받고 있음을 알게 될 때, 또는 상대편의 입장을 공격할 필요성을 느낄 때, 당신은 논쟁 중임을 깨닫는다. 당신들 두 사람 모두가 자기 입장을 유지하면서 상대편의 입장을 무너뜨리는 데 대화의 에너지 대부분을 쏟을 때 본격적인 논쟁이 된다. 그래도 여전히 논쟁은 대화이다. 비록 논쟁이 가열되면 대화 구조를 유지할 때의 예의바른 상호 협조 요소는 약화되지만 말이다.

전투 중이라는 느낌은 당신 자신이 전쟁 상황에 처해 있다고 경험하는 데서 나온다. 비록 당신이 대화의 우호성을 유지하고 있다는 점에서 실제 전투는 아니지만 말이다. 당신은 상대방을 적으로 경험하고, 그의 입장을 공격하고, 당신 자신의 입장을 방어하려고 노력하고, 그 사람을 굴복시키기 위해 최선을 다한다. 대화의 구조는 전쟁 구조의 측면을 지니고 있으며, 당신은 그에 따라서 행동한다. 당신의 지각과 행동은 전쟁에 참여한 당사자의 지각과 행동에 부분적으로 대응한다. 우리는 이것을 다음에 열거한 한 논쟁의 특성 목록에서 더 자세히 볼 수 있다.

당신은 당신 자신과 결부된 의견을 가지고 있다. (입장을 가짐)

상대방은 당신의 의견에 동조하지 않는다. (다른 입장을 가짐)

상대방이 자기 의견을 포기하고(항복), 당신의 의견을 수락하는 것(승리)은 당신들 중 한 사람에게 또는 두 사람 모두에게 중요하다. (그는 당신의 적이다.)

의견의 차이는 의견의 충돌이 된다. (충돌)

상대방에게 당신의 견해를 가장 잘 납득시킬 수 있는 방법에 대해 생각하고(전략 설계하기), 그 논제를 뒷받침하기 위해 당신이 무슨 증거를 제시할 수 있는가에 대해 고려한다. (대열의 정비)

당신이 상대방의 입장의 약점으로 간주하는 것을 고려하면서 질문을 하고, 상대방에게 궁극적으로 자기 입장을 포기하고 당신의 입장을 수용하도록 의도적으로 강요하는 반대 의견을 제시한다. (공격) 당신은 더 강력한 입장을 갖기 위해서 대화의 전제를 바꾸려고 노력한다. (전략 사용)

상대방의 질문과 반대 의견에 대응해서 자신의 입장을 견지하려고 노력한다. (방어)

논쟁이 진행됨에 따라 당신의 전반적인 견해를 유지하는 데 약간의 수정이 필요할 수도 있다. (후퇴)

당신은 새로운 질문과 반대 의견을 제기할 수 있다. (반격)

피곤해져서 논쟁을 멈추기로 결심하거나(**협상**), 당신들 중 어느 누구도 상대방을 납득시킬 수 없거나(**진퇴양난**), 당신들 중 한 사람이 항복한다. (굴복)

　대화를 논쟁으로 변하게 만드는 이러한 특성 목록에 정합성을 부여하는 것은 이러한 특성이 「전쟁」 개념의 요소에 대응한다는 점이다. 「전쟁」 개념의 무엇을 「대화」 개념에 덧붙이는가는 우리가 대화 구조를 기술할 때 제시한 바로 구조의 그 여섯 차원을 통해 관찰할 수 있다.

　참여자: 참여자의 종류는 사람들 또는 사람들의 집단이다. 그들은 적의 역할을 한다.

부분: 두 입장
　　　전략 세우기
　　　공격
　　　방어
　　　후퇴
　　　전략 사용
　　　반격
　　　진퇴양난
　　　휴전
　　　항복/승리

단계: 개시 조건: 참여자들은 상이한 입장을 갖는다. 둘 중의 어느

참여자든지 상대방이 항복하기를 원한다. 각 참여
자는 자기 입장을 방어할 수 있다고 가정한다.

시작 : 적이 공격한다.

중간 : 방어

　　　전략 사용

　　　후퇴

　　　반격

끝 : 휴전이나 진퇴양난, 항복/승리

최종 상태 : 평화, 승자는 패자를 지배한다.

선형적 순서 : 공격 뒤의 후퇴

　　　　　　공격 뒤의 방어

　　　　　　공격 뒤의 반격

인과관계 : 공격은 방어나 반격, 후퇴, 종결로 결말이 난다.

목적 : 승리

　대화를 하나의 논쟁으로 이해하는 것은 「전쟁」 개념 가운데 일부의 다차원적 구조를 대응 구조인 「대화」에 부과할 수 있는 것과 관련이 있다. 그러한 다차원적 구조는 **체험적 게슈탈트**를 특징짓는데, 이 체험적 게슈탈트는 경험을 **구조화된 전체로 조직화하는** 방식이다. 「논쟁은 전쟁」 은유에서, 「대화」 게슈탈트는 「전쟁」 게슈탈트에서 선택된 다양한 요소와의 대응에 의해서 더 정교하게 구조화된다. 그래서 말하기라는 활동이 다른 활동, 즉 물리적 싸움의 관점에서 이해된다. 우리의 경험을 그러한 다차원적 게슈탈트의 관점에서 구조화하는 것이 바로 경험을 정합적으로 만드는 것이다. 「전쟁」 게슈탈트가 대화 속에서 우리의 지각이나 행동과 합치할 때 우리는 대화를 하나의 논쟁으로 경험한다.

그러한 다차원적 게슈탈트를 이해하고 그러한 게슈탈트 간 상관관계를 이해하는 것이 우리 경험 속의 정합성을 이해하는 열쇠이다. 앞에서 살펴보았던 것처럼 **체험적 게슈탈트는 구조화된 다차원적 전체이다.** 또한 구조화된 전체의 차원은 직접 창발하는 개념의 관점에서 정의된다. 즉 다양한 차원(참여자, 부분, 단계 등)은 우리의 경험에서 자연스럽게 창발하는 범주이다. 우리는 「인과관계」가 직접 창발하는 개념이라는 것을 이미 살펴보았다. 그리고 우리의 경험을 범주화하는 관점이 되는 여타의 차원은 상당히 분명한 체험적 근거를 갖는다.

> **참여자** : 이 차원은 「자아」가 행위자라는 개념으로부터 나온다. 행위자는 *그*가 수행하는 행동과 구별 가능하다. 우리는 또한 여러 종류의 참여자(예 : 사람, 동물, 대상 등)를 구별한다.

> **부분** : 우리는 자신을 독자적으로 통제할 수 있는 부분(팔, 다리 등)을 갖는 존재로 경험한다. 마찬가지로 우리는 물리적 대상을 그 대상이 자연적으로 가지고 있는 부분들의 관점에서 경험하거나, 그 물리적 대상에 대한 우리의 지각을 통해서나 그 대상과의 상호작용을 통해서, 그 대상 등의 사용을 통해서 우리가

그 대상에 부과하는 부분들의 관점에서 경험한다. 또한 우리는 사건과 활동에도 부분-전체 구조를 부과한다. 그리고 참여자의 경우에서처럼 **여러 종류**의 부분(예 : 여러 종류의 물건, 여러 종류의 활동 등)을 구별한다.

단계 : 우리의 가장 간단한 운동 기능에는 우리가 어디에 있는가와 우리가 어떤 입장에 있으며(개시 조건), 움직이기 시작하고(시작), 운동 기능을 수행하고(중간), 멈추어서(끝) 최종 상태에 이르게 된다는 사실에 대한 인지가 포함된다.

선형적 순서 : 또한 우리의 가장 간단한 운동 기능을 통제하려면 우리는 그 기능을 올바른 선형적 순서로 배열해야 한다.

목적 : 태어날 때부터(나 심지어는 그 이전에도) 우리는 필요와 욕망을 가지고 있으며, 그 충족을 위해 어떤 행동(울기, 움직이기, 물건 조작하기)을 수행할 수 있다는 것을 매우 일찍 깨닫는다.

이러한 차원은 우리 경험의 기본적인 차원 중 몇 가지이다. 우리는 이러한 차원의 관점에서 경험을 분류한다. 그리고 적어도 위의 차원을 갖는 게슈탈트의 관점에서 경험을 범주화할 때 우리는 그 다양한 경험 속에서 **정합성**을 보게 된다.

개념이 경험과 합치한다는 것은 무슨 뜻인가?

논쟁으로 바뀐 대화에 참여한 경험으로 돌아가 보자. 앞에서 살펴보았던 것처럼 대화에의 참여는 구조화된 경험이다. 우리는 대화를 경험할 때 「대화」 게슈탈트의 자연적인 차원의 관점에서 자동적으로 또한 무의식적으로 분류하고 있다. 즉 누가 참여하고 있는가? 누구의 차례인가?(=어느 부분인가?) 우리가 어느 단계에 있는가? 등의 관점에서 말이다. 우리가 참여하는 말하기와 듣기를 특별한 **종류**의 경험, 즉 하나의 대화로 경험하는 것은 사태에 「대화」 게슈탈트를 부과함으로써 가능하다. 우리 경험의 차원이 부가적으로 「전쟁」 게슈탈트와 합치한다고 지각할 때 우리는 또 다른 **종류**의 경험, 즉 논쟁에 참여하고 있음을 알게 된다. 우리가 특정한 경험을 분류하는 것은 바로 이 방법을 통해서 가능하며, 상황을 이해하기 위해서, 즉 무엇을 해야 하는지를 알기 위해서는 우리의 경험을 분류할 필요가 있다.

따라서 우리의 개념 체계 속의 체험적 게슈탈트의 관점에서 특정한 경험을 분류한다. 이 경우에는 (1) 우리 자신이 구조화하는 그대로의 경험 자체와, (2) 그 경험을 구조화할 때 사용하는 개념, 즉 「대화」나 「논쟁」과 같은 다차원적 게슈탈트를 구분해야 한다. 「대화」와 같은 개념은 참여자, 부분, 단계 등 몇몇 자연적인 차원을 명시할 뿐만 아니라 이러한 차원이 어떻게 관련되는지도 명시한다. 「대화」 개념과 실제적인 대화 활동의 측면들 사이에는 각 차원마다 상관관계가 있다. 이것이 바로 개념이 경험과 '합치한다'고 말할 때 우리가 의미하는 것이다.

우리는 바로 이러한 방식으로 경험을 개념화함으로써 경험의 '중요한' 측면을 선택한다. 그리고 경험 속에서 '중요한' 것을 선택함으로써 경험을 범주화하고 이해하고 기억할 수 있다. 행여 우리가 당신에게 어제 논쟁을 했다는 말을 하게 된다면, 우리는 당신에게 진실을 말하고 있을 것이다. 단, 우리 자신이 참여자인 우리의 「논쟁」 개념이 각 차원마다 우리의 어제 경험과 합치한다면 말이다.

은유적 구조화 대 하위 범주화

우리는 「논쟁」 개념에 대한 논의에서 하위 범주화와 은유적 구조의 명백한 구분을 가정해 왔다. 한편으로는 논쟁이 기본적으로 일종의 대화이기 때문에 우리는 '논쟁은 대화이다'를 하위 범주화의 실례로 간주했다. 둘 모두에 말하기라는 동일한 종류의 활동이 나타나며, 논쟁은 대화의 기본적인 구조적 특성을 다 갖고 있다. 그래서 하위 범주화에 대한 우리의 기준은 (a) 동일한 종류의 활동과, (b) 동일한 구조적 특성의 충분성이다. 다른 한편으로는 논쟁과 전쟁이 기본적으로 다른 종류의 활동이기 때문에 「논쟁은 전쟁」을 은유로 간주했으며, 「논쟁」을 전쟁의 관점에서 부분적으로 구조화한다. 논쟁은 전투가 아닌 말하기를 포함하기 때문에 다른 종류의 활동이다. 그 구조는 부분적이다. 「전쟁」 개념의 선택된 요소만이 사용된다는 점에서 그러하다. 그래서 은유에 대한 우리의 기준은 (a) 활동 유형의 차이와, (b) 부분적인 구조화(선택된 특정 부분들의 사용)였다.

그러나 이 기준을 근거로 하위 범주화를 은유와 언제나 구별할 수 있는 것은 아니다. 그 이유는 두 활동(이나 두 물건)이 같은 종류인지 다른 종류인지를 구분하는 것이 언제나 분명한 것은 아니기 때문이다. 「논쟁은 전투」를 예로 들어보자. 이것은 하위 범주화인가, 아니면 은유인가? 여기에서 문제는 전투하기와 논쟁하기가 같은 종류의 활동인가 아닌가의 문제이다. 이것은 간단한 문제가 아니다. 전투는 전형적으로 상처 주기, 고통 주기, 부상 입히기 등을 포함하는 것으로서 우위를 차지하려는 시도이다. 그러나 고통에는 물리적 고통과 소위 심리적 고통이 있다. 또한 우위에는 물리적 우위와 심리적 우위가 있다. 만일 당신의 「전투」 개념이 심리적 우위와 고통을 물리적 우위나 고통과 동등하게 포함하고 있다면, 당신은 「논쟁은 전투」를 은유라기보다 오히려 하위 범주화로 간주할 수도 있다. 왜냐하면 둘 다 심리적 우위의 획득을 포함할 것이기 때문이다. 이 입장에서는 논쟁이 대화의 형식으로 구조화된 일종의 전투일 것이다. 반면에 만일 당신이 「전투」를 순전히 물리적인 것이라고 생각한다면, 그리고 심리적 고통을 단지 은유적으로 겪는 고통으로만 본다면 당신은 「논쟁은 전투」를 은유적이라고 간주할 것이다.

여기에서 요점은 하위 범주화와 은유가 연속선상의 양극이라는 것이다. 「A는 B이다」 형식(예컨대 「논쟁은 전투」)의 관계는 A와 B가 꼭 같은 종류의 대상이나 활동이라면 명백한 하위 범주화일 것이고, 분명히 다른 종류의 대상이나 활동이라면 명백한 은유일 것이다. 그러나 A와 B가 같은 종류의 대상이나 활동인지가 분명치 않을 때 「A는 B이다」 관계는 연속선상의 중간 지점 어디인가에 들어온다.

주목해야 할 중요한 점은 14장에서 개괄한 이론이 분명한 경우는 물론 그러한 불분명한 경우도 고려한다는 것이다. 불분명한 경우도 분명한 경우와 동일한 차원과 동일한 가능한 복잡성을 지닌 동일한 종류의 구조를 포함할 것이다. 「A는 B이다」 형태의 불분명한 경우에 A와 B는 둘 다 어떤 종류의 활동(이나 물건)을 구조화하는 게슈탈트인데, 유일한 문제는 그러한 게슈탈트가 구조화하는 활동이나 물건이 동일한 종류인지에 달려 있을 것이다.

지금까지 우리는 체험적 게슈탈트의 관점에서 정합성을 특정지었다. 이 게슈탈트는 경험에서 자연적으로 창발하는 다양한 차원을 갖는다. 어떤 게슈탈트는 비교적 단순하고(「대화」), 어떤 게슈탈트는 매우 정교화다(「전쟁」). 또한 복합 게슈탈트도 있는데 이 게슈탈트는 다른 게슈탈트의 관점에서 부분적으로 구조화된다. 이것이 바로 우리가 말하는 은유적으로 구조화되는 개념이다. 어떤 개념은 거의 전적으로 은유적으로 구조화된다. 예를 들어 「사랑」 개념은 「사랑은 여행」 「사랑은 환자」 「사랑은 물리적 힘」 「사랑은 미침」 「사랑은 전쟁」 등에서처럼 주로 은유적인 관점에서 구조화된다. 「사랑」이라는 개념은 「사랑은 감정」이라는 하위 범주화에 의해서,

그리고 좋아함을 비롯한 또 다른 감정과의 연결에 의해서 최소로 구조화되는 핵심을 갖는다. 이것은 감정 개념에서 전형적이다. 감정 개념은 결코 직접적인 방식으로 우리의 경험에서 명확히 묘사되지 않기 때문에 주로 간접적으로, 즉 은유를 통해서 이해해야 한다.

그러나 정합성은 다차원적 게슈탈트를 통한 구조화 이상의 것과 관련이 있다. 어떤 개념이 둘 이상의 은유에 의해 구조화될 때 그 상이한 은유적 구조화는 보통 정합적인 방식으로 서로 합치한다. 이제 정합성의 다른 측면에 관심을 돌려보자. 이러한 측면은 단 하나의 은유적 구조화 내부에도 있고 둘 또는 그 이상의 은유들 사이에도 있다.

제 16장
은유적 정합성

개념의 특수화된 측면

지금까지 우리는 「논쟁」 개념의 일반적인 전체 구조를 이해할 수 있을 만큼 상세하게 살펴보았다. 우리의 일반적인 개념 중 대다수에 흔히 있는 일이지만 「논쟁」 개념은 어떤 하위문화나 상황에서 사용되는 특수화된 측면을 갖는다. 예를 들어 학계나 법조계 등에서는 「논쟁」 개념이 「이성적 논쟁」으로 특수화된다는 것을 살펴보았다. 「이성적 논쟁」은 일상적인 '비이성적' 논쟁과 구별된다. 「이성적 논쟁」에서는 전략이 **이상적으로** 전제를 진술하고, 뒷받침 증거를 인용하고, 논리적 결론을 끌어내는 것으로 한정된다. 앞에서 살펴보았던 것처럼 실제로 일상적인 논쟁의 전략(위협, 권위에의 호소 등)은 위장된 형태나 세련된 형태로 실제의 '이성적' 논쟁 속에 나타난다. 이러한 부가적인 제약은 「이성적 논쟁」을 일반적인 「논쟁」 개념의 특수화된 갈래로 정의한다. 더구나 「이성적 논쟁」의 경우에는 논쟁의 목적이 더욱 제한된다. 이상적인 경우에는 논쟁 승리의 목적이 이해의 더 고차원적인 목적에 부합한다고 간주된다.

「이성적 논쟁」 그 자체 내부에는 더욱 심화된 특수화가 있다. 문자화된 담화는 참여자가 둘인 논쟁에 내재하는 대화를 배제하기 때문에 참여자가 하나인 특수한 형태의 논쟁이 개발되었다. 여기에서 말하기는 전형적으로 쓰기가 되며, 저자는 실제의 적이 아니라 한 무리의 가상의 적, 또는 직접 참여해서 자신을 방어하고 반격하지는 않지만 실재하는 적을 대상으로 한다. 바로 여기에서 우리는 특수화된 개념 「참여자가 하나인 이성적 논쟁」을 접하게 된다.

마지막으로 **과정**으로서의 논쟁(논쟁하기)과 **산물**로서의 논쟁(논쟁 도중에 작성한 글이나 한 말) 사이에는 차이가 있다. 이 경우에 과정과 산물은 동일한 일반적 개념의 밀접하게 관련된 측면이다. 그 둘 중 어느 것도 상대편이 없이는 존재할 수 없으며, 둘 중 어느 쪽에나 초점을 맞출 수 있다. 그래서 우리는 논쟁의 단계가 과정이나 산물에 독립적으로 적용된다고 말한다.

「참여자가 하나인 이성적 논쟁」은 일반적인 「논쟁」 개념의 특수화된 갈래이기 때문에 그 일반적인 개념에 특수한 제약을 많이 부과한다. 특정한 적이 현존하지 않기 때문에 이상화된 적을 가정해야 한다. 승리의 목적을 유지하려면, 이 승리는 현존하지 않는 이상화된 적에 대한 승리여야만 한다. 승리를 보장하는 유일한 길은 가능한 모든 적을 물리치고, 중립적인 참여자를 당신 편으로 끌어들이는 것이다. 이렇게 하려면 가능한 반대, 방어, 공격 등을 예상해야 하고, 당신의 논증을 구성할 때 그러한 상황에 대비해야 한다. 이것은 「이성적 논쟁」이기 때문에 승리라는 목적뿐만 아니라 더 고차원의 이해라는 목적을 위해서도 이 모든 조치를 취해야 한다.

참여자가 하나인 이성적 논쟁에 부과되는 추가적인 제약으로 인해 우리는 일상적인 논쟁에서는 그만큼 중요하지 않은 (어쩌면은 심지어 존재하지도 않는) 측면에 특별한 주의를 기울여야 한다. 그러한 측면에는 다음과 같은 것이 있다.

내용(content) : 당신은 뒷받침 증거를 충분하게 가지고 있어야 하며, 당신의 입장을 세우고 가능한 반론을 물리치기 위해서 충분히 합당한 말을 해야 한다.

진행(progress) : 일반적으로 인정받는 전제로부터 시작해서 어떤 결론을 향해 선형적으로 나아가야 한다.

구조(structure) : 「이성적 논쟁」은 다양한 부분을 논리적으로 적절하게 연결해야 한다.

강도(strength) : 공격을 성공적으로 견디어 내는 논쟁의 능력은 증거의 비중과 논리적 연결의 견고성에 좌우된다.

기본성(basicness) : 어떤 주장은 다른 주장보다 더 중요하게 유지하고 방어해야 한다. 왜냐하면 그 주장이 뒤따르는 주장의 근거가 될 것이기 때문이다.

명백성(obviousness) : 어떤 논쟁에서나 명백하지 않은 사항이 있을 것이다. 이러한 사항은 충분히 상세하게 식별하고 탐구할 필요가 있다.

직접성(directness) : 논쟁의 힘은 당신이 얼마나 명백하게 전제로부터 결론으로 나아갈 것인가에 좌우될 수 있다.

명료성(clarity) : 당신이 펼치고 있는 주장이나, 여러 주장 사이의 연결은 독자가 이해할 수 있을 만큼 명료해야 한다.

이것은 참여자가 하나인 이성적 논쟁의 측면이다. 평범한 일상의 논쟁에서는 이러한 측면이 반드시 나타나지는 않는다. 「대화」 개념과 「논쟁은 전쟁」 은유는 이러한 측면에 초점을 맞추지 않지만, 이러한 측면은 이상화된 「이성적 논쟁」에서 매우 중요하다. 결론적으로 「이성적 논쟁」 개념은 실제로 우리에게 이러한 중요한 측면에 초점을 맞출 수 있도록 해 주는 다른 은유(「논증은 여행」 「논증은 그릇」 「논증은 건물」)에 의해 더 상세히 정의된다. 앞으로 살펴보겠지만 이러한 각각의 은유 덕택에 우리는 「이성적 논쟁」 개념의 위에서 언급한 측면 중 몇 가지를 다룰 수 있다. 이러한 은유 중어느 하나도 이 모든 측면에 대해 완전하고 일관성 있게, 정합적인 이해를 제공할 만큼 충분하지는 않다. 그렇지만 이 은유들이 한데 결합하여 이성적 논쟁이 무엇인가에 대한 정합적인 이해를 제공할 수 있다. 이제 우리는 어떤 개념을 각각 부분적으로 구조화하는 여러 다양한 은유가 연합해서 그 개념 전체에 대해 정합성 있는 이해를 제공한다는 것이 무엇을 의미하는지 논의할 것이다.

단일 은유 속의 정합성

「논증은 여행」 은유로부터 시작함으로써 단일한 은유적 구조화의 정합성이라는 기제에 대해 어느 정도 이해할 수 있을 것이다. 이 은유는 논쟁의 목적, 즉 논쟁은 시작이 있어야 하고, 선형적 방식으로 진행되며, 그 목적을 향해 단계적으로 나아가야 한다는 사실과 관련이 있다. 여기에 그 은유의 분명한 실례가 있다.

AN ARGUMENT IS A JOURNEY
「논증은 여행」

We have *set out* to prove that bats are birds.
(우리는 박쥐가 새라는 것을 증명해 **나아가기 시작했다**.)
When *we get to the next point*, we shall see that philosophy is dead.
(다음 논점에 이르면 철학이 죽었음을 알게 될 것이다.)

So far, we've seen that no current theories will work.
(지금까지 우리는 현재의 어떤 이론도 적절치 않다는 것을 살펴보았다.)
We will *proceed* in a *step-by-step* fashion.
(우리는 단계적인 방식으로 나아갈 것이다.)
Our *goal* is to show that humming birds are essential to military defense.
(우리의 목적은 벌새들이 군사적 방어에 필수적임을 증명하는 것이다.)
This observation *points the way to* an elegant solution.
(이 관찰은 깔끔한 해결의 길을 제시해 준다.)
We have *arrived at* a disturbing conclusion.
(우리는 혼란스러운 결론에 도달했다.)

우리가 여행에 관해 알고 있는 자식의 하나는 「여행은 길을 정의한다」는 것이다.

A JOURNEY DEFINES A PATH
「여행은 길을 정의한다」

He *strayed from* the path.
(그는 길을 벗어났다.)
He's *gone off in the wrong direction*.
(그는 잘못된 방향으로 벗어났다.)
They're *following* us.
(그들은 우리를 따라오고 있다.)
I'm *lost*.
(나는 길을 잃었다.)

「논증은 여행」과 「여행은 길을 정의한다」를 결합하면 다음 은유를 얻게 된다.

AN ARGUMENT DEFINES A PATH
「논증은 길을 정의한다」

He *strayed from the line* of argument.
(그는 논증의 궤도를 벗어났다.)
Do you *follow* my argument?
(내 논증을 잘 따라오고 있냐?)
Now we've *gone off in the wrong direction* again.
(우리는 또 다시 잘못된 방향으로 벗어났다.)
I'm *lost*.
(나는 헤매고 있다.)
You're *going around in circles*.
(너는 순환 논증으로 헤매고 있다.)

더구나 길은 표면으로 간주된다. (당신이 앞으로 나아갈 때 카펫이 펼쳐지면서 당신 뒤로 길이 생겨나는 것을 떠올려 보라.)

THE PATH OF A JOURNEY IS A SURFACE
「여행의 길은 표면」

We *covered* a lot of ground.
(우리는 많은 지역을 거쳐 왔다.)

He's *on* our trail.

(그는 우리를 뒤쫓고 있다.)

He strayed *off* the trail.

(그는 추적에 실패했다.)

We went back *over* the same trail.

(우리는 똑같은 길을 거쳐 되돌아갔다.)

「논증은 길을 정의한다」와 「여행의 길은 표면」을 토대로 다음 은유를 얻는다.

THE PATH OF AN ARGUMENT IS A SURFACE
「논증의 길은 표면」

We have already *covered* those points.

(우리는 이미 그 논점을 다루었다.)

We have *covered* a lot of *ground* in our argument.

(우리는 논증에서 많은 것을 다루었다.)

Let's go back *over* the argument again.

(다시 그 논증으로 되돌아가 보자.)

You're getting *off* the subject.

(너는 주제에서 벗어나고 있다.)

You're really *onto* something there.

(너는 정말 좋은 결과에 도달할 것 같다.)

We're well *on* our *way to* solving this problem.

(우리는 이 문제 해결의 바른 길로 들어서 있다.)

여기에서 우리는 「논증은 여행」 은유에 속하는 일련의 사례를 얻는다. 이러한 사례를 체계적으로 만들어 주는 것은 바로 여행에 관한 두 가지 사실에 근거한 한 쌍의 은유적 함의이다.

여행에 관한 사실

「여행은 길을 정의한다」
「여행의 길은 표면이다」

은유적 함의

「논증은 여행이다」
「여행은 길을 정의한다」
_____
그러므로 「논증은 길을 정의한다」

「논증은 여행이다」
「여행의 길은 표면이다」
_____
그러므로 「논증의 길은 표면이다」

여기에서 은유적 함의는 「논증은 여행」 은유의 **내적** 체계성을 특징짓는다. 즉 그러한 은유적 함의 덕분에 그 은유에 속하는 모든 실례들이 정합성을 지니게 된다.

단일 개념의 두 측면 사이의 정합성

「논증은 여행」은 논증에 관한 여러 은유 중 단지 하나의 은유, 즉 논증의 목표나 방향, 진행을 부각하거나 이러한 측면에 관해 이야기하는 데 사용하는 은유일 뿐이다. 논증의 내용에 관해 이야기하려고 할 때 우리는 구조적으로 복잡한 은유인 「논증은 그릇」을 사용한다. 우리는 그릇이 (경계 표면과 중심, 주변을 갖는) 한정된 공간을 정의하고, (양이 다양하고, 중심에 핵을 가질 수 있는) 물질을 담는다고 볼 수 있다. 논증의 이러한 측면 중 어느 하나를 부각하려고 할 때, 우리는 「논증은 그릇」 은유를 사용한다.

AN ARGUMENT IS A CONTAINER
「논증은 그릇」

Your argument doesn't have much *content*.
(당신의 논증은 별로 내용이 없다.)
That argument *has holes in it*.
(그 논증에는 허점이 있다.)
You don't have *much of* an argument, but his objections have even *less substance*.
(당신의 논증도 빈약하지만, 그의 반론은 내용이 훨씬 더 적다.)
Your argument is *vacuous*.
(당신의 논증은 공허하다.)

I'm tired of your *empty* arguments.
(나는 당신의 **공허한** 논증이 지긋지긋하다.)

You won't *find* that idea *in* his argument.
(당신은 그의 논증**에서** 그 아이디어를 **찾지** 못할 것이다.)

That conclusion *falls out of* my argument.
(그 결론은 내 논증에서 **벗어난다**.)

Your argument *won't hold water*.
(당신의 논증에는 **허점이 있다**.)

Those points are *central* to the argument — the rest is *peripheral*.
(그 논점이 그 논증의 **핵심**이다 — 나머지는 **주변**이다.)

I still haven't gotten to the *core* of his argument.
(나는 아직도 그의 논증의 **핵심**을 파악하지 못했다.)

「여행」 은유와 「그릇」 은유는 각각 목적이 다르기 때문에, 즉 논증의 다른 측면(목표와 진행 대 내용)에 상세히 초점을 맞추기 위해서 사용되기 때문에, 우리는 이 두 은유가 완전히 중첩할 것이라 기대하지 않는다. 어떤 경우에는 논증의 「여행」(진행) 측면과 「그릇」(내용) 측면에 동시에 초점을 맞출 수 있다. 그래서 우리는 한꺼번에 이 두 측면을 보여주는 어떤 혼합 은유를 얻게 된다.

「여행」 은유와 「그릇」 은유 사이의 중첩

At this point our argument doesn't have *much content*.
(이 점에서 우리의 논증은 **내용**이 별로 없다.)

In what we've done *so far*, we have provided the *core* of our argument.

(우리는 **지금까지** 해 온 것 안에서 논증의 핵심을 제시했다.)

If we keep *going the way we're going*, we'll *fit* all the facts in.

(**지금 이 길을** 계속 가면 우리는 모든 **사실을** 짜 맞추어 넣게 될 것이다.)

　이 중첩이 가능한 것은 바로 「여행」 은유와 「그릇」 은유가 여러 함의를 공유하기 때문이다. 둘 중 어느 것이든 은유 덕택에 우리는 논증의 형식과 내용을 구별할 수 있다. 「여행」 은유에서는 길이 논증의 형식에 대응하고, 거쳐 온 지역이 내용에 대응한다. 우리가 한 곳에서 빙글빙글 돌고 있으면 지나온 길이 장거리일 수는 있지만 넓은 지역을 거치지는 않는다. 즉 이러한 논증은 많은 내용을 갖지 못한다. 그렇지만 좋은 논증에서는 형식의 각 요소가 어떤 내용을 표현하는 데 사용된다. 「여행」 은유에서는 길이 멀수록(논증이 길수록) 그만큼 더 많은 지역을 거치게 된다(논증이 그만큼 더 많은 내용을 갖는다). 「그릇」 은유에서는 그릇의 경계 표면이 논증의 형식에 대응하고, 그릇 속에 들어 있는 내용물이 논증의 '내용'에 대응한다. 가장 효율적으로 고안되어 사용되는 그릇에서는 경계 표면 전체가 내용을 담는 데 사용된다. 이상적으로는 표면이 많을수록(논증이 길수록) 그릇 속에 더 많은 물질이 있다(논증이 더 많은 내용을 지닌다). 여행의 길이 펼쳐질 때 그 길이 정의하는 표면이 점점 더 많이 생성된다. 이것은 마치 [그 안에 담는 물질이 많아질수록] 그릇의 표면이 점점 더 많이 생성되는 것과 같다. 이 두 은유 사이의 중첩은 표면의 점진적인 생성이다. 논증은 (「여행」 표면을 통해서) 더 많은 지역을 거치는 만큼 (「그릇」 표면을 통해서) 더 많은 내용을 얻는다.

이 중첩을 특징짓는 것은 바로 다음과 같은 방식으로 나타나는 공유된 함의이다.

여행에 대한 비은유적 함의

우리가 여행을 할 때 더 많은 길이 생성된다.
「길은 표면이다.」
___
그러므로 우리가 여행을 할 때 더 많은 표면이 생성된다.

(여행에 근거한) 논증에 대한 은유적 함의

「논증은 여행이다.」
우리가 여행을 할 때 더 많은 표면이 생성된다.
___
그러므로 우리가 논증을 할 때 더 많은 표면이 생성된다.

(그릇에 근거한) 논증에 대한 은유적 함의

「논증은 그릇이다.」
우리가 그릇을 만들 때 더 많은 표면이 생성된다.
___
그러므로 우리가 논증을 할 때 더 많은 표면이 생성된다.

여기에서 이 두 개의 은유적 함의는 동일한 결론에 이른다. 이것은 다음 도표로 표현할 수 있다.

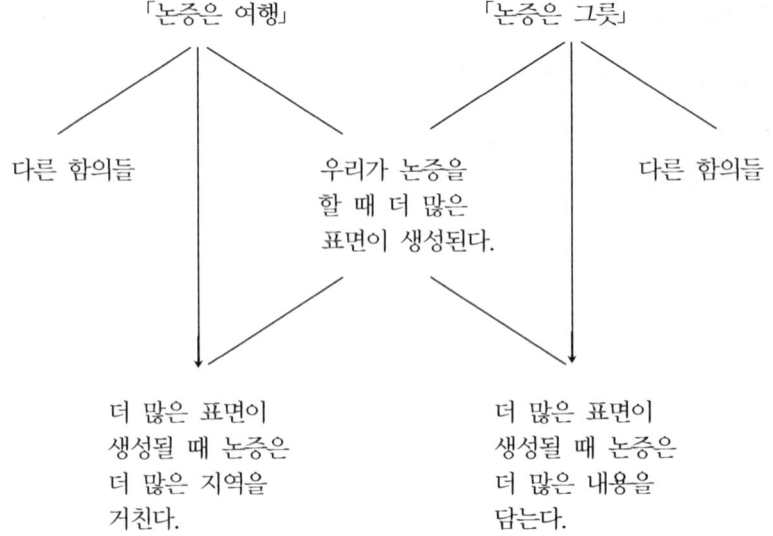

두 은유 사이의 정합성을 정의하고, 논증이 거치는 지역의 양과 논증이 담는 내용의 양 사이를 연결해 주는 것은 바로 은유 사이에 존재하는 함의의 이러한 중첩이다. 바로 이 중첩 덕분에 두 은유는 서로 '합치한다.' 비록 두 은유가 완전히 일관되지는 않지만, 즉 두 은유 모두와 완전히 들어맞는 '단일 영상'은 없지만 말이다. 그릇의 표면과 지역의 표면은 둘 다 공통의 위상적 속성에 따른 표면이다. 그러나 지역의 표면에 대한 우리의 영상은 다양한 종류의 그릇 표면에 대한 우리의 영상과 매우 다르다. 이 두 은유 사이의 중첩을 형성하는 추상적이고 위상적인 표면 개념은 어떤 영상을 만들 정도로 구체적이지 않다. 일반적으로 은유들이 정합적이지만 일관성이 없을 때는 일관성 있는 영상을 형성할 것으로 기대해서는 안 된다.

정합성과 일관성의 차이는 중요하다. 각 은유는 「논증」 개념의 한 측면에 초점을 맞춘다. 이 점에서 각 은유는 단일한 목적을 달성하는 데 적합하다. 더구나 각 은유 덕분에 우리는 더 명확히 묘사된 개념(예 : 「여행」 또는 「그릇」)의 관점에서 「논증」 개념의 한 측면을 이해할 수 있다. 우리에게 두 은유가 필요한 이유는 그 일을 수행할 단일한 은유가 없기 때문이다. 즉 논증의 방향과 내용을 동시에 처리하도록 해 주는 단일한 은유가 없는 것이다. 이 두 목적은 단일한 은유를 통해 동시에 달성할 수 없다. 그리고 그 목적들이 융합하지 않으면 그 은유들도 융합하지 않는다. 따라서 융합 불가능한 은유들의 실례는 두 목적을 동시에 달성하는 명확히 묘사되는 단일 은유가 불가능하기 때문에 생겨난다. 예를 들어 우리는 논증의 **방향**과 논증의 **내용**에 대해서는 말할 수 있지만, 논증의 **내용**의 **방향**과 논증의 **방향**의 **내용**에 대해서는 말할 수 없다. 그래서 다음과 같은 문장은 불가능하다. [다음 예문의 *는 원문에는 없지만 어떤 이유에서든 수용 불가능한 문장을 표시하는 언어학의 관례에 따라 옮긴이가 표시한 것이다.]

*We can now follow the *path* of the *core* of the argument.
(우리는 이제 그 논증의 핵심의 길을 따를 수 있다.)
*The *content* of the argument *proceeds* as follows.
(논증의 내용은 다음과 같이 **진행한다.**)
*The *direction* of his argument has no *substance*.

(그의 논증의 **방향**은 전혀 알맹이가 없다.)

*I am disturbed by the *vacuous path* of your argument.

(나는 네 논증의 **공허한 길** 때문에 혼란스럽다.)

만약 명확히 묘사되는 하나의 개념으로 두 목적을 모두 **완전히**
달성하는 방법이 있다면 두 은유는 일관성이 있을 것이다. [여기에
서 일관성의 결예 대신에 우리가 얻는 것은 정합성인데, 이 경우에
는 두 목적이 부분적으로만 달성된다. 예컨대 「여행」 은유는 목표
를 향한 방향과 진행을 둘 다 부각한다. 「그릇」 은유는 그릇의 양이
나 밀도, 중심성, 경계와 관련되는 내용을 부각한다. 「여행」 은유의
진행 측면과 「그릇」 은유의 **양** 측면은 논증이 진행될 때 양이 증가
하기 때문에 동시에 부각될 수 있다. 우리가 앞에서 살펴보았던
것처럼 이것이 은유들의 융합을 허용한다.

지금까지 우리는 「논증」 개념의 두 개의 은유적 구조화 사이에
존재하는 정합성을 살펴봄으로써 다음과 같은 사실을 발견했다.

- 은유적 함의는 (「논증은 여행」 은유의 다양한 실례에서 보듯이)
  어떤 개념의 **단일한** 은유적 구조화의 모든 실례를 다 연결하는 데
  필수적인 역할을 한다.
- 은유적 함의는 또한 (「논증」에 대한 「여행」 은유와 「그릇」 은유에
  서처럼) 단일 개념의 두 개의 **다른** 은유적 구조화를 연결하는 데
  필수적인 역할을 한다.
- 공유되는 은유적 함의는 은유들 사이의 대응을 확립할 수 있다. 예컨
  대 공유된 함의 「우리가 논증을 할 때 더 많은 표면이 생성된다」는

(「여행」 은유 속에 있는) 논증에서 거쳐 온 지역의 크기와 (「그릇」 은유 속에 있는) 논증 내용의 양 사이의 대응을 확립한다.

- 어떤 개념의 다양한 은유적 구조화는 그 개념의 상이한 측면을 부각함으로써 상이한 목적을 충족할 수 있다.

- 목적의 중첩이 있는 곳에는 은유의 중첩이 있고, 그래서 그 은유들 사이에는 정합성이 존재한다. 은유들의 허용 가능한 융합은 이 중첩에 해당된다.

- 일반적으로 은유들 사이의 완전한 일관성은 드물다. 반면에 정합성은 전형적이다.

제 17장
은유들 사이의 복잡한 정합성

정합성에 대한 우리의 논의에서 항상 유념해야 할 가장 중요한 사항은 목적의 역할이다. 예컨대 논증에 대한 「여행」은유처럼 어떤 개념의 은유적 구조화 덕택에 우리는 그 개념의 특정한 한 측면을 다룰 수 있다. 그래서 은유는 어떤 목적, 즉 그 개념의 어떤 측면을 이해하는 우리의 목적 달성에 기여할 때 제 기능을 발휘한다. 어떤 두 은유가 각 목적의 성공적인 달성에 기여할 때 때 목적의 중첩은 은유의 중첩에 대응할 것이다. 우리의 주장은 공유되는 은유적 함의를 통해서 또한 그러한 함의로부터 형성되는 은유들 사이의 대응을 통해서 그러한 중첩을 특징지을 수 있다는 것이다.

우리는 앞 장의 간단한 실례를 통해서 이 점을 살펴보았다. 이제는 동일한 기제가 복잡한 실례와 관련이 있다는 것을 보여주고자한다. 그러한 복잡성에는 두 가지 원천이 있다. (1) 단일 개념을 부분적으로 구조화하는 다수의 은유가 존재하는 경우가 흔히 있으며, (2) 어떤 개념을 논의할 때 우리는 그 자체가 은유적인 방식으로 이해되는 다른 개념을 사용하고, 이것이 은유들의 더 많은 중첩을 부른다. 우리는 「논증」 개념을 더 상세하게 검토함으로써 그러한 복잡성을 초래하는 요인을 보여줄 수 있다.

일반적으로 논증은 이해라는 목적의 달성에 기여한다. 우리는 우리 자신이 당연하다고 받아들이는 것, 즉 명백한 것과 명백하지 않은 다른 것 사이의 연관성을 보여줄 필요가 있을 때 논증을 구성한다. 논증을 구성하는 방식은 아이디어를 결합하는 것이다. 이러한 아이디어는 논증의 내용을 구성한다. 그리고 우리가 당연시하는 것들이 논증의 출발점이다. 우리가 보여주려고 하는 것이 우리가 도달해야 하는 목표이다. 우리는 이 목표를 향해서 나아갈 때 연결을 형성함으로써 진전을 이룬다. 그러한 연결은 강하거나 약할 수 있고 그러한 연결망은 전체적인 구조를 갖는다. 어떤 논증에서든 어떤 아이디어나 (아이디어) 연결은 다른 아이디어나 연결보다 더 기본적일 수도 있고, 어떤 아이디어는 다른 아이디어보다 더 명백할 수도 있다. 논증이 얼마나 유익한가는 논증의 내용과 연결 강도에 좌우되고, 또한 그 논증이 얼마나 직접적으로 연결을 이루는가와 그 연결이 얼마나 쉽게 이해되는가에도 좌우될 것이다. 간단히 말해서 다양한 「논증」 은유는 이 개념의 다음 측면을 이해하려는 목적의 달성에 기여한다.

내용(content)	기본성(basicness)
진행(progress)	명백성(obviousness)
구조(structure)	직접성(directness)
강도(strength)	명료성(clarity)

앞 장에서 우리는 「여행」 은유는 적어도 내용과 진행에 초점을 맞추며 「그릇」 은유는 적어도 내용에 초점을 맞춘다는 것과, 내용의 점진적인 축적에 근거한 중첩이 존재한다는 것을 살펴보았다. 그러나 이 은유들은 훨씬 더 많은 목적에 부합하며, 훨씬 더 복잡한 정합성과 관련이 있다. 이 점은 논증에 대한 세 번째 은유를 검토함으로써 확인할 수 있다.

AN ARGUMENT IS A BUILDING
「논증은 건물」

We've got the *framework* for a *solid* argument.
(우리는 **견고한** 논증의 **틀**을 갖추었다.)
If you don't *support* your argument with *solid* facts, the whole things will *collapse.*
(**견고한** 사실로 당신의 논증을 **뒷받침하지** 않으면 전체가 **무너질** 것이다.)
He is trying to *buttress* his argument with a lot of irrelevant facts, but it is still so *shaky* that it will easily *fall apart* under criticism.
(그는 많은 부적절한 사실로 자기의 논증을 **버티려고** 하지만, 그것은 아직도 매우 **불안정해서** 비판에 쉽게 **무너질** 것이다.)

With the *groundwork* you've got, you can *construct* a pretty *strong* argument.
(네가 쌓아 온 기초 작업을 토대로 아주 강력한 논증을 구성할 수 있다.)

「여행」	「그릇」	「건물」
내용	내용	내용
진행	진행	진행
직접성	기본성	기본성
명백성	강도	강도
	명료성	구조

「여행」 은유와 「그릇」 은유, 「건물」 은유는 연합해서 「논증」 개념의 모든 측면에 초점을 맞춘다. 위의 목록이 보여주는 것처럼 말이다. 다음은 우리가 은유의 관점에서 이러한 측면을 각각 어떻게 이해하는지를 보여주는 몇 가지 실례이다.

「여행」

So far, we haven't *covered much ground.*   (진행, 내용)
(지금까지 우리는 그다지 많은 지역을 거치지 못했다.)
This is a *roundabout* argument.   (직접성)
(이것은 우회 논증이다.)
We need to *go into this further* in order to *see clearly* what is involved.   (진행, 명백성)

(무엇이 관련되어 있는지 명확히 살펴보려면 이 문제에 더 깊이 들어가야 한다.)

「그릇」

You have all the right ideas *in* your argument, but the argument is *still* not *transparent*.   (내용, 진행, 명료성)
(네 논증 속의 아이디어는 다 옳지만, 네 논증은 아직도 **불투명**하다.)
These ideas form the *solid core* of argument.   (강도, 기본성)
(이 아이디어들이 그 논증의 **견고한 핵심**을 형성한다.)

「건물」

We've got a *foundation* for the argument, and now we need a *solid framework*.   (기본성, 강도, 구조)
(논증의 **토대**를 다졌으니, 이제 **견고한 틀**이 필요하다.)
We *have now constructed most of the argument*.   (진행, 내용)
(우리는 이제 그 논증의 대부분을 **구성**했다.)

　여행과 그릇이 둘 다 표면을 정의한다는 사실이 「여행」 은유와 「그릇」 은유 사이에 존재하는 중첩의 근거라는 것을 앞 장에서 살펴보았다. 건물도 역시 표면, 즉 토대와 외형을 갖는다는 사실로 인해 「건물」 은유와의 더 확장된 추가적인 중첩이 가능하게 된다. 각 경우에 **표면**은 내용을 정의하지만 각각 다른 방식을 사용한다.

　　「여행」: 논증의 길이 정의하는 표면은 '지역을 거치고' 그 내용은 논증이 거쳐 온 지역이다.

「그릇」: 내용은 그릇 속에 들어 있고, 그 그릇의 경계는 그릇의 표면이 정의한다.

「건물」: 표면은 외형과 토대이며, 이 외형과 토대가 건물의 내부를 정의한다. 그렇지만 「그릇」 은유와 달리 「건물」 은유에서는 내용이 내부에 있는 것이 아니다. 그 대신에 토대와 외형이 내용을 **구성한다**. 우리는 이것을 다음과 같은 실례에서 확인할 수 있다. The foundation of your argument does not have enough content to support your claims(네 논증의 토대는 네 주장을 뒷받침할 만큼 충분한 내용이 없다)와 The framework of your argument does not have enough substance to withstand criticism(네 논증의 틀은 비판을 견뎌낼 만큼 충분한 내용이 없다)를 보라.

이러한 표면을 '내용을 정의하는 표면'이라고 부르기로 하자. 내용을 정의하는 표면은 우리가 이 은유들에서 보게 되는 정합성의 많은 부분을 설명하기에는 불충분하다. 예를 들어 깊이 개념에 근거한 은유적인 중첩의 실례가 있다. 깊이는 역시 표면과 관련되어 정의되기 때문에 각 은유에서 깊이를 정의하는 표면이 내용을 정의하는 표면과 동일하다는 생각이 들지 모른다. 그렇지만 다음 실례가 보여주는 바와 같이, 이것이 항상 사실은 아니다.

This is *shallow* argument; it needs more *foundation*. (「건물」)
(이것은 **깊이 없는** 논증으로 더 확고한 **토대**를 필요로 한다.)
We have *gone over* these ideas *in great depth*. (「여행」)

(우리는 이 아이디어들을 아주 **깊이** 있게 다시 살펴보았다.)

You haven't gotten to the *deepest* points yet — those at the *core*
of the argument.　(「그릇」)

(너는 아직 **가장 심오한** 논점 — 그 논증의 핵심에 있는 논점 — 에
이르지 못했다.)

「건물」 은유와 「여행」 은유에서는 둘 다 깊이를 정의하는 표면이
바닥 면이다. 「그릇」 은유에서는 이 깊이 정의 표면이 다시 그릇
표면이다.

	「여행」	「그릇」	「건물」
내용 정의 표면	길이 생성한 표면 (거쳐 온 지역)	그릇의 표면	토대와 뼈대
깊이 정의 표면	바닥 면	그릇의 표면	바닥 면

정합성을 계속해서 살펴보기 전에 먼저 여기에 작용하는 두 개의
상이한 깊이 개념이 있다는 것을 인식해야 한다. 「건물」 은유와
「그릇」 은유에서는 더 깊은 것이 더 기본적이다. 논증의 가장 기본
적인 부분이 가장 깊은 부분, 즉 기초와 핵심이다. 그렇지만 「여행」
은유에서 깊숙이 있는 사실은 명백하지 않은 사실이다. 표면에 있
지 않은 사실은 직접적인 시야로부터 숨어 있다. 그래서 우리는
그 사실 속으로 깊숙이 들어갈 필요가 있다. 논증의 목적은 어떤
주제를 다 포괄하는 것(그 주제를 끝마치는 것 — '뚜껑을 덮는 것')

과, 그에 더해 그 주제를 적절한 깊이에서 포괄하는 것을 포함한다. 논증의 진행은 주제를 포괄하는 문제일 뿐만 아니라 우리에게 그 주제 속으로 충분히 깊숙이 들어가도록 요구한다. 그 주제 속으로 필요한 깊이까지 들어가는 것은 여행의 일부이다.

As we *go into* the topic *more deeply*, we find ...
(그 주제 속으로 더 깊숙이 들어가는 만큼 우리는 ∼을 발견한다.)
We have *come to a point* where we must *explore* the issues at a *deeper level*.
(우리는 문제를 더 깊은 수준에서 탐색해야 할 지점에 이르렀다.)

여행의 대부분은 땅의 표면 위를 지나기 때문에 바로 그 표면이 포괄해야 할 주제의 깊이를 정의한다. 그러나 어느 한 주제 속으로 깊숙이 들어갈 때 우리는 우리 자신의 뒤에 자취(표면)를 남긴다. 여행의 모든 여정에서 그러하듯이 말이다. 바로 이 표면을 뒤에 남김으로써 우리는 어떤 주제를 어떤 특정한 깊이에서 포괄한다. 이것은 다음과 같은 표현을 설명한다.

We will be *going deeply into* a variety of topics.
(우리는 다양한 주제 속으로 깊숙이 들어갈 것이다.)
As we go along, we will go through these issues *in depth*.
(계속 나아가면서 이 문제들은 깊이 있게 다루어진다.)
We have now *covered* all the topics *at the appropriate levels*.
(우리는 이제 모든 주제를 적절한 수준에서 포괄했다.)

그래서 깊이라는 은유적 지향성이 「건물」 은유와 「그릇」 은유에서는 기본성에 대응하지만 「여행」 은유에서는 명백성의 결여에 대응한다. 깊이와 진행은 논증에서 매우 다른 측면이기 때문에 어떤 「논증」 은유 안에서도 **일관성 있는** 영상은 가능하지 않다. 그러나 앞에서처럼 여기에서도 일관성은 가능하지 않지만 은유적 정합성은 있다.

내용을 정의하는 표면과 깊이를 정의하는 표면 사이의 차이점에 대한 해명을 토대로 우리는 이제 수많은 다른 복합 은유를 살펴볼 수 있다. 「여행」 은유와 「그릇」 은유 사이에 존재하는 정합성의 경우처럼 세 은유 모두 내용 정의 표면을 지니고 있다는 점에서 이 세 은유 사이에는 정합성이 있다. 논증이 진행될 때 더 많은 표면이 생성되고, 따라서 논증은 더 많은 내용을 담게 된다. 「논증」 개념에 대한 세 가지 은유적 구조화 사이의 이 중첩 덕분에 다음과 같은 종류의 혼합 은유가 가능하다.

So far we have *constructed* the *core* of our argument.
(지금까지 우리는 논증의 **핵심**을 **구축**해 왔다.)

위 문장에서 so far(지금까지)는 「여행」 은유에서, constructed(구축했다)는 「건물」 은유에서, core(핵심)는 「그릇」 은유에서 나온다. core(핵심)의 자리에 건물 개념인 foundation(토대)이나 중립적인 개념인 the most basic part(가장 기본적인 부분)을 사용함으로써 거의 같은 말을 할 수 있다는 점에 주목하라.

So far we have *constructed* the *foundation* of the argument.
(지금까지 우리는 논증의 **토대**를 **구축**해 왔다.)
So far we have *constructed* the *most basic part* of the argument.
(지금까지 우리는 논증의 **가장 기본적인 부분**을 **형성**해 왔다.)

이것이 가능한 것은 바로 「건물」 은유나 「그릇」 은유에서 다 깊이가 기본성을 특징짓기 때문이다. 두 은유는 다 가장 깊은 부분, 즉 가장 기본적인 부분을 가지고 있다. 이 대부분은 「그릇」 은유에서는 핵심이고, 「건물」 은유에서는 토대이다. 그래서 우리는 이 두 은유 사이의 대응을 갖는다. 이것은 다음 예문에서 확인할 수 있다. 이러한 예문에서는 「그릇」 은유와 「건물」 은유가 대응 덕분에 자유롭게 융합할 수 있다.

These points are *central* to our argument and provide the *foundation* for all that is to come.
(이 사항은 우리 논증의 **핵심**이며 모든 차후 논증의 **토대**를 제공한다.)
We can *undermine* the argument by showing that the *central* points in it are weak.
(우리는 그 논증의 **핵심적** 논점이 취약하다는 것을 보여줌으로써 그 논증을 **무너뜨릴** 수 있다.)
The most important ideas, *upon* which everything else *rests*, are

at the *core* of argument.
(다른 모든 것의 근거가 되는 가장 중요한 아이디어는 논증의 핵심에
놓여 있다.)

위와 같은 문장에서의 대응은 공유되는 함의에 근거한다.

「논증은 건물이다.」
건물에는 가장 깊은 부분이 있다.

그러므로 「논증에는 가장 깊은 부분이 있다.」

「논증은 그릇이다.」
그릇에는 가장 깊은 부분이 있다.

그러므로 「논증에는 가장 깊은 부분이 있다.」

 깊이는 두 은유의 기본성을 특징짓기 때문에 가장 깊은 부분이
가장 기본적인 부분이다. 그러므로 「가장 기본적인 부분」이라는
개념은 두 은유의 중첩 부분에 해당되며, 그 두 은유 사이에서 중립
적이다.
 논증의 목적은 이해를 제공하는 것이기 때문에 「이해하는 것은
보는 것」 은유가 다양한 「논증」 은유와 중첩한다는 것은 놀라운
일이 아니다. 여행을 할 때 앞으로 나아감에 따라 당신은 더 많은
것을 보게 된다. 이것은 「논증은 여행」으로 이행된다. 논증을 끝까
지 밀고 나아갈 때 당신은 더 많은 것을 보게 된다. 또한 「이해하는
것은 보는 것」이기 때문에 더 많은 것을 이해하게 된다. 이것은

다음과 같은 표현을 설명한다.

> We have just *observed* that Aquinas used certain Platonic notions.
> (우리는 아퀴나스가 어떤 플라톤적 개념을 사용했다는 것을 방금 **살펴 보았다.**)
> *Having come this far*, we can now *see* how Hegel went wrong.
> (여기까지 왔으니 이제는 헤겔의 잘못이 무엇인지 **알아볼** 수 있다.)

여행에는 길을 따라가면서 흥밋거리를 알려 주는 안내원이 있을 수 있다. 바로 이 덕분에 우리는 또한 다음과 같은 표현을 사용한다. 이러한 경우에는 저자가 논증의 끝까지 우리를 데리고 가는 안내원 이다.

> We will now *show* that Green misinterpreted Kant's account of will.
> (이제 그린이 의지에 대한 칸트의 해명을 잘못 해석했음을 **보여주겠다.**)
> *Notice* that X does not follow from Y without added assumptions.
> (부가적 가정 없이 Y로부터 X를 끌어낼 수 없다는 점에 **주목하라.**)
> We ought to *point out* that no such proof has yet been found.
> (어떤 그러한 증명도 아직 발견되지 않았음을 **지적해야** 한다.)

「여행」 은유의 일부는 어떤 주제 속으로 깊숙이 들어가는 것과 관련이 있다. 「이해하는 것은 보는 것」 은유는 이 경우에도 역시 적용된다. 논증에서 깊이 없는 주장(표면의 주장)은 명백하다. 그러한 주장은 한 눈에 들어오고 이해하기 쉽다. 그러나 더 깊이 있는 주장은 명백하지 않다. 우리가 알아볼 수 있도록 그러한 주장을 드러내는 데는 파헤치기라는 노력이 필요하다. 어떤 쟁점 속으로 더 깊숙이 들어감에 따라 더 많은 것이 우리에게 드러난다. 이 덕분에 우리는 더 많은 볼 수 있다─즉 더 많은 것을 이해할 수 있다. 이것은 다음과 같은 표현을 설명한다.

> *Dig further into* his argument and you will *discover* a great deal.
> (그의 논증 속으로 더 깊이 파고 들어가면 많은 것을 발견할 거야.)
> We can *see* this only if we *delve deeply into* the issues.
> (그 쟁점 속으로 깊숙이 파고들 때만 이것을 알아볼 수 있다.)
> *Shallow* arguments are practically worthless, since they don't *show* us very much.
> (깊이 없는 논증은 실제로 무가치하다. 우리에게 아주 많은 것을 보여 주지 못하니까 말이다.)

「이해하는 것은 보는 것」 은유는 또한 「건물」 은유와도 중첩한다. 「건물」 은유에서는 눈에 보이는 것이 모양, 형식, 윤곽 등 논증의 구조이다.

> We can now *see* the *outline* of the argument.
> (이제 그 논증의 윤곽을 볼 수 있다.)
> If you *look* carefully at the *structure* of the argument …
> (만일 그 논증의 구조를 주의 깊게 **살펴본다면**~)

끝으로 「이해하는 것은 보는 것」 은유는 「그릇」 은유와도 중첩
된다. 「그릇」 은유에서는 우리 눈에 보이는 것이 (그릇의 표면을
통한) 내용이다.

That is a remarkably *transparent* arguments.
(그것은 놀라울 정도로 **투명한** 논증이다.)
I don't *see* that point *in* your argument.
(나는 네 논증에서 그 점을 볼 수 없다.)
Since your argument isn't very *clear*, I can't *see* what you're getting at.
(논증이 아주 **명료하지** 않아서 네 주장은 **한 눈에 들어오지** 않아.)
Your argument has no *content* at all — I can *see right through* it.
(네 논증에는 아무런 **내용도** 없다 — 나는 그것을 **꿰뚫어 볼** 수 있다.)

은유들 사이의 또 다른 정합성은 논증의 질을 논의할 때 나타난
다. 다양한 「논증」 은유가 초점을 맞추는 논증의 측면 중 많은 것은
양화할 수 있다. 예컨대 내용, 명료성, 강도, 직접성, 명백성 등이
바로 그러하다. 「좋음은 많음」 은유는 모든 「논증」 은유와 중첩한
다. 이 「좋음은 많음」 은유 덕분에 우리는 양의 관점에서 질을 바라
볼 수 있다. 그래서 다음과 같은 예문이 있다. 이러한 문장에서는
다 질을 양의 관점에서 평가한다.

That's *not much of an argument*.
(그것은 논증이라고 하기 힘들다.)

Your argument *doesn't have any content.*

(너의 논증에는 **아무런 내용도 없다.**)

It is not a very good argument, since it *covers hardly any ground at all.*

(그것은 **다루는 내용이 거의 없어서** 아주 훌륭한 논증은 아니다.)

This argument won't do — it's just *not clear enough.*

(이 논증은 타당하지 않다 — 단적으로 **명료하지가 않다.**)

Your argument is *too weak* to support your claims.

(너의 논증은 **너무 약해서** 네 주장을 뒷받침할 수 없다.)

The argument is too *roundabout* — no one will be able to follow it.

(그 논증은 **너무 우회적이다** — 아무도 그 논증을 따라가지 못할 것이다.)

Your argument doesn't cover the subject matter *in enough depth.*

(너의 논증은 그 논제를 **충분히 깊이 있게** 다루지 못하고 있다.)

우리가 「논증」 개념과 관련한 모든 은유에 존재하는 정합성을 샅샅이 다 살펴본 것은 결코 아니다. 예를 들어 「논쟁은 전쟁」 은유에 근거한 광범위한 정합성 망을 살펴보자. 이 은유에서는 이기거나 질 수 있고, 공격하고 방어할 수 있고, 전략을 세워 따를 수 있다. 그리고 여타의 행위도 할 수 있다. 이 경우에는 「건물」 은유 덕택에 논증이 요새일 수 있다. 그래서 우리는 어떤 논증에 공격을 가하고, 타격을 가해서 그 논증에 구멍을 내고, 또 무너뜨려서 파괴할 수도 있다. 논증은 또한 「그릇」 은유를 통해서 미사일이 될 수도 있다. 그래서 우리는 '에이 쏴 봐'(Shoot!)라는 도전의 말을 할 수도 있고, 반론으로 쟁점을 정확히 겨냥할 수도 있으며, 표적을 제대로 맞출 수도 있다. 방어를 목적으로 당신은 상대편의 논증을 한 방에 무너뜨리려 할 수도 있다.

앞의 간단한 실례에서 살펴보았던 것과 동일한 종류의 정합성이 우리가 방금 검토한 훨씬 더 복잡한 종류의 실례에서도 역시 나타난다는 사실이 이제 분명할 것이다. 처음에는 임의적이고 고립된 은유적 표현처럼 보일 수 있는 어구가 전혀 임의적이지 않다고 입증된다. 예를 들어 **논점을 다루다**(cover those points), **논증을 뒷받침하다**(buttress your argument), **핵심에 이르다**(get to the core), **더 깊숙이 파고들다**(dig deeper), **입장을 공격하다**(attack a position), **쏘아 죽이다**(shoot down) 등의 표현을 보라. 오히려 그러한 표현은 전체적인 은유 체계의 일부이고, 이러한 체계는 다 연합하여 논쟁 개념의 모든 국면을 다 특징짓는다는 복합적인 목적을 달성하는 데 기여한다. 우리가 구상하는 그대로이다. 이 은유들은 일관성 있는 단일한 구체적 영상을 제공하지 않는다. 그럼에도 불구하고 이 은유들이 중첩 함의를 갖게 될 때는 정합적이 되어 실제로 서로 합치한다. 그러나 중첩 함의가 전혀 없을 때는 그렇지 않다. 이 은유들은 명확히 기술되는 구체적 경험으로부터 나오며, 논쟁 개념처럼 고도로 추상적이고 정교한 개념을 구성할 수 있도록 해 준다.

제18장
개념 구조 이론의 몇 가지 귀결

인간의 개념 체계에 대한 적절한 이론은 개념이 어떻게 1) 토대를 부여받고, 2) 구조화되고, 3) 상호 관련되며, 또 4) 정의되는지를 해명해야만 할 것이다. 지금까지 우리는 이른바 우리의 전형적인 사례에 대해 개념의 토대 형성과 구조화, 그리고 개념들 사이의 관계(하위 범주화, 은유적 함의, 부분, 참여자 등)를 잠정적으로 해명했다. 더 나아가 우리의 개념 체계 대부분이 은유적으로 구조화된다고 주장했다. 그리고 이 주장이 무엇을 의미하는지 간략하게 설명했다. 정의(定義)에 대한 우리 견해의 함축을 탐구하기 전에, 먼저 언어학자와 논리학자들이 이른바 우리의 은유적 개념을 다루기 위해서 사용해 온 중요한 두 전략을 살펴볼 필요가 있다. 은유를 하나도 언급하지 않은 전략 말이다.

이 두 전략은 추상화(abstraction)와 동음이의성(homonymy)이다. 이 전략이 지금까지 제안한 설명과 어떻게 다른지 알아보기 위해서 He buttressed the wall(그는 벽에 버팀목을 댔다)와 He buttressed his argument with more facts(그는 더 많은 사실로 자신의 논증을 버텨냈다)에 들어 있는 낱말 buttress를 살펴보자. 우리의 논의에서는 He buttressed his argument의 buttress를 「버팀목」 개념의 관점에서 이해하고, 이 개념이 「건물」 게슈탈트의 일부이다. 우리가 「논증」 개념을 부분적으로 「논증은 건물」 은유의 관점에서 이해하기 때문에, 「논증」 개념 속 buttress의 의미는 이 낱말이 「건물」 개념 안에서 지니는 의미와 「건물」 은유가 일반적으로 「논증」 개념을 구조화하는 방식의 결합으로부터 나온다. 그래서 우리는 He buttressed his argument의 「버팀목」 개념에 대한 독립적 정의를 필요로 하지 않는다.

이와 대조적으로 **추상화** 견해는 단일하고, 매우 일반적이며, 추상적인 개념인 「버팀목」이 있으며, 그 개념은 「건물」의 '버팀목'과 「논증」의 '버팀목' 사이에서 중립적이라고 주장한다. 이 견해에 따르면 He buttressed the wall과 He buttressed his argument라는 문장은 둘 다 매우 추상적인 동일한 개념의 특수한 사례이다.

동음이의성 견해는 정반대의 방식을 취한다. 동음이의성 견해는 하나의 추상적이고 중립적인 개념인 「버팀목」이 있다는 주장 대신에 두 개의 상이한 독립적 개념, 즉 「버팀목₁」과 「버팀목₂」가 있다고 주장한다. 강(强)동음이의성 견해가 있다. 이 견해에 따르면 「버팀목」은 물리적 대상(건물의 부분)을 지시하고, 「버팀목₂」는 추상적 개념(어떤 논증의 일부)을 지시한다. 따라서 「버팀목₁」과 「버팀목₂」는 완전히 다르며 관련성이 전혀 없다. 약(弱)동음이의성 견해는 별개의 독립적인 두 개념 「버팀목₁」과 「버팀목₂」가 있다고 주장하지만, 이 둘의 의미가 어떤 면에서 유사할 수 있다는 점과, 이 두 개념이 이 유사성 덕분에 관련성을 지닌다는 점을 인정한다. 그렇지만 약동음이의성 견해는 이 두 개념 중 한 개념이 다른 개념의 관점에서 이해된다는 것을 부정한다. 약동음이의성 견해가 주장하는 것은 이 두 개념에 공통적인 어떤 것, 즉 추상적인 유사성이 있다는 것뿐이다. 이 문제에 대해 약동음이의성 견해는 추상화 견해와 어떤 요소를 공유한다. 왜냐하면 추상적 유사성이 바로 추상화 이론에서 가정하는 그 핵심 개념의 속성을 가지고 있기 때문이다.

이제 우리는 왜 추상화 이론과 동음이의성 이론 중 어떤 것도 은유적 개념에 대한 우리의 이론적 근거가 되는 그러한 종류의 사실을 설명할 수 없는지 보여주고자 한다. 특히 은유의 유형(지향적 은유와 존재론적 은유, 구조적 은유)과 그러한 유형의 속성(내적 체계성과 외적 체계성, 토대 형성, 정합성)에 관한 사실을 말이다.

추상화 견해의 부적절성

추상화 이론은 몇 가지 측면에서 부적절하다. 첫째, 「행복은 위」

「통제는 위」「많음은 위」「미덕은 위」「미래는 위」「이상은 위」 등의 「위-아래」 지향적 은유와 관련해서 살펴볼 때 추상화 이론은 전혀 설득력이 없어 보인다. 도대체 내용을 조금이라도 담고 있는 어떤 일반적인 단일한 개념이 「높이」나 「행복」「통제」「더 많음」「미래」「이성」「북쪽」의 추상화일 수가 있으며, 이 모든 개념과 정확히 합치할 수 있는가? 더구나 「위」와 「아래」가 추상화의 동일한 수준에 있을 수 없어 보일 것이다. 왜냐하면 「위」는 「미래」에 적용되지만 「아래」는 「과거」에 적용되지 않기 때문이다. 우리는 이 점을 부분적인 은유적 구조화로 설명할 수 있지만 추상화 주장에 따르면 「위」가 「아래」보다 어떤 의미에서 더 추상적이어야만 한다. 그런데 이 해명은 타당해 보이지 않는다.

둘째, 추상화 이론은 「A는 B이다」 형식의 은유와 「B는 A이다」 형식의 은유를 구별하지 못할 것이다. 왜냐하면 추상화 이론은 두 영역을 포괄하는 중립적인 용어가 있다고 주장할 것이기 때문이다. 예를 들어 영어에 「사랑은 여행」 은유는 있지만 「여행은 사랑」 은유는 없다. 추상화 견해는 사랑이 여행의 관점에서 이해된다는 것을 부정할 것이며, 사랑과 여행은 둘 사이의 중립적인 어떤 추상적 개념의 관점에서 이해된다는, 직관에 어긋나는 주장을 넘어서지 못할 것이다.

셋째, 상이한 은유는 단일 개념의 상이한 측면을 구조화한다. 예를 들어 「사랑은 여행」「사랑은 전쟁」「사랑은 물리적 힘」「사랑은 미침」 등의 은유를 보라. 이러한 은유는 각각 「사랑」 개념에 하나의 관점을 제공하고, 「사랑」 개념의 많은 측면 중 하나를 구조화한다. 추상화 이론은 이 모든 측면과 합치할 수 있을 만큼 매우 추상적이고 일반적인 단일 개념을 찾으려고 할 것이다. 설령 이 추상화 시도가 가능하다고 할지라도 추상화 이론은 이 은유들이 다 연합해서 핵심 개념인 「사랑」을 특징짓는 것이 아니라 개별적으로 「사랑」의 상이한 측면을 특징짓는다는 중요한 사실을 포착하지 못한다.

넷째, 「A는 B이다」 형식의 구조적 은유(예 : 「사랑은 여행」「마음은 기계」「아이디어는 음식」「논증은 건물」)를 살펴보면 우리는 정의 개념인 B가 피(被)정의 개념인 A보다 우리의 경험 안에서 더 명확히 묘사되며, 전형적으로 더 구체적이라는 사실을 알 수 있다. 더구나 정의 개념에는 언제나 피(被)정의 개념으로 전이되는 것보다 더 많은 것이 있다.

「아이디어는 음식」을 예로 들어보자. 날것 그대로의 사실(raw facts)과 설익은 아이디어(half-baked ideas)라는 표현은 가능하지만, 살짝 부친(sauted) 아이디어나 구워진(broiled) 아이디어, 물에 삶은(poached) 아이디어라는 표현은 없다. 「논증은 건물」 은유에서도 오직 기초와 외형만이 그 은유에 작용하고 내부의 방, 복도, 지붕 등은 작용하지 않는다. 우리는 이 비대칭을 다음과 같은 방식으로 설명했다. 즉 덜 명확히 묘사되는 (보통은 덜 구체적인) 개념은 더 명확히 묘사되는 (보통은 더 구체적인) 개념의 관점에서 부분적으로 이해되며, 좀 더 명확히 묘사되는 개념은 우리의 경험에 직접적인 토대를 두고 있다. 추상화 견해는 이 비대칭을 전혀 설명하지 못한다. 왜냐하면 그 견해는 덜 구체적인 개념을 더 구체적인 개념의 관점에서 이해하는 경향을 설명할 수 없기 때문이다.

다섯째, 추상화 주장에서는 은유적인 개념이란 전혀 존재하지도 않으며, 따라서 우리가 발견했던 종류의 체계성을 기대할 어떤 근거도 없다. 예를 들어 전체적인 음식 개념 체계가 아이디어에 적용되거나, 전체적인 건물 개념 체계가 논증에 적용될 것이라고 기대할 근거가 전혀 없다. 「시간은 움직이는 물건」은유의 사례에서 우리가 발견한 종류의 내적 일관성을 기대할 이유가 하나도 없다. 일반적으로 추상화 견해는 내적 체계성에 관한 사실을 설명할 수 없다.

추상화 이론은 또한 외적 체계성도 설명하지 못한다. 반면에 우리가 제안한 이론은 단일 개념에 대한 다양한 은유(예: 논증에 대한 「여행」은유와 「건물」은유, 「그릇」은유, 「전쟁」은유)가 현재와 같이 중첩하는 방식을 설명한다. 이것은 다양한 은유적 개념이 공유하는 목적과 함의에 근거한다. 「핵심」「기초」「덮다」「쏘아 죽이다」등과 같은 개별 개념이 서로 융합하는 방식에 대한 예측은 전체적인 은유 체계 내에서 공유하는 목적과 함의에 근거한다. 추상화 이론은 은유적 체계를 인정하지 않기 때문에 왜 은유들이 현재와 같은 방식으로 상호 융합할 수 있는지 설명할 수 없다.

여섯째, 추상화 이론은 어떤 부분적인 은유적 구조화도 인정하지 않기 때문에, 특정 은유의 미사용 부분에로의 은유적 확장을 설명할 수 없다. 예를 들면 '네 이론은 값싼 치장 벽토로 구성되어 있다'(Your theory is constructed out of cheap stucco)나 「이론은 건물」은유에 들어가는 다른 많은 실례에서와 같은 은유적 확장을 설명하지 못한다.

끝으로, 추상화 이론은 예컨대 「사랑은 여행」의 경우에 사랑과 여행에 관련해서 중립적인 일련의 추상적인 개념이 있다고 가정한다. 사랑이나 여행 둘 다와 '합치하'거나 둘 다에 '적용될' 수 있는 그러한 추상적인 개념 말이다. 그러나 그러한 추상적 개념이 사랑과 '합치하'거나 사랑에 '적용되기' 위해서는 「사랑」개념이 그러한 '합치'가 존재할 수 있도록 독립적으로 구조화되어야만 한다. 앞으로 살펴보게 되겠지만 「사랑」은 명확히 묘사되는 구조를 갖는 개념이 아니다. 말하자면 「사랑」이 어떤 구조를 지니든 이 구조는 오직 은유를 통해서만 가능하다. 그러나 그러한 구조화를 실행하는 은유를 전혀 인정하지 않는 추상화 견해는 여행의 관련 국면만큼 아주 명확히 묘사되는 어떤 구조가 「사랑」개념에 대해서도 독립적으로 존재한다고 가정해야 한다. 그러나 그 구조가 어떻게 존재하는지는 상상하기 어렵다.

동음이의성 견해의 부적절성

강동음이의성

　동음이의성은 강의 둑을 나타내는 bank와 당신이 돈을 예금하는 은행을 나타내는 bank에서처럼 서로 다른 개념에 대해 같은 낱말을 사용하는 경우이다. 우리가 검토했던 그러한 예문을 강동음이의성으로 해명해 보자. They *attacked* the fort(그들은 요새를 공격했다)와 They *attacked* my argument(그들은 내 논증을 공격했다)라는 두 문장 속의 낱말 attack는 완전히 다르며, 서로 상관이 없는 두 개의 개념을 나타낼 것이다. 마찬가지로 *in* the kitchen(부엌 안에)과 *in* the Elks(엘크스에 가입되어 있는), *in* love(사랑 중인)라는 세 표현 속의 낱말 in은 완전히 다르고, 독립적이고, 관련성이 없는 세 개의 개념을 나타낼 것이다. 또한 같은 낱말이 사용되었다는 것은 그저 우연일 것이다. 이 견해에 따르면 영어에는 별개의 무관한 개념이 무수히 많은데, 이 모든 개념이 우연히 낱말 in으로 표현된 것이다. 일반적으로 강동음이의성 견해는 우리가 은유적 개념 체계 속에서 발견했던 관련성을 설명할 수 없다. 즉 이 동음이의성 견해는 우리가 체계적인 방식으로 설명하는 모든 현상을 우연적인 것으로 간주한다.

　먼저 강동음이의성 견해는 우리가 기술해 온 내적 체계성을 전혀 설명할 수 없다. 이 견해에 따르면 예컨대 '나는 기분이 들떠 있다'(I'm feeling *up*)가 "나는 **행복하다**" (I'm happy)를 뜻하고, 동시에 '나는 기운이 **솟아올랐다**'(My spirits *rose*)가 "나는 더 슬퍼졌다"(I got sadder)를 뜻할 수도 있을 것이다. 또한 이 견해는 전쟁에 대해 사용되는 낱말의 전체 체계가 왜 체계적인 방식으로 논쟁에 적용되는가, 또는 왜 일련의 음식 용어가 체계적인 방식으로 아이디어에 적용되는가를 설명할 수 없다.

둘째, 강동음이의성 견해는 외적 체계성의 경우에도 같은 문제점을 가지고 있다. 즉 이 견해는 은유들의 중첩과 융합 가능성을 설명할 수 없다. 예를 들면 어떤 논증에서 '거쳐 온 지역'이 왜 그 논증의 '내용'과 동일한 것을 지시할 수 있는지 설명할 수 없다. 이 문제점은 우리가 제시했던 융합의 모든 실례에서 계속 나타난다.

셋째, 강동음이의성 견해는 어떤 은유의 사용 부분(이나 미사용 부분)의 확장을 설명할 수 없다. '그의 이론은 고딕 방식이고, 이무 깃돌로 둘러 싸여 있다'(His theories are Gothic and covered with gargoyles)에서와 같은 은유적 확장 말이다. 이 견해는 「논증은 건물」과 같은 일반적인 은유를 전혀 인정하지 않기 때문에 그러한 경우를 임의적인 것으로 간주할 수밖에 없다.

약동음이의성

강동음이의성 견해가 갖는 명백하고 일반적인 부적절성은 우리가 은유적 개념들에서 찾아낸 체계적 관련성을 전혀 설명할 수 없다는 점이다. 왜냐하면 이 견해에서는 각각의 은유적 개념이 독립적일 뿐만 아니라, 같은 낱말이 표현하는 다른 여러 개념과도 무관하다고 보기 때문이다. 약동음이의성 견해가 강동음이의성 견해보다 더 나은 것은 바로 그러한 관련성이 존재할 가능성을 실제로 인정한다는 점 때문이다. 특히 약동음이의성 견해는 단일 낱말이 표현하는 다양한 개념은 많은 경우에 유사성 덕분에 관련성을 지닐 수 있다고 주장한다. 약동음이의성 견해는 그러한 유사성을 주어진 것으로 받아들이며, 그러한 유사성이 우리가 관찰해 온 모든 현상을 충분히 설명한다고 가정한다. 비록 어떤 은유적 구조화도 사용하지 않지만 말이다.

약동음이의성 입장과 우리의 입장 사이의 가장 분명한 차이는, 전자가 한 사물을 다른 사물의 관점에서 이해한다는 생각을 인정하지 않으며, 따라서 일반적인 은유적 구조화도 인정하지 않는다는 점이다. 그 이유는 이 입장을 주장하는 대부분의 사람들이 우리의 개념 체계가 경험 속에 어떻게 토대를 두고 있는가, 또 이해가 어떻게 그러한 토대로부터 나왔는가에 관심이 없기 때문이다. 약동음이의성 입장에서 드러나는 부적절성은 대부분 그 입장이 이해의 문제와 (개념의) 토대 형성의 문제에 대해 별 관심이 없다는 사실과 관련이 있다. 이러한 부적절성은 물론 강동음이의성 입장에도 동일하게 적용될 것이다.

첫째, 우리는 은유에 **방향성**이 있다는 것, 즉 우리가 한 개념을 다른 개념의 관점에서 이해한다는 것을 제안했다. 구체적으로 말하자면 우리는 (감정에 대한 개념처럼) 덜 구체적이며, 본유적으로 더 애매한 개념을 우리의 경험 속에 더 명확히 묘사되어 있는, 더 구체적인 개념의 관점에서 구조화하는 경향이 있다.

약동음이의성 입장은 우리가 추상적인 개념을 구체적인 개념의 관점에서 이해한다는 것, 또는 한 **종류**의 개념을 또 다른 **종류**의 개념의 관점에서 이해한다는 것을 완전히 부정할 것이다. 이 입장은 다만 우리가 다양한 개념 사이에서 유사성을 지각할 수 있다는 주장과, 그러한 유사성이 그러한 개념에 대한 동일한 낱말의 사용을 설명해 준다는 주장을 펼친다. 예를 들어 이 견해는「논증」개념의 일부로서의「버팀목」개념이,「건물」에서 물리적 개념으로 사용되는「버팀목」의 관점에서 이해된다는 점을 부정할 것이다. 이 견해는 단순히 이 두「버팀목」이 별개의 두 개념이고, 그 중 어느 개념도 상대 개념을 이해하는 데 사용되지 않으며, 우연히 추상적인 유사성을 지니고 있다고 주장할 것이다.

마찬가지로 약동음이의성 견해는 in 또는 up으로 표현되는 모든 개념이 공간 지향성의 관점에서 개념을 부분적으로 이해하는 방식이 아니라, 오히려 유사성에 의해서 관련되는 독립적인 개념이라고 말할 것이다. 이 견해에 따르면 '유사성'을 보여주는 개념 쌍의 대부분이 (「버팀목」의 경우에서처럼) 비교적 구체적인 한 개념과, 비교적 추상적인 다른 개념으로 구성되어 있다는 것은 단지 우연일 뿐이다. 우리의 설명에서는 구체적인 개념이 더 추상적인 개념을 이해하는 데 사용된다. 그렇지만 약동음이의성 주장자들의 설명에서는 두 개의 추상적인 개념 사이나 두 개의 구체적인 개념 사이보다 추상적인 개념과 구체적인 개념 사이에 더 많은 유사성이 있어야 할 어떤 이유도 없다.

둘째, 그러한 유사성이 존재한다는 주장은 정말로 의심스럽다. 예를 들어 「위」를 지향한다고 여겨지는 모든 개념이 다 공유하는 어떤 유사성이 존재할 수 있을까? 한편으로는 「위」와 다른 한편으로는 「행복」「건강」「통제」「의식」「미덕」「이성」「많음」 등 사이에 무슨 유사성이 있을 수 있는가? 「마음」과 「부서지기 쉬운 물건」 사이에, 또는 「아이디어」와 「음식」 사이에 (그 자체로 은유적이 아닌) 무슨 유사성이 있을 수 있는가? 시간적 순간 그 자체와 관련해, 도대체 은유적이지 않은 그 무엇이 존재해서 우리가 「시간은 움직이는 물건」 은유를 논의할 때 살펴본 「앞-뒤」 지향성을 시간에 부여할 수 있단 말인가? 약동음이의성 견해에서는, '뒤따르다'(follow), '앞서다'(precede), '정면으로 미래를 마주하다'(meet the future head on), '미래에 맞서다'(face the future) 등과 같은 표현을 개념의 본유적 유사성에 근거해서 설명하려면 이 앞-뒤 지향성을 시간적 순간의 내재적 속성이라고 가정해야 한다. 우리가 아는 바로는 이러한 경우 중 어느 하나라도 설명할 수 있는 합리적인 '내재적 유사성' 이론은 없다.

셋째, 우리는 은유적인 토대 형성을 경험 속의 체계적 대응의 관점에서 설명했다. 예를 들면 싸움에서의 우세함과 물리적으로 위(up)에 있음 사이의 대응 말이다. 그러나 우리 경험 속 대응과 유사성 사이에는 차이가 있다. 왜냐하면 대응은 유사성에 근거할 필요가 전혀 없기 때문이다. 우리는 경험 속의 그러한 대응에 근거해서 가능한 은유의 범위에 대해 설명할 수 있다. 약동음이의성 입장은 전혀 예측력을 지니지 못하며, 또한 추구하지도 않는다. 그 견해는 단지 어떤 유사성이 있는가에 대해 추후적 설명을 제시하려고 시도할 뿐이다. 따라서 약동음이의성 입장은 유사성을 발견할 수 있는 경우에도 도대체 왜 (다른 유사성이 아니라) 그 유사성만이 존재해야 하는가에 대해 여전히 설명하지 못한다.

우리가 알기로는 어느 누구도 **명시적으로** 강동음이의성 입장을 표명하지 않는다. 그 견해에 따르면 같은 낱말이 표현하는 다양한 개념, 예컨대 위에서 제시한 buttress의 두 의미나 in의 다중 의미는 독립적이며, 어떤 중요한 상호 관련성도 갖지 않는다. 동음이의성 입장을 주장하는 사람은 자신을 약동음이의성 입장 쪽으로 분류하는 경향이 있다. 약동음이의성 입장에서는 개념들 사이에서 관찰되는 상호 의존성과 상호 관련성을 개념의 내재적 성질에 근거한 유사성으로 설명해야 한다. 그렇지만 우리가 아는 바로는 우리가 논의해 왔던 폭넓은 범위의 실례를 다룰 수 있는 유사성 이론을 상세하게 해명하고자 시도한 사람은 아직 없다.

비록 거의 모든 동음이의성 이론가들이 약동음이의성 입장을 옹호하지만, 실제적으로는 강동음이의성 이론만이 있는 것 같다. 왜냐하면 아직까지 어느 누구도 약동음이의성 이론을 유지하는 데 필수적인 유사성을 명쾌하게 해명하고자 시도하지 않았기 때문이다. 그리고 우리가 논의해 온 그러한 실례를 매우 상세하게 설명하려는 시도가 전혀 이루어지지 않은 데는 타당한 이유가 있다. 왜냐하면 그러한 해명을 제시하기 위해서는 그 자체로는 잘 정의되지 않으며, 따라서 다른 경험 영역의 관점에서 파악해야 하는 경험 영역을 어떻게 이해하는지의 문제를 다루어야만 하기 때문이다. 일반적으로 철학자와 언어학자들은 그러한 문제에 관심을 보이지 않았다.

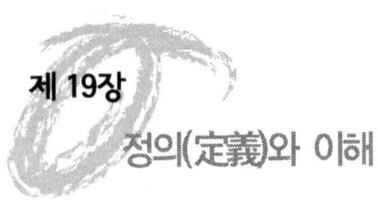

제 19장
정의(定義)와 이해

우리는 은유가 우리의 일상적인 개념 체계에 넓게 퍼져 있다는 것을 살펴보았다. 우리에게 중요한 개념 중 아주 많은 것(정서, 아이디어, 시간 등)은 추상적이거나 경험 속에 명확히 묘사되지 않기 때문에 더 명확하게 이해되는 다른 개념(공간 지향성, 대상 등)을 통해 파악할 필요가 있다. 이 필요성이 우리의 개념 체계 속의 은유적 정의(定義)를 이끌어 낸다. 우리는 실례를 통해서 우리 자신이 활동하고, 경험을 개념화하고, 말하는 방식에서 은유가 얼마나 광범위한 역할을 수행하는가에 대한 증거를 제시하려고 시도했다.

이 증거의 대부분은 언어, 즉 낱말과 구의 의미와 인간이 경험을 이해하는 방식에서 나온다. 그러나 의미 연구자들과 사전 제작자들은 우리가 어떻게 일상적인 개념을 「사랑은 여행」「논쟁은 전쟁」

「시간은 돈」 등과 같은 체계적인 은유의 관점에서 이해하는가에 대한 일반적인 해명을 제시하려는 시도를 중요하게 생각하지 않았다. 예를 들어 사전에서 love를 찾아보면, 애정(affection), 좋아함(fondness), 헌신(devotion), 탐욕(infatuation), 심지어 성욕(sexual desire) 등을 언급하는 항목을 보게 되지만, 우리가 사랑을 「사랑은 여행」「사랑은 미침」「사랑은 전쟁」 등과 같은 은유를 통해서 이해하는 방식에 대한 언급은 전혀 없다. '우리가 얼마나 멀리 왔는지 보라'(Look how far we've come)와 '우리는 지금 어디에 와 있지?'(Where are we now?)와 같은 표현을 예로 든다면 표준 사전이나 의미에 대한 어떤 표준 이론에서도 이러한 표현이 우리 문화에서 사랑 경험에 관해 말하는 일상적 방식이라는 것을 알아낼 방법이 없다. 그러한 일반적인 은유의 존재에 대한 암시는 **다른** 낱말의 제2 의미나 제3 의미 안에 주어질 수 있다. 예컨대 「사랑은 미침」 은유는 crazy의 제3 의미("지나치게 좋아하고 탐욕스러운") 속에 나타날 수 있지만, 이 암시는 love의 정의의 일부라기보다 crazy의 정의의 일부로 나타난다.

이것은 사전 제작자들과 의미에 대한 다른 연구자들이 우리와는 다른 관심을 갖고 있다는 것을 암시한다. 우리는 일차적으로 사람들이 어떻게 자신의 경험을 이해하는가에 관심이 있다. 그리고 언어가 이해에 대한 일반적인 원리를 끌어낼 수 있는 자료를 제공한다고 본다. 일반적인 원리는 개별적인 낱말이나 개별적인 개념보다는 오히려 개념들의 전체적인 체계를 담는다. 우리는 그러한 원리가 흔히 본질상 은유적이며, 한 종류의 경험을 다른 종류의 경험의 관점에서 이해하는 것과 관련이 있다는 사실을 발견했다.

이 점에 유념한다면 우리의 탐구와 사전 제작자나 의미 연구자의 탐구 사이에 중요한 차이가 있음을 알 수 있다. '미침'이나 '여행'을 '사랑'의 의미로 본다면, 그것은 사전적으로 매우 이상할 것이다. '미침'이나 '여행'이 '사랑'의 의미가 아닌 것은 '음식'이 '아이디어'의 의미들 중 하나가 아닌 것과 마찬가지다. 사전 제작자나 의미 연구자들은 어떤 개념의 정의가 그 개념 자체에 내재하는 특징을 규정한다고 간주한다. 반면에 우리는 인간이 어떻게 그 개념을 다루는가, 즉 어떻게 사람들이 그 개념을 이해하고, 그 개념의 관점에서 제대로 활동하는가에 관심이 있다. 미침이나 여행은 우리에게 사랑의 개념을 다룰 수 있도록 해 주고, 음식은 아이디어의 개념을 다룰 수 있도록 해 준다.

우리가 어떻게 경험을 이해하는가에 대한 그러한 관심은 정의에 대한 표준 개념과는 아주 다른 개념을 요구한다. 정의에 대한 그러한 해명의 주요한 문제는 무엇이 정의되는가와, 무엇이 정의하는 역할을 수행하는가이다. 이것이 바로 아래에서 다루고자 하는 문제이다.

은유적 정의의 대상 : 자연적 종류의 경험

우리는 은유 덕분에 한 영역의 경험을 다른 영역의 경험의 관점에서 이해할 수 있다는 것을 발견했다. 이것은 이해가 고립된 개념의 관점이 아니라, 경험의 전 영역의 관점에서 이루어진다는 것을 암시한다. 우리가 「사랑은 여행」이나 「시간은 돈」「논쟁은 전쟁」과 같은 은유를 가정하도록 인도되어 왔다는 사실은 정의의 초점이 사랑이나 시간, 논쟁과 같은 경험의 기본 영역의 수준에 있다는 것을 암시해 준다. 그 다음에 이러한 경험은 여행이나 돈, 전쟁과 같은 경험의 다른 기본 영역의 관점에서 개념화되고 정의된다. 「시간을 아껴 쓰는 것」이나 「주장을 공격하는 것」과 같은 하위 개념의 정의는 더 일반적인 개념(「시간」「논쟁」등)에 대한 은유적 정의의 귀결로서 나타날 것이다.

이것은 '무엇이 '경험의 기본 영역'을 형성하는가'라는 근본적인 문제를 제기한다. 각각의 기본 영역은 이른바 체험적 게슈탈트로 개념화되는 우리 경험 속의 구조화된 전체이다. 이러한 게슈탈트는 반복되는 인간의 경험 속의 구조화된 전체를 특징짓기 때문에 **체험적으로 기본적이다.** 이 게슈탈트는 우리의 경험이 자연적 차원 (부분, 단계, 원인 등)의 관점에서 정합적으로 조직화된다는 것을 나타낸다. 이러한 자연적 차원의 관점에서 게슈탈트로 조직화되는 경험의 영역은 **자연적 종류의 경험**으로 보인다.

이러한 경험 영역은 다음과 같은 의미에서 자연적이다. 이러한 종류의 경험은 다음의 산물이다.

우리의 몸 (지각 기관과 운동 기관, 정신 능력, 정서적 기질 등)

물리적 환경과의 상호작용 (움직이기, 대상 조작하기, 먹기 등)

우리의 문화 속에서 (사회적 · 정치적 · 경제적 · 종교적 제도의 관점에서) 이루어지는 다른 사람과의 상호작용.

달리 말하면 이 '자연적' 종류의 경험은 **인간 본성의 산물이다.** 어떤 종류의 경험은 보편적일 수 있지만, 반면에 다른 종류의 경험은 문화마다 다를 것이다.

우리의 제안은 은유적 정의에서 출현하는 개념이 자연적 종류의 경험에 대응하는 개념이라는 것이다. 지금까지 발견된 은유가 **정의하는** 개념을 토대로 판단하면, 우리 문화에서 자연적 종류의 경험의 실례는「사랑」「시간」「아이디어」「이해」「논쟁」「노동」「행복」「건강」「통제」「지위」「도덕성」등일 것이다. 이러한 경험은 은유적 정의를 요구하는 개념이다. 왜냐하면 이러한 경험이 우리의 일상적인 활동의 목적을 달성해 줄 만큼 자체적으로는 명확히 묘사되지 않기 때문이다.

마찬가지로 다른 개념을 **정의할 목적으로** 은유적 정의에 사용되는 개념도 역시 자연적 종류의 경험에 대응한다고 제안하려고 한다.

예를 들면 「물리적 지향성」 「물건」 「물질」 「보는 것」 「여행」 「전쟁」 「미침」 「음식」 「건물」 등이 그러한 개념이다. 이러한 자연적 종류의 경험이나 대상을 나타내는 개념은 다른 개념을 정의하는 역할을 수행할 정도로 명확하게 구조화되고, 동시에 그러한 개념의 구조는 그 역할을 수행할 정도로 합당한 종류의 내적 구조를 지니고 있다. 즉 그러한 개념이 우리에게 합당한 종류의 구조를 제공하고, 이러한 구조 덕분에 우리는 그 자체적으로는 덜 구체적이거나 덜 명확히 묘사되는 자연적 종류의 경험을 다룰 수 있다.

어떤 자연적 종류의 경험이 본질상 부분적으로 은유적이라는 사실은 여기에서 비롯된다. 왜냐하면 경험의 구조를 특징짓는 데 은유가 필수적인 역할을 수행하기 때문이다. 그 명백한 실례는 논쟁이다. 왜냐하면 말하기와 듣기의 어떤 활동을 논쟁으로 경험하기 위해서는 「논쟁은 전쟁」 은유가 「논쟁」 개념에 제공하는 구조가 부분적으로 필요하기 때문이다. 시간에 관한 경험은 거의 완전히 은유적으로 (「시간」의 공간화, 「시간은 움직이는 대상」 은유, 「시간은 돈」 은유를 통해서) 이해되는 자연적 종류의 경험이다. 마찬가지로 「위-아래」 개념이나 다른 공간화 개념을 통해 지향성을 부여받는 개념(예 : 「통제」 「지위」 「행복」 등)은 모두 부분적으로 은유를 통해 이해되는 자연적 종류의 경험에 토대를 두고 있다.

상호작용적 속성

우리의 개념 체계가 세계 내의 경험에 근거한다는 것을 살펴보았다. 직접적으로 창발하는 개념(예: 「위-아래」「물건」「직접 조작」등)과 은유(예: 「행복은 위」「사건은 대상」「논쟁은 전쟁」등)는 둘 다 우리의 물리적·문화적 환경과의 끊임없는 상호작용에 토대를 두고 있다. 마찬가지로 우리가 경험을 구조화하는 관점이 되는 차원(예: 부분, 단계, 목적 등)은 우리의 세계 내 활동으로부터 자연스럽게 창발한다. 우리의 개념 체계는 현재와 같은 유형의 존재로서의 우리 자신의 산물이자 우리가 물리적·문화적 환경과 상호작용하는 방식의 산물이다.

경험을 이해하는 방식에 대한 관심을 통해 우리는 정의에 관한 표준적 견해와는 아주 다른 견해에 이르게 되었다. 표준적 견해는 '객관성'을 추구하며, 경험과 대상이 본유적 속성을 지니고 있다고 가정하고, 인간이 경험과 대상을 오직 이러한 속성의 관점에서 이해한다고 가정한다. 객관주의자에게 정의는 개념의 적용을 위한 필요충분조건을 제시함으로써 그 본유적 속성이 무엇인가를 밝히는 문제이다. 객관주의 견해에 따르면 '사랑'은 다양한 의미를 지니고 있고, 각각의 의미는 좋아함, 애정, 성욕 등과 같은 본유적 속성의 관점에서만 부분적으로 정의할 수 있다. 이에 반해 우리의 주장은 우리가 사랑을 부분적으로만 그러한 본유적 속성의 관점에서 이해한다는 것이다. 대체로 사랑에 대한 우리의 이해는 은유적이며, 우리는 사랑을 주로 다른 자연적 종류의 경험을 나타내는 개념, 예컨대 「여행」「미침」「전쟁」「건강」 등의 관점에서 이해한다. 정의하는 개념(예 : 「여행」「미침」「전쟁」「건강」 등)은 다른 사람이나 세계와의 상호작용으로부터 창발하기 때문에 그러한 개념이 은유적으로 정의하는 개념(예 : 「사랑」)은 소위 **상호작용적 속성**의 관점에서 이해될 것이다.

일반적으로 상호작용적 속성이 무엇인가를 더 명확히 이해하기 위해서 구체적 대상의 상호작용적 속성을 살펴보기로 하자. 「총」(GUN) 개념을 예로 들어보자. 당신은 이 개념을 전적으로 그 대상 자체의 본유적 속성, 예를 들면 모양, 무게, 부속의 결합 방식 등의 관점에서 특징지을 수 있다고 생각할지 모른다. 그러나 우리의 「총」 개념은 우리가 그 개념에 다양한 수식어를 부가할 때 드러날 수 있는 방식으로 이 추정을 넘어선다. 예를 들어 「총」에 붙인 수식어 「검은」(BLACK)과 「가짜의」(FAKE)의 차이를 생각해 보라. 정의에 대한 객관주의 설명의 주요한 특징은 「검은 총」은 「총」이지만 「가짜 총」은 「총」이 아니라는 점이다. 이 객관주의 설명은 「검은」은 「총」에 부가적인 속성을 더하지만, 「가짜의」는 「총」 개념에 적용되어 「총」의 하위 범주가 아닌 다른 개념을 생성한다고 본다. 객관주의 입장이 말하는 것은 이것뿐이다. 이 입장은 다음 함의를 허용할 것이다.

이것은 검은 총이다.   이것은 가짜 총이다.

―――――――――― 그리고 ――――――――――

따라서 이것은 총이다.   따라서 이것은 총이 아니다.

이 설명이 해명하지 못하는 것은 가짜 총이 무엇인가이다. 이 설명은 다음과 같은 함의를 해명하지 못한다.

이것은 가짜 총이다.
―――――――――――――
따라서 이것은 기린이 아니다.

이것은 가짜 총이다.
―――――――――――――――――
따라서 이것은 콩조림 국수 사발이 아니다.

그리고 이러한 함의는 계속 이어진다.

이렇게 수많은 함의를 설명하기 위해서는 「가짜의」가 「총」 개념을 정확히 어떻게 수식하는가를 상세히 설명해야 한다. 가짜 총은 당면한 목적을 위해서 충분히 총처럼 보여야 한다. 즉 가짜 총은 총의 맥락상 적합한 지각적 속성을 가져야 한다. 당신이 진짜 총으로 할 조작(예: 특정한 방식으로 총을 잡는 것)과 같은 적절한 물리적 조작을 그 가짜 총으로도 충분히 할 수 있어야 한다. 달리 말하면 가짜 총은 소위 총의 **운동 활동** 속성을 보유해야 한다. 더구나 가짜 총 보유의 핵심은 그 가짜 총으로 달성할 수 있는 목적(위협하기,

진열하기 등)의 일부를 달성한다는 것이다. 가짜 총을 가짜로 만드는 요인은 바로 총의 **기능을 제대로 발휘할 수 없다**는 점이다. 어떤 것으로 당신을 쏠 수 있다면 그것은 가짜 총이 아니다. 끝으로 가짜 총은 애초에 총의 기능을 발휘하도록 만들었을 리 없다. 고장난 총이나 작동 불량 총은 가짜 총일 수 없다.

그래서 수식어 「가짜의」는 「총」의 어떤 **종류의** 속성은 보존하고, 어떤 **종류**의 속성은 부정한다. 이를 요약하면 다음과 같다.

> 「가짜의」가 보존하는 속성 : 지각적 속성 (가짜 총은 총처럼 보인다)
> 운동 활동 속성 (당신은 가짜 총을 총처럼 다룬다)
> 합목적적 속성 (가짜 총은 총의 목적 중 일부를 달성한다)

> 「가짜의」가 부정하는 속성 : 기능적 속성 (가짜 총은 발사되지 않는다)
> 기능의 내력 (애초에 진짜 총이 되도록 만들어졌다면 그것은 가짜가 아니다)

「가짜의」가 「총」 개념에 어떤 영향을 주는가에 대한 이 설명에 따르면 「총」 개념은 적어도 다섯 차원을 가지고 있으며, 「가짜의」는 그 중 세 차원을 보존하고 나머지 두 차원을 부정한다. 이 설명은 우리가 어떤 다차원적인 속성 게슈탈트의 관점에서 총을 개념화한다는 것을 보여준다. 예컨대 이러한 차원은 「지각적」「운동 활동적」「합목적적」「기능적」차원 등이다.

지각적 차원과 운동 활동 차원, 합목적적 차원이 무엇인가를 살펴보면 그러한 속성이 총 자체에 내재하지 않는다는 것을 알 수 있다. 오히려 그러한 속성은 우리가 총과 상호 작용하는 방식과 관련이 있다. 이것은 사람들이 실제로 이해하는 그대로의 「총」 개념이 적어도 부분적으로는 지각, 운동 활동, 목적, 기능 등과 관련이 있는 상호작용적 속성을 통해 정의된다는 것을 보여준다. 따라서 우리는 우리의 대상 개념도 사건 개념이나 활동 개념과 마찬가지로 다차원적인 게슈탈트라고 특징지을 수 있고, 이 게슈탈트의 여러 차원은 우리의 세계 내 경험으로부터 자연적으로 창발한다는 것을 보게 된다.

범주화

표준적인 객관주의 견해에 따르면 우리는 어떤 대상을 전적으로 그 대상의 **본유적 속성의 집합**의 관점에서 이해할 수 있(고 따라서 정의할 수 있)다. 그러나 방금 살펴보았던 것처럼 어떤 대상에 대한 우리의 개념을 특징짓는 속성 중 적어도 몇 가지는 **상호작용적**이다. 더 나아가 그러한 속성은 단순히 하나의 **집합**이 아니라 오히려 어떤 **구조화된 게슈탈트**를 형성한다. 그리고 그러한 게슈탈트는 우리의 경험에서 자연스럽게 창발하는 다양한 차원을 갖는다.

정의에 대한 객관주의 견해는 이해를 또 다른 방식으로 설명하는 데도 역시 부적절하다. 이 견해에서는 범주를 집합 이론의 관점에서 정의한다. 즉 어떤 범주의 특성화는 그 범주에 속하는 개체들이 지니고 있는 본유적 속성의 집합에 근거한다. 우주의 모든 것은 그 범주의 안 아니면 밖에 존재한다. 그 범주에 속하는 어떤 것이든 필요한 본유적 속성을 모두 지니고 있다. 어떤 것이 그러한 본유적 속성을 어느 하나라도 지니고 있지 않다면 그 범주에 들어가지 못한다.

범주에 대한 이 집합 이론적 개념은 사람들이 실제로 대상과 경험을 범주화하는 방식과 일치하지 않는다. 인간에게 범주화는 일차적으로 세계를 이해하는 수단이기 때문에 이해라는 목적을 달성하는 데 충분히 유연한 방식으로 기여해야 한다. 인간의 범주화 모형으로서 집합 이론적 범주화는 다음 사항을 간과한다.

1. 로쉬(E. Rosch 1977)가 입증한 바와 같이, 우리는 대상을 원형의 관점에서 범주화한다. 우리에게 원형적인 의자는 명확히 정의되는 등받이와 앉는 면, 네 다리, (선택적으로) 팔걸이 두 개를 지니고 있다. 그러나 공기 의자, 흔들의자, 회전의자, 등고형 의자, 이발소 의자 등과 같은 비원형적인 의자도 있다. 우리는 비원형적 의자을 그 자체로서가 아니라 그러한 의자가 원형적 의자에 대해 갖는 관계를 통해서 의자라고 이해한다.

2. 우리가 공기 의자나 이발소 의자, 등고형 의자를 의자라고 이해하는 것은 그것들이 어떤 고정된 무리의 정의 속성을 원형과 공유하기 때문이 아니라, 그 원형에 대해 충분한 가족유사성을 지니기 때문이다. 공기 의자는 이발소 의자와는 다른 방식으로 원형적인 의자와 유사할 수 있다. 공기 의자와 이발소 의자가 둘 다 공유하는, 원형적 의자의 어떤 고정된 핵심 속성이 있어야만 하는 것은 결코 **아니다**. 그렇지만 공기 의자나 이발소 의자는 각각 그 나름의 상이한 방식으로 원형과 충분히 가깝기 때문에 모두 의자일 수 있다.

3. 상호작용적 속성은 가족유사성의 충분성을 결정하는 데 고려하는 속성들 중에서 두드러진 속성이다. 의자는 등받이 없는 걸상이나 다른 종류의 좌석과 동일한, 우리를 앉을 수 있도록 해 주는 「합목적적」 속성을 공유한다. 그러나 의자가 허용하는 「운동 활동」의 범위는 일반적으로 등받이 없는 걸상이나 다른 좌석과 다르다. 그래서 의자에 대한 우리의 이해에 적합한 상호작용적 속성은 지각적 속성(의자가 어떤 모양인가, 어떤 느낌을 주는가 등)과 기능적 속성(앉을 수 있도록 해 주는 것), 운동 활동 속성(의자에 앉고 일어설 때나 의자에 앉아 있을 때 우리 몸이 하는 동작), 합목적적 속성(쉬기, 먹기, 편지 쓰기 등)을 포함할 것이다.

4. 범주는 다양한 목적에 따라 다양한 방식으로 체계적 확장이 가능하다. 어떤 범주의 원형을 선별하고, 그 원형에 대한 다양한 종류의 관련성을 규정하는 이른바 '울타리'(hedges) 수식어가 있다.(Lakoff 1975 참조). 여기에 몇 개의 실례가 있다.

「가장 전형적으로」(PAR EXCELLENCE) : 이 수식어는 어떤 범주의 원형적인 구성원을 선별한다. 예를 들어 로빈은 가장 전형적인 새이지만 병아리와 타조와 펭귄은 가장 전형적인 새가 아니다.

「엄밀히 말하면」(STRICTLY SPEAKING) : 이 수식어는 보통 범주 내에 들어가는 비원형적인 경우를 선별한다. 병아리와 타조, 펭귄은 가장 전형적인 새는 아닐지라도 엄밀히 말하면 새이다. 상어와 복어, 메기, 금붕어는 가장 전형적인 물고기는 아니지만 엄밀히 말하면 물고기이다.

「대략적으로 말하면」(LOOSELY SPEAKING) : 이 수식어는 몇몇 중심적 속성을 결여하기 때문에 보통은 그 범주에 들어가지 않지만, 특정한 목적을 위해 범주 구성원으로 간주할 수 있을 정도로 속성을 충분히 공유하는 대상을 선별한다. 엄밀히 말하면 고래는 물고기가 아니다. 그렇지만 대략적으로 말하면 고래는 어떤 맥락에서 물고기로 간주될 수도 있다. 엄밀히 말하면 모페드는 모터사이클이 아니다. 그렇지만 대략적으로 말하면 모페드는 모터사이클에 포함될 수 있다.

「전문적 견지에서」(TECHNICALLY) : 이 수식어는 어떤 전문적인 목적과 관련해서 범주의 경계를 정한다. 어떤 것이 전문적 견지에서 한 범주에 속하는가 그렇지 않은가는 분류 목적이 무엇인가에 따라 좌우될 것이다. 전문적인 견지에서 보험의 목적으로는 모페드가 모터사이클이 아니다. 그렇지만 전문적인 견지에서 통행세 징수 목적으로는 모페드가 모터사이클이다.

이외에도 울타리 수식어에는 **중요한 의미에서**(in an important sense), **모든 의도와 목적에서**(to all intents and purposes), **정규적인**

~(a regular ...), 믿을 만한~(a veritable ...), ~한 정도까지(to the extent that ...), 어떤 면에서(in certain respects) 등 많은 표현이 들어 간다. 이 다양한 울타리 수식어 덕택에 우리는 대상과 사건, 경험을 다양한 목적에 따라 아주 다양한 범주에 넣을 수 있다. 예를 들어, 우리는 이해 가능한 방식으로 실제적인 경계선을 그을 수 있고 새로운 관점을 제공할 수 있으며, 또 외견상 불일치하는 현상을 설명할 수 있다.

5. 범주는 개방되어 있다. 은유적 정의는 우리에게 이미 범주화한 대상과 경험을 다루거나, 재범주화할 수 있도록 해 준다. 예를 들어 「사랑」을 「전쟁」으로 보면, 당신은 이런저런 종류의 「사랑」 경험으로 여겼지만 어떤 의미 있는 방식으로도 함께 짜맞출 수 없었던 다수의 특정 경험을 이해할 수 있다. 「사랑은 전쟁」 은유 덕분에 당신은 또한 전에는 「사랑」 경험으로 보지 않았던 경험을 「사랑」 경험으로 범주화할 수 있다. 울타리 수식어도 역시 우리의 범주가 본질상 개방적이라는 것을 드러내 준다. 즉 어떤 대상은 흔히 우리의 분류 목적에 따라 어떤 범주에 속하거나 속하지 않는다고 볼 수 있다. 범주는 개방되어 있지만 그렇다고 해서 임의적인 것은 아니다. 왜냐하면 은유와 울타리 수식어는 둘 다 범주를 체계적인 방식으로 정의(하거나 재정의)하기 때문이다.

요약

우리의 주장은 사람들이 자신의 경험을 이해하는 방식을 설명하기 위해서 정의에 대한 표준적인 견해와는 아주 다른 견해가 필요하다는 것이다. 체험주의의 정의 이론은 무엇을 정의해야 하는가와 무엇이 정의를 내리는가의 문제에 대해서 다른 견해를 갖는다. 우리의 설명에서는 개개의 개념을 고립된 방식으로 정의하는 것이 아니라, 오히려 자연적 종류의 경험 안에서 각 개념이 맡는 역할의 관점에서 정의한다. 개념은 오직 본유적 속성의 관점에서만 정의되는 것이 아니다. 오히려 개념은 기본적으로 상호작용적 속성의 관점에서 정의된다.

끝으로 정의는 어떤 개념의 적용을 위한 고정된 필요충분조건 집합을 제시하는 문제가 아니다. (비록 과학이나 다른 기술공학에서와 같이 어떤 특별한 경우에는 이러한 방식이 가능할지도 모르지만, 그러한 분야에서조차도 항상 가능한 것은 아니다.) 그 대신에 개념은 원형과 [그 개념의 구성원들이] 원형에 대해서 갖는 다양한 유형의 관계에 의해 정의된다. 우리의 경험에서 발생하는 개념은 엄밀히 정의된다기보다 개방되어 있다. 은유와 울타리 수식어는 어떤 개념을 더 상세하게 정의하고, 그 개념의 적용 가능성의 범위를 변화시키기 위한 체계적 장치이다.

제 20장

은유는 형태에 어떻게 의미를 주는가?

우리는 선형적인 순서로 말한다. 한 문장에서 어떤 낱말은 먼저 말하고, 어떤 낱말은 나중에 말한다. 말하기는 시간과 상관관계가 있고, 시간은 공간의 관점에서 은유적으로 개념화되기 때문에 우리가 언어를 공간의 관점에서 은유적으로 개념화하는 것은 자연스러운 일이다. 우리의 쓰기 체계는 이 개념화를 강화한다. 우리는 어떤 문장을 글로 적음으로써 훨씬 쉽게 그 문장을 선형적인 순서상의 낱말들을 갖는 공간적 대상으로 개념화할 수 있다. 그래서 우리의 공간적 개념이 자연스럽게 언어 표현에 적용된다. 우리는 어떤 낱말이 문장의 **첫 번째 위치**를 차지하는가, 두 낱말이 서로 얼마나 **가까이** 있는가 또는 얼마나 **멀리 떨어져** 있는가, 어떤 낱말이 비교적 **긴가 짧은가**를 알고 있다.

우리가 언어 형태를 공간적으로 개념화하기 때문에 공간화 은유가 문장의 **형태**에 직접 적용될 수 있다. 그 형태를 공간적으로 개념화하는 만큼 말이다. 이 덕분에 우리는 우리의 개념 체계 속의 일반적인 은유에 근거해 형태와 내용 사이를 자동적으로 직접 연결할 수 있다. 그러한 연결 덕분에 형태와 내용 사이의 관계는 결코 자의적이지 않은 관계가 되며, 어떤 문장의 의미의 일부는 그 문장이 취하는 정확한 형태에서 생겨날 수도 있다. 그래서 볼린저 (D. Bolinger 1977)가 주장한 바와 같이, 일반적으로 정확한 바꿔 쓰기가 불가능한 것은 이른바 바꿔 쓰기 그 자체가 상이한 형태로 표현하는 행위이기 때문이다. 이제 이 측면을 설명해 보자.

- 우리는 언어 형태를 공간화한다.
- 언어 형태가 공간화되기 때문에 공간 은유가 언어 형태에 적용된다.
- 언어 형태가 그 자체로 본유적인 내용을 지니고 있는 것은 공간화 은유 덕분이다.

「형태의 많음은 내용의 많음」

예를 들어 「도관」 은유는 형태와 내용 사이의 공간 관계를 정의한다. 즉 「언어 표현은 그릇」이며, 그 표현의 의미는 그 그릇의 **내용**이다. 실제로 작은 그릇을 볼 때 우리는 그 그릇의 내용도 작을 것이라 기대하고, 큰 그릇을 볼 때는 보통 그 내용도 클 것이라고 예상한다. 이것을 「도관」 은유에 적용하면 다음을 예상할 수 있다.

MORE OF FORM IS MORE OF CONTENT.

「형태의 많음은 내용의 많음」

앞으로 살펴보겠지만 이것은 전 세계의 언어에 자연스럽게 출현한다고 보이는 매우 일반적인 원리이다. 「도관」 은유가 널리 퍼져 있는 것은 사실이지만, 이 원리가 보편적인지는 아직 모른다. 그렇지만 언어의 은유적 공간화가 모든 언어에 어느 정도는 나타날 것이며, 이 은유적 공간화의 세부사항이 어떻든 양(量)의 그러한 상관관계를 확인하게 될 때 별로 놀랍지 않을 것이다.

영어에서 「형태의 많음은 내용의 많음」의 실례는 반복이다.

He ran and ran and ran and ran.
(그는 달리고 달리고 달리고 또 달렸다.)

위 문장은 아래의 문장보다 더 많은 달리기를 했음을 나타낸다.

He ran.
(그는 달렸다.)

이것은 다음 문장에서도 마찬가지이다.

He is very very very tall.
(그는 키가 매우 매우 매우 크다.)

아래 문장보다 위 문장이 그의 키가 더 크다는 것을 나타낸다.

He is very tall.
(그는 키가 매우 크다.)

모음을 길게 늘려 발음하는 것도 같은 효과를 낼 수 있다. 다음 문장을 보자.

He is b-i-i-i-i-ig!
(그는 몸이 크-으-으-으-으-으-다!)

단순히 다음 문장을 말할 때보다 모음을 길게 늘린 위 문장을 말할 때, 그의 몸집이 더 크다는 것을 전달한다.

He is big! (그는 몸이 크다!)

세계의 많은 언어에서 **중복**이라는 어형적 장치, 즉 위와 같은 방식을 통한 한 낱말의 한 음절이나 두 음절의 반복, 또는 낱말 전체의 반복을 사용한다. 우리가 아는 한 세계의 언어에서 사용하는 중복의 모든 경우는 「형태의 더 많음」이 「내용의 더 많음」을 나타내는 은유의 실례이다. 가장 전형적인 장치는 다음과 같다.

명사에 적용된 중복은 단수 명사를 복수 명사 또는 집합 명사로 바꾼다.
동사에 적용된 중복은 지속성 또는 완결성을 나타낸다.

형용사에 적용된 중복은 강화 또는 증가를 나타낸다.
작은 것을 지시하는 낱말에 적용된 중복은 감소를 나타낸다.

이것을 일반화하면 다음과 같다.

명사는 어떤 종류의 대상을 나타낸다.
그 명사가 더 많이 있음은 그 종류의 대상이 더 많이 있음을 나타낸다.

동사는 행동을 나타낸다.
그 동사가 더 많이 있음은 (아마 완결될 때까지) 그 행동이 더 많이 있음을 나타낸다.

형용사는 속성을 나타낸다.
그 형용사가 더 많이 있음은 그 속성이 더 많이 있음을 나타낸다.

어떤 낱말은 어떤 작은 것을 나타낸다.
그 낱말이 더 많이 있음은 더 작은 어떤 것을 나타낸다.

「영향의 강도는 가까움」

영어는 은유가 형태에 의미를 부여하는 방식의 훨씬 더 미묘한 실례를 제공한다. (이 방식은 아마도 다른 언어에도 존해할 것이다. 아직 상세한 연구가 이루어지지는 않았지만 말이다.) 영어에는 다음과 같은 관습적 은유가 있다.

STRENGTH OF EFFECT IS CLOSENESS.
「영향의 강도는 가까움」

그래서 다음 문장

Who are the men *closest to* Khomeini?
(호메이니와 가장 가까운 사람은 누구인가?)

는 다음을 뜻한다.

Who are the men *who have the strongest effect on* Khomeini?
(호메이니에게 가장 강력한 영향을 미치는 사람은 누구인가?)

위의 두 문장에서 이 은유는 순수하게 의미적인 효과를 지니며, 이 효과는 낱말 close(가깝다)의 의미와 관련이 있다. 그렇지만 그 은유는 또한 문장의 통사적 형태에도 적용될 수 있다. 그 이유는 문장의 통사 구조가 나타내는 것 중 하나는 두 표현이 서로 얼마나 가까이 있는가(즉, 두 표현 사이의 물리적 거리)이기 때문이다. 그 「가까움」은 형태의 가까움이다. 이 은유는 형태와 의미의 관계에 다음과 같은 방식으로 적용될 수 있다.

형태 A의 의미가 형태 B의 의미에 영향을 미친다면, 형태 A가 형태 B에 가까울수록 A의 의미가 B의 의미에 미치는 「영향」은 그만큼

「더 강해질」 것이다.

예를 들어 not와 같은 문장 부정어는 술어를 부정하는 효과를 갖는다. 다음 문장을 보자.

John *won't* leave until tomorrow.
(존은 내일까지 떠나지 **않을** 것이다.)
형태 n't는 leave의 형태를 갖는 술어를 부정하는 효과를 갖는다.

영어에는 종종 **부정어 이송**이라고 불리는 규칙이 있다. 이 규칙은 어떤 부정어를 그 부정어가 논리적으로 부정하는 술어로부터 더 멀리 옮겨다 놓는 작용을 한다. 예를 들어 다음을 보자.

Mary does*n't* think he'll *leave* until tomorrow.
(메리는 그가 내일까지 **떠날** 것이라고 생각하지 **않는다**.)

여기에서 n't는 논리적으로 think보다는 오히려 leave를 부정한다. 위 문장은 대략 아래 문장과 같은 의미를 갖는다.

Mary thinks he wo*n't leave* until tomorrow.
(메리는 그가 내일까지 **떠나지 않을** 것이라고 생각한다.)

그러나 부정어가 leave로부터 「더 멀리 떨어져」 있는 앞 문장에서는 「더 약한」 부정의 힘을 갖는다는 점에서 두 문장은 의미 차이가 있다. 부정어가 「더 가까이」 있는 뒤 문장에서 부정의 힘이 「더 강하다」.

짐머(K. Zimmer)는 (개인적인 대화에서) 동일한 원리가 다음과 같은 차이를 규정한다는 것을 발견했다.

Harry is not happy. (해리는 행복하지 않다.)
대
Harry is unhappy. (해리는 불행하다.)

부정 접두어 un-이 별개의 낱말 not보다 형용사 happy에 더 가깝다. Harry is not happy보다 Harry is unhappy에서 부정어가 더 강한 효력을 지닌다. unhappy(불행한)는 sad(슬픈)를 뜻하지만, not happy(행복하지 않은)는 행복하지도 슬프지도 않은 그 중간쯤의 상태를 가리키는 중립적인 해석의 여지가 있다. 이것은 영어뿐만 아니라 다른 언어에서도 부정어와 부정접사 사이에서 드러나는 전형적인 차이이다.

동일한 은유가 다음 실례에서도 작용하고 있음을 알 수 있다.

I *taught* Greek to *Harry*. (나는 그리스어를 해리에게 가르쳤다.)
I taught *Harry Greek*. (나는 해리에게 그리스어를 가르쳤다.)

taught와 Harry가 더 가깝게 위치한 두 번째 문장에서는 해리가 가르침을 받은 내용을 실제로 습득했다는 암시, 즉 가르침이 그에게 효력을 발휘했다는 암시가 더 강하다. 다음의 실례는 훨씬 더 미묘하다.

> I found that the chair was comfortable.
> (나는 그 의자가 편안하다는 것을 알게 되었다.)
> I found the chair comfortable.
> (나는 그 의자가 편안함을 알게 되었다.)

뒤 문장은 **직접적인 경험**을 통해서, 즉 그 의자에 앉아봄으로써 그 의자가 편안하다는 것을 알았음을 나타낸다. 앞 문장은 내가 그 사실을 간접적으로, 즉 사람들에게 물어보거나 살펴봄으로써 알아냈을 가능성을 남겨 둔다. 뒤 문장에서는 형태 I가 형태 chair와 형태 comfortable에 「더 가깝다」. 이 뒤 문장의 구문은 내가 그 의자가 편안하다는 것을 발견했던 수단인, 그 의자에 대한 경험의 직접성을 나타낸다. 형태 I가 형태 chair와 형태 comfortable에 「더 가까울수록」 표시되는 경험은 그만큼 더 직접적이다. 이 경우에 구문의 영향은 경험의 직접성을 나타내는 것이고, 「가까움」은 그 「영향」의 「강도」를 나타낸다. 영어의 이 현상은 보어킨(A. Borkin, 1985)이 상세하게 증명했다.

다음과 같은 실례에도 동일한 은유가 작용한다는 것을 알 수 있다.

Sam killed Harry.

(샘이 해리를 죽였다.)

Sam caused Harry to die.

(샘이 해리를 죽게 했다.)

앞 문장에서처럼 원인이 단일한 사건이면 인과관계는 더 직접적이다. 뒤 문장은 간접적이거나 약한 인과관계를 나타낸다. 즉 해리의 죽음과 그 죽음을 초래하기 위해서 샘이 한 일이라는 별개의 두 사건을 나타낸다. 만일 훨씬 더 간접적인 인과관계를 표시하려면 다음과 같이 말할 수 있다.

Sam brought it about that Harry died.

(샘은 해리가 죽도록 했다.)

위 문장에서 **통사구조가 보여주는 효과**는 샘이 했던 일과 해리에게 일어난 일 사이의 **인과적 연결이 얼마나 직접적인가**를 나타내는 것이다. 여기에서 작용하고 있는 원리는 다음과 같다.

「원인」을 나타내는 형태가 「결과」를 나타내는 형태에 가까우면 가까울수록 인과적 연결은 그만큼 「더 강하다」.

Sam killed Harry에는 「원인」과 「결과」(죽음) 둘 다를 나타내는 단일한 형태인 낱말 kill이 있다. 이 의미에 대응하는 형태들이 최대한 가깝게 위치한다. 즉 한 낱말이 원인과 결과를 다 포함하는 것이다. 이것은 인과관계의 연결이 최대한 강력하다는 것, 즉 단일 사건이라는 것을 의미한다. Sam caused Harry to die에는 원인과 결과를 나타내는 별개의 두 낱말 cause(초래하다)와 die(죽다)가 있다. 이것은 원인과 결과 사이의 연결이 최대한 강하지 않다는 것, 즉 원인과 결과가 같은 사건의 일부가 아니라는 것을 말해 준다. Sam brought it about that Harry died에서는 Sam brought it about과 that Harry died이라는 별개의 두 절이 있는데, 이것은 훨씬 더 약한 인과적 연결을 나타낸다.

요약하면, 이 모든 경우에 형태의 차이는 의미의 미묘한 차이를 나타낸다. 이 미묘한 차이가 정확히 무엇인가는 「영향의 강도는 가까움」 은유가 보여줄 수 있다. 이 은유에서는 「가까움」은 문장의 구문에 적용되는 반면 「영향의 강도」는 문장의 의미에 적용된다. 「가까움」은 형태와 관계가 있고, 반면에 「영향의 강도」는 의미와 관계가 있다. 그래서 우리의 정상적인 개념 체계의 일부인 「영향의 강도는 가까움」 은유는 '호메이니와 **가장 가까운** 사람은 누구인가?'(Who are the men *closest* to Khomeini?)에서와 같이 순수하게 의미적으로 작용할 수 있다. 또한 이 은유는 「가까움」이 어떤 문장의 두 형태 사이의 관계를 나타낼 수 있다는 점에서 **형태를 의미**에 연결할 수도 있다. 그래서 위에서 살펴본 실례에서 드러나는 의미의 미묘한 차이는 영어의 특수한 규칙의 산물이 아니라,

언어의 형태에 자연스럽게 적용되는 우리의 개념 체계 속 은유의
산물이다.

'나 중심' 지향성

쿠퍼와 로스(W. Cooper and J. Ross 1975)는 우리 문화의 원형
적 구성원이 어떤 모습인가에 대한 우리 문화의 견해가 우리 개념
체계 내부의 다양한 개념의 지향성을 결정한다는 점에 주목한다.
정상적인 사람은 개념적 참조점을 형성하며, 우리의 개념 체계 안의
무수히 많은 개념은 그 원형적인 사람의 속성들과의 유사성 여부에
따라 지향성을 부여받는다. 사람은 전형적으로 **직립** 자세에서 여러
기능을 수행하고, **앞쪽을 향해** 보거나 이동하고, 대부분의 시간을
여러 가지 **행위**를 하면서 보내고, 자신을 기본적으로 **선하다고** 보기
때문에, 우리 자신을 「아래」보다는 「위」, 「뒤」보다는 「앞」, 「수동
적」보다는 「능동적」, 「나쁜」보다는 「선한」 존재로 보는 근거가 우
리의 경험 안에 있다.

우리는 현재의 장소에 있으며 현재의 시간에 존재하기 때문에
우리 자신이 「저기」보다는 「여기」에 있으며, 「그때」보다는 「지금」
에 있다고 생각한다. 이것이 쿠퍼와 로스가 말하는 「나 중심」 지향
성(ME-FIRST orientation)을 결정한다. 즉 「위」나 「앞」「능동적」
「선한」「여기」「지금」은 모두 표준적인 사람을 향하는 지향성이고,

반면에 「아래」나 「뒤」 「수동적」 「나쁜」 「저기」 「그때」는 모두 표준적인 사람으로부터 멀어지는 지향성이다.

이 문화적인 지향성은 영어에서 특정한 어순이 다른 어순보다 더 표준적이라는 사실과 상관관계가 있다.

더 표준적임	덜 표준적임
up and down (위 아래)	down and up (아래 위)
front and back (앞뒤)	back and front (뒤앞)
active and passive (능동 수동)	passive and active (수동 능동)
good and bad (선악)	bad and good (악선)
here and there (여기저기)	there and here (저기여기)
now and then (지금과 그때)	then and now (그때와 지금)

일반적인 원리는 다음과 같다. 원형적인 사람의 속성과 관련해서 그 의미가 「가장 가까운」 낱말이 「맨 처음」 온다.

이 원리는 형태와 내용의 상관관계를 기술한다. 지금까지 우리가 살펴보았던 다른 원리처럼 이 원리는 우리의 일상적인 개념 체계 속의 「가장 가까움은 맨 처음」 은유의 결과이다. 예를 들어 당신이 사진 속의 누군가를 가리키고 있다고 가정하자.

The *first* person on Bill's left is Sam.
(빌의 왼쪽 첫 번째 사람이 샘이다.)

당신이 위와 같이 말한다면 이것은 다음을 의미한다.

The person who is on Bill's left and *nearest* to him is Sam.
(빌의 왼쪽에 있으면서 빌과 **가장 가까이** 있는 사람은 샘이다.)

요약하면 다음과 같다. 우리는 선형적인 순서로 말하기 때문에 어떤 단어를 먼저 말해야 하는지를 계속해서 선택해야만 한다. **위 아래**(up and down)와 **아래 위**(down and up) 사이에서 임의로 하나를 선택하게 될 때, 우리는 자동적으로 **위 아래**(up and down)를 선택한다. 「위」와 「아래」라는 두 개념 중에서 「위」의 지향성이 원형적인 화자와 「가장 가까운」 것이다. 「가장 가까움은 맨 처음」은 우리의 개념 체계의 일부이기 때문에 우리는 의미가 「가장 가까운」 낱말(즉, up '위')을 맨 처음 자리에 둔다. 그래서 어순 **위 아래**(up and down)가 어순 **아래 위**(down and up)보다 우리의 개념 체계와 더 정합적이 된다.

이 현상에 대한 상세한 설명과 분명한 반례에 대해서는 쿠퍼와 로스의 연구(Cooper and Ross 1975)를 참고하라.

문법 속의 은유적 정합성

도구는 동반자이다

장난감을 가지고 노는 아이가 그 장난감에게 말을 걸고, 밤에는 머리맡에 놓아두는 등 마치 그 장난감을 동반자처럼 대하는 것은 흔한 일이다. 인형은 특별히 이러한 목적을 위해 고안된 장난감이다. 이와 같은 행동은 자동차나 총과 같은 어떤 중요한 도구를 동반자로 간주해서 이름을 짓고, 말을 거는 등의 행동을 하는 성인에게도 나타난다. 마찬가지로 우리의 개념 체계에는「도구는 동반자」라는 관습적 은유가 있다. 이 은유는 다음과 같은 실례에 반영되어 있다.

AN INSTRUMENT IS A COMPANION
「도구는 동반자」

Me and my old Chevy have seen a lot of the country together.
(나와 내 낡은 쉐비는 그 나라의 많은 것을 함께 보았다.)

Q : Who's gonna stop me?
    (누가 나를 막을 거야?)
A : Me and old Betsy here [said by the cowboy reaching for his gun]. (여기 나와 내 오랜 친구 벳시) [자기 총을 잡으려 손을 뻗는 카우보이의 말]

Dominico is going on tour with priceless Stradivarius.
(도미니코는 값비싼 스트라디바리우스와 함께 연주 여행을 가려 한다.)

Sleezo the Magician and his Magic Harmonica will be performing tonight at the Rialto.
(마술사 슬리조와 그의 마술적 하모니카가 오늘 밤 리알토 섬에서 공연할 것이다.)

왜 with가 「도구성」과 「동반성」을 다 나타내는가?

다음에서 보듯이 with는 영어에서 「동반성」을 나타낸다.

I went to the movies *with* Sally. (COMPANION)
(나는 샐리와 **함께** 영화를 보러 갔다.) (「동반자」)

「동반성」을 나타내는 낱말이 다른 낱말이 아니라 바로 with라는 사실은 영어의 자의적인 관습이다. 다른 언어에서는 다른 낱말(이나 격어미와 같은 문법적 장치)이 「동반성」을 나타낸다. (예컨대 불어에서는 avec가 「동반성」을 나타낸다.) 그러나 영어에서 with가 「동반성」을 나타내는 한, 이 with가 또한 「도구성」도 나타낸다는 것은 결코 우연이 아니다. 다음을 보라.

I sliced the salami *with* a knife. (INSTRUMENT)
(나는 샐러미 소시지를 칼로 얇게 잘랐다.) (「도구」)

이것이 자의적이지 않은 이유는 우리의 개념 체계가 「도구는 동반자」 은유에 의해서 구조화되기 때문이다. 영어의 경우에 「동반성」을 나타내는 낱말이 동시에 「도구성」을 나타낸다는 것은 우연한 사실이 아니라 **체계적인** 사실이다. 영어의 이 문법적 사실은 영어의 개념 체계와 정합적이다.

실제로 이것은 단순히 영어에 관한 사실만이 아니다. 몇 가지 예외는 있지만 다음 원리는 세계의 모든 언어에서 타당하다.

> 「동반성」을 나타내는 낱말이나 문법적 장치는 동시에 「도구성」을 나타낸다.

「도구는 동반자」 은유의 근거가 되는 경험은 보편적일 가능성이 높다. 따라서 이 문법적 원리가 대부분의 언어에 적용된다는 것은 당연하다. 이 원리가 적용되는 언어는 「도구는 동반자」 은유와 정합성이 있으며, 이 원리가 적용되지 않는 언어는 이 은유와 정합성이 없다. 어떤 언어에 「도구는 동반자」 정합성이 나타나지 않는 경우에는 보통 그 대신에 다른 어떤 개념적 정합성이 나타난다. 그래서 「도구」를 동사 '**사용하다**'(use)로 표시하거나, 「동반성」을 '그리고'(and)의 대응어로 표시하는 언어가 있다. 이것은 형태가 내용과 정합성을 가질 수 있는 여타의 비은유적인 방식이다.

언어의 '논리'

　동일한 낱말을 사용하여 「동반성」과 「도구성」을 동시에 나타내는 데는 납득할 만한 이유가 있다. 바로 그러한 형태-내용 연결이 그 언어의 개념 체계와 정합적이 되기 때문이다. 마찬가지로 **안에**(in)나 ~에(at)와 같은 공간적인 낱말을 시간 표현(예 : 한 시간 <u>안에</u>, 10시<u>에</u>)에 사용하는 것도 「시간」을 「공간」의 관점에서 은유적으로 개념화한다는 점에서 이해가 된다. 개념 체계 속의 은유들은 개념들 사이의 정합적이고 체계적인 관련성을 나타낸다. (「시간」과 「공간」처럼) 체계적인 은유적 대응이 되는 개념들에 대해 동일한 낱말이나 동일한 문법적 장치를 사용하는 것은, 어떤 언어에 존재하는 형태와 의미 사이의 대응이 자의적이 아니라 '논리적'이 되는 여러 방식 중의 하나이다.

결론

의미의 섬세한 변이

　바꿔쓰기는 가능한가? 두 개의 다른 문장이 정확히 같은 의미를 지닐 가능성이 조금이라도 있는가? 볼린저(D. Bolinger)는 이것이 사실상 불가능하다는 사실과, 어순이든 어휘이든 억양이든 문법 구조이든 문장이 조금이라도 변화하면 거의 언제나 비록 대개는 섬세한 정도이지만 문장의 의미가 변화한다는 사실을 입증하는 데 생애의 대부분을 보냈다. 이제 우리는 바꿔쓰기가 왜 불가능한지를 살펴보려고 한다.

우리는 공간의 관점에서 문장을 은유적으로 개념화한다. 이 은유적 개념화에서는 언어 형태의 요소들이 공간적 속성(예: 길이)과 공간적 관계(예: 가까움)를 담고 있다. 따라서 (「영향의 강도는 가까움」처럼) 우리의 개념 체계에 내재하는 공간적 은유는 형태와 내용 사이의 관련성을 자동적으로 구조화할 것이다. 문장 의미의 어떤 측면은 언어의 비교적 자의적인 특정한 관습의 산물이다. 반면에 의미의 다른 측면은 우리가 말하는 내용을 우리의 개념 체계와 정합적으로 만들기 위한 자연스러운 시도를 통해 나타난다. 이 시도에는 우리가 하는 말의 내용을 담는 **형태**가 들어있다. 왜냐하면 **형태**가 공간적으로 개념화되기 때문이다.

언어 형태의 규칙성

우리는 은유가 언어 형태의 규칙성을 규정하는 데 중요한 역할을 한다는 것을 살펴보았다. 그러한 규칙성의 하나는 동일한 낱말을 사용해서 「동반성」과 「도구성」을 둘 다 나타낸다는 것이다. 이 규칙성은 개념적 은유 「도구는 동반자」와 정합성을 갖는다. 우리가 언어 형태의 '자연스러운' 규칙성이라고 지각하는 많은 현상은 우리의 개념 체계 속의 은유와 정합성을 갖는 규칙성이다. 질문은 보통 지각적으로 이른바 '상승조' 억양으로 끝나고, 반면에 서술은 보통 지각적으로 이른바 '내림조' 억양으로 끝난다는 사실을 예로 들어보자.

이것은 지향적 은유 「알려지지 않음은 위/ 알려짐은 아래」와 정합성을 갖는다. 이 개념적 은유는 다음과 같은 실례에서 찾아볼 수 있다.

That's still *up in the air.*
(그것은 아직도 **결정되지 않았다.**)
I'd like to *raise* some questions about that.
(나는 그것에 대해 몇 가지 의문을 **제기하고** 싶다)
That *settles* the question.
(그 덕분에 의문이 가라 앉는다.)
It's still *up* for grabs.
(그것은 아직도 **미정이다.**)
Let's *bring it up* for discussion.
(그것을 의제로 올리자.)

그리고 동사 come(**오다**)이 come up with an answer(**해결책을 찾아내다**)에 사용되는 이유는 그 해결책이 「아래」에서 나오기 시작해서 우리가 현재 있는 곳, 즉 「위」에서 끝난다고 개념화되기 때문이다.

전형적으로 질문은 무언가가 알려지지 않은 상태를 나타낸다. 따라서 질문의 경우에 올림조 억양을 사용하는 것은 「알려지지 않음은 위」 은유와 정합성을 가지며, 따라서 서술의 경우에 내림조 억양을 사용하는 것은 「알려짐은 아래」 은유와 정합성을 갖는다. 사실상 내림조 억양을 갖는 질문은 실제적인 질문이 아니라 서술을 나타내는 수사적인 질문이라 여겨진다. 예를 들어 내림조 억양으로 말하는 '네가 과연 배우게 될까?'(Will you ever learn?)는 '넌 결코 배우지 못할 거야'(You will never learn)를 간접적으로 말하는 방법이다. 마찬가지로 올림조 억양을 지닌 서술은 불확실성을 나타내거나 어떤 것을 이해할 수 없음을 나타낸다. 예를 들어 올림조 억양으로 말하는 '네 이름이 프레드야'(Your name's Fred)는 당신이 확신할 수 없어서 확인을 원하고 있음을 나타낸다. 올림조로 말하는 '자이언츠 구단이 메드록을 방출했어'(The Giants traded Madlock)는 당신이 무엇인가를 이해하지 못하고 있다는 것, 즉 그 무언가가 당신이 알고 있는 바와 일치하지 않는다는 것을 나타낸다. 이것은 모두 올림조 억양과 내림조 억양을 「알려지지 않음은 위」 은유나 「알려짐은 아래」 은유와 정합적으로 사용한 실례이다.

우연히도 영어의 의문사 의문문은 내림조 억양을 갖는다. 예를 들어 Who did John see yesterday?(존은 어제 누구를 만났냐?)를 보라. 추측컨대, 그 이유는 의문사 의문문의 내용의 대부분이 알려져 있으며, 단 하나의 정보만이 알려져 있지 않은 상태라고 간주되기 때문이다. 말하자면 '존은 어제 누구를 만났는가?'는 존이 어제 누군가를 만났다는 것을 전제한다. 예상할 수 있는 것처럼 성조 언어는 일반적으로 질문을 표시하기 위해 억양을 전혀 사용하지 않으며, 대체로 의문불변화사를 사용한다. 대체로 억양이 질문과 서술의 차이를 나타내는 경우에는, 올림조 억양은 알려지지 않은 (예/아니오) 질문과 일치하고, 내림조 억양은 알려진 것(서술)과 일치한다.

이와 같은 실례는 언어 형태의 규칙성을 형식적인 방식만으로는 설명할 수 없다는 것을 말해 준다. 그러한 많은 규칙성은 우리가 개념적 은유를 적용해서 언어 형태를 공간적으로 개념화한다는 관점에서 바라볼 때만 이해가 가능하다. 달리 말하면 통사는 의미, 특히 의미의 은유적 측면과 독립적인 것이 아니다. 어떤 언어의 '논리'는 그 언어의 공간화된 형태와 개념 체계, 특히 개념 체계의 은유적 측면 사이의 정합성에 근거한다.

제 21장
새로운 의미

지금까지 논의했던 은유는 **관습적** 은유, 즉 우리의 일상 언어에 반영되어 있는 우리 문화의 일상적인 개념 체계를 구조화하는 은유였다. 이제 관습적인 개념 체계의 밖에 있는 은유, 즉 상상적이고 창조적인 은유를 살펴보려고 한다. 이러한 은유는 우리의 경험에 대한 새로운 이해를 가능하게 해 주기 때문에 우리의 과거와 일상적 활동, 그리고 우리가 알고 믿는 바에 새로운 의미를 부여할 수 있다.

이것이 어떻게 가능한지 알아보기 위해서 「사랑은 협동적인 예술 작업」(LOVE IS A COLLABORATIVE WORK OF ART) 은유를 살펴보자. 우리 세대와 문화의 구성원으로서의 경험에 비추어 볼 때 우리는 개인적으로 이 은유를 특별히 강력하고 통찰력 있는 적절한 은유라고 보게 된다. 그 이유는 이 은유 덕분에 우리의 사랑 경험이 정합적이 되기 때문이다—즉 이 은유가 사랑 경험으로 의미를 구성하기 때문이다. 우리는 새로운 은유도 관습적 은유와 동일한 방식으로 우리의 경험으로 의미를 구성한다는 제안을 하고자 한다. 즉 새로운 은유는 정합적 구조를 제공하고, 어떤 것을 부각하기도 하고, 어떤 것을 은폐하기도 한다는 것이다.

관습적 은유와 마찬가지로 새로운 은유도 여러 함의를 지니고 있다. 그러한 함의에는 다른 은유와 문자적 진술이 또한 들어간다. 예컨대 「사랑은 협동적인 예술 작업」 은유의 함의는 협동적 예술 작업이 무엇을 의미하는가에 대한 우리의 신념과 경험으로부터 생겨난다. 작업과 예술에 대한 우리의 개인적 견해는 이 은유에 대해 적어도 다음과 같은 함의를 이끌어낸다.

Love is work.
(사랑은 작업이다.)
Love is active.
(사랑은 활동적이다.)
Love requires cooperation.
(사랑은 협동을 요구한다.)
Love requires dedication.
(사랑은 헌신을 요구한다.)
Love requires compromise.
(사랑은 타협을 요구한다.)
Love requires a discipline.
(사랑은 절제를 요구한다.)

Love involves shared responsibility.

(사랑에는 공동의 책임이 있다.)

Love requires patience.

(사랑은 인내를 요구한다.)

Love requires shared values and goals.

(사랑은 공동의 가치와 목표를 요구한다.)

Love requires sacrifice.

(사랑은 희생을 요구한다.)

Love regularly brings frustration.

(사랑은 주기적으로 좌절을 가져온다.)

Love requires instinctive communication.

(사랑은 본능적인 의사소통을 요구한다.)

Love is an aesthetic experience.

(사랑은 미적 경험이다.)

Love is primarily valued for its own sake.

(사랑은 주로 그 자체로 평가받는다.)

Love involves creativity.

(사랑에는 창조성이 있다.)

Love requires a shared aesthetic.

(사랑은 공동의 미학을 요구한다.)

Love cannot be achieved by formula.

(사랑은 공식으로 성취할 수 없다.)

Love is unique in each instance.

(사랑은 모든 경우에 유일무이하다.)

Love is an expression of who you are.

(사랑은 당신이 누구인가에 대한 표현이다.)

Love creates reality.

(사랑은 실재를 창조한다.)

Love reflects how you see the world.

(사랑은 당신이 세계를 보는 방식을 반영한다.)

Love requires the greatest honesty.

(사랑은 가장 큰 정직성을 요구한다.)

Love may be transient or permanent.

(사랑은 일시적일 수도 있고 영구적일 수도 있다.)

Love needs funding.

(사랑은 자금을 필요로 한다.)

Love yields a shared aesthetic satisfaction from your joint efforts.

(사랑은 서로의 협동적 노력으로부터 공동의 미적 만족을 산출한다.)

이러한 함의 중 어떤 것은 은유적이지만(예 : '사랑은 미적 경험이다'), 어떤 것은 그렇지 않다(예 : '사랑에는 공동의 책임이 있다'). 이러한 함의는 각각 그 자체가 또 다른 함의를 가질 수 있다. 그 결과 크고 정합적인 함의 망이 형성되는데, 이 망은 전체적으로 우리의 사랑 경험과 합치할 수도 있고 합치하지 않을 수도 있다. 만약 합치한다면 그 은유의 경우로서 그러한 경험은 하나의 정합적인 전체를 형성하게 된다. 그러한 은유를 통해서 우리가 경험하는 것은 그 함의들의 망을 관통하는 일종의 반향이다. 이 반향은 우리의 과거의 사랑 경험에 대한 기억을 일깨우고 연결해 주며, 미래의 사람 경험에 대해 길잡이 역할을 할 수도 있다.

「사랑은 협동적인 예술 작업」 은유에서 '반향이라는 말이 무엇을 뜻하는지 좀 더 구체적으로 살펴보자.

먼저 이 은유는 어떤 측면은 억압하는 한편, 다른 어떤 측면은 부각한다. 예를 들면 사랑의 활동적인 측면이 「협동적 작업」과 「예술 작업」둘 다에 들어있는 「작업」이라는 개념을 통해 전면으로 부각된다. 이것은 수동적으로 비추어지는 사랑의 몇 가지 측면을 은폐하도록 요구한다. 실제로 우리의 관습적인 개념 체계에서는 사랑의 정서적 측면을 결코 연인들이 능동적으로 통제하는 어떤 것으로 간주하지 않는다.

「사랑은 여행」 은유에서도 사랑 관계는 연인들의 통제를 벗어난 차량(vehicle)으로 간주한다. 그 이유는 이 관계가 탈선하거나(off the tracks), **좌초되거나**(on the rocks), **전혀 진전이 없을**(not going anywhere) 수도 있기 때문이다. 「사랑은 미침」 은유(예: '나는 그녀에게 미쳤어' '그녀는 나를 미치게 해' 등)에서도 전적으로 통제가 결여되어 있다. 「사랑은 건강」 은유(예: '그것은 건강한 관계야' '그것은 병적 관계야' '그들의 관계는 회복되고 있어' 등)에서는 사랑 관계가 일종의 환자이며, 우리 문화에 들어있는 건강의 수동성이 사랑에 전이된다. 따라서 「사랑은 협동적인 예술 작업」 은유는 「작업」「창조」「목표 추구」「건축」「도와줌」 등 활동의 다양한 측면에 초점을 맞춤으로써 관습적인 개념 체계에서는 이용할 수 없는 중요한 사랑의 조직화를 제공한다.

둘째, 「사랑은 협동적인 예술 작업」 은유는 다만 「작업」이나 「공동 목표의 추구」와 같은 개념만을 함의하는 것이 아니라 이 개념의 아주 구체적인 **측면도** 함의한다. 이 은유는 예컨대 그저 자동차 조립대에서의 작업과 같은 임의의 작업이 아니다. 이 은유는 예술적 창조에 적합한, 통제와 방임의 특수한 균형을 요구하는 작업이다. 왜냐하면 이 은유에서 추구하는 목표가 그저 어떤 종류의 목표가 아니라 공동의 미적 목표이기 때문이다. 또한 이 은유는 비록 「사랑은 미침」 은유의 통제 불가능한 측면은 억압할 수 있지만, 또 다른 측면은 부각한다. 즉, 우리 문화에서 예술적 천재성과 광기를 연결할 때 그 배후에 놓여 있는 거의 악마적인 집착의 의미를 부각한다.

셋째, 「사랑은 협동적인 예술 작업」 은유는 여타의 사랑 경험을 은폐하는 한편, 여러 중요한 사랑 경험을 부각하고 정합성 있게 만들어 준다. 바로 이 때문에 이 은유는 사랑에 대한 새로운 의미를 부여한다. 만일 이 은유가 함의하는 것이 우리에게 사랑 경험의 가장 중요한 측면이라면 이 은유는 진리로서의 위상을 획득할 수 있다. 즉 많은 사람들에게 사랑은 협동적인 예술 작업이다. 또한 그렇기 때문에 이 은유는 이 은유와 합치하는 우리의 미래 행위의 길잡이가 됨으로써 피드백 효과를 가질 수도 있다.

넷째, 그러니까 은유가 적절할 수 있는 이유는, 행위를 재가하고, 추론을 정당화하며, 우리의 목표 설정을 돕기 때문이다. 예를 들어 특정한 행위와 추론, 목표를 제어하는 것은 「사랑은 협동적인 예술 작업」 은유이지 「사랑은 미침」 은유가 아니다. 만일 사랑이 광기라면 그 상태를 유지하기 위해서 내가 해야 할 일에 집중할 수 없게 된다. 그러나 만약 사랑이 작업이라면 사랑은 활동을 요구하고, 만약 예술 작업이라면 매우 특수한 **종류**의 활동을 요구한다. 만약 협동적 작업이라면 사랑은 훨씬 더 제한되고 구체화된다.

다섯째, 어떤 은유가 내게 주는 의미는 부분적으로는 문화적으로 결정되고, 부분적으로는 나의 과거 경험과 연관이 있을 것이다. 문화적 차이는 엄청날 수 있다. 왜냐하면 지금 논의 중인 이 은유 안의 각 개념, 즉 「예술」「작품」「협동」「사랑」 등이 문화에 따라 매우 다를 수 있기 때문이다. 그래서 「사랑은 협동적인 예술 작업」 은유는 19세기 유럽의 낭만주의자와 그린랜드에 살고 있는 동시대 의 에스키모인에게는 매우 다른 의미를 지닐 것이다. 또한 같은 문화권 내에서도 개인들이 작품과 예술을 보는 상이한 관점에 따라 차이가 있을 것이다. 「사랑은 협동적인 예술 작업」 은유는 처음 데이트하는 열네 살 짜리 소년과 성숙한 예술가 부부에게는 각각 아주 다른 의미를 지닐 것이다.

어떤 은유의 의미가 동일한 문화 내에서도 근본적으로 어떻게 다를 수 있는지를 보여주는 실례로서, 우리와는 매우 다른 예술관을 지닌 어떤 사람에게 「사랑은 협동적인 예술 작업」 은유가 전해 주 는 몇 가지 함의를 살펴보자. 예술 작품을 그 자체로서가 아니라 다만 전시의 대상으로만 평가하는 사람과, 예술이 실재를 창조하는 것이 아니라 환상만을 창조한다고 생각하는 사람은 다음을 이 은유의 함의로 볼 것이다.

Love is an object to be placed on display.
(사랑은 전시해야 할 대상이다.)
Love exists to be judged and admired by others.
(사랑은 다른 사람들의 판단과 찬미를 받기 위해 존재한다.)
Love creates an illusion.
(사랑은 환상을 창조한다.)
Love requires hiding the truth.
(사랑은 진실의 은폐를 요구한다.)

그러한 사람은 예술관이 다르기 때문에 「사랑은 협동적인 예술 작업」 은유가 그러한 사람에게는 다른 의미를 지닐 것이다. 만약 그의 사랑 경험이 우리의 사랑 경험과 아주 유사하다면 이 은유는 그냥 합치하지 않을 것이다. 사실상 이 은유는 매우 부적절할 것이다. 그렇기 때문에 우리의 경험에는 새로운 의미를 부여하는 바로 그 은유가 그의 경험에는 새로운 의미를 부여하지 못할 것이다.

은유가 어떻게 우리에게 새로운 의미를 창조해 주는가를 보여주는 또 다른 예는 우연히 발견했다. 한 이란 학생이 버클리에 도착한 직후에 은유에 관한 우리의 세미나에 참석했다. 이 학생이 버클리에서 접한 이상한 것들 중 하나는 반복해서 듣고 나서야 결국 하나의 아주 건전한 은유라고 이해했던 한 표현이었다. 바로 '내 문제의 용해/해결'(the solution of my problems)이라는 표현이었다. 그는 이 표현이 거대한 양의 액체를 지칭하고, 이 액체가 거품이 일고 연기가 나며, 나의 모든 문제를 용해하거나 침전물 상태로 담고 있고, 촉매제가 지속적으로 어떤 문제들은 (당분간) 용해하고 다른 문제들은 침전물로 가라앉힌다고 생각했다. 그는 버클리의 학생들이 [이 표현을 사용할 때] 전혀 그러한 화학 물질 은유를 염두에 두지 않는다는 사실을 알고서 고통스럽게 환상에서 깨어나게 되었다. 그도 그럴 것이 이 화학 물질 은유는 아름다운 동시에 통찰력을 제공하기 때문이다. 이 은유는 우리에게 문제란 결코 완전히 사라지지는 않으며, 단 한번에 완전히 해결될 수도 없다는 생각을 전해 준다. 우리의 모든 문제는 항상 현존하는데, 다만 용해되어 용액 상태로 있거나 고체의 형태로 남아 있다. 우리가 가장 바라는 일은 어떤 문제를 용해시키면서도 다른 어떤 문제를 침전물로 내보내지 않을 용해제의 발견이다. 그리고 무엇이 그 용액에 들어가는지 완전히 통제하지 못하기 때문에, 우리는 낡은 문제와 새로운 문제가 끊임없이 침전물로 나오고 현존하는 문제가 해소되는 것을 보고 있다. 이것은 부분적으로는 우리의 노력 때문에 일어나고 부분적으로는 우리의 어떤 노력과도 상관없이 일어난다.

「화학 물질」 은유는 인간의 문제에 대해 하나의 새로운 시각을 제공한다. 이 시각은 우리가 한때 '해결되었다'고 생각했던 문제가 반복적으로 다시 나타나는 현상을 발견하는 경험에 적합하다. 「화학 물질」 은유는 문제가 영구적으로 제거할 수 있는 종류의 사물이 아니라는 것을 알려 준다. 문제를 단 한번에 완전히 '용해할' 수 있다고 보는 것은 무의미하다. 「화학 물질」 은유를 따라 살아간다면, 우리는 어떤 문제도 영구히 사라지지는 않는다는 것을 사실로 받아들일 것이다. 우리는 문제를 단 한번에 완전히 푸는 데 모든 힘을 다 쏟기보다 어떤 촉매제가 더 나쁜 문제를 침전물로 내보내지 않으면서도 우리의 가장 급박한 문제를 가장 오랫동안 용해시킬 것인가를 찾아내는 데 힘쓸 것이다. 어떤 문제의 재발은 우리 입장에서 '문제를 해소하는 바른 길'을 찾아내는 데 실패한 것이라기보다 하나의 자연스러운 현상으로 간주된다.

「화학 물질」 은유를 따라 살아간다면, 이것은 우리의 문제가 우리에게 다른 종류의 실재를 제공한다는 것을 의미한다. 일시적인 해결은 실패라기보다 하나의 성취이다. 문제는 '치유해야' 할 혼란이라기보다 자연적인 사물 질서의 한 부분이다. 우리 자신의 일상생활을 이해하는 방식과 우리의 일상생활에서 우리가 행동하는 방식이 달라질 것이다. 만일 「화학 물질」 은유를 따라 살아간다면 말이다.

우리는 이것이 은유가 이미 존재하는 실재를 개념화하는 방식을 단순히 제공한다기보다 실재를 창조하는 힘을 보여주는 명백한 경우라고 본다. 이것은 놀라운 일이 아니다. 우리가 「논쟁은 전쟁」 은유의 사례에서 살펴보았던 것처럼 은유적인 본성을 갖는 자연적 종류의 **활동**(예 : 논쟁하기)이 있다. 화학 물질 은유가 드러내 주는 것은 바로 문제를 다루는 우리의 현재 방식이 또 다른 종류의 은유적 활동이라는 점이다. 현재로서는 우리들 대부분이 이른바 우리의 「수수께끼」 은유를 통해 문제를 다룬다. 이 은유에서는 문제가 「수수께끼」이고, 그 수수께끼에는 전형적으로 올바른 해답이 있으며, 이러한 수수께끼 문제는 한번 해결되면 영원히 해결된다. 「문제는 수수께끼」 은유는 우리의 현재 실재를 특징짓는다. 「화학 물질」 은유로의 이행은 하나의 새로운 실재를 특징지을 것이다.

그러나 삶을 이끌어 가는 은유를 바꾸는 것은 결코 쉬운 일이 아니다. 「화학 물질」 은유를 따라 살아간다는 것은 「화학 물질」 은유에 내재하는 가능성을 인지한다는 것과는 매우 다른 문제일 뿐만 아니라 훨씬 더 어려운 일이기도 하다. 의식적이든 무의식적이든 우리는 각자 수많은 문제를 확인하고, 그 중 많은 문제에 대해 「수수께끼」 은유를 통한 해결을 위해서 쉬지 않고 노력한다. 우리의 무의식적인 일상 활동의 많은 부분이 「수수께끼」 은유의 관점에서 구조화된다. 그래서 우리는 어쩌면 의식적인 결정에 근거해 「화학 물질」 은유로 신속하고 손쉽게 이동할 수는 없을 것이다.

우리의 많은 활동(논쟁하기, 문제 풀기, 시간 계획 세우기 등)은 본성상 은유적이다. 그러한 활동을 특징짓는 은유는 우리의 현재 실재를 구조화한다. 새로운 은유에는 새로운 실재를 창조하는 힘이 있다. 이 힘은 우리의 경험을 어떤 은유의 관점에서 이해하기 시작하면서 생길 수 있으며, 우리가 그 은유의 관점에서 행동하기 시작하면 우리의 경험은 더 심오한 실재가 된다. 만일 어떤 새로운 은유가 우리의 행동의 근거가 되는 개념 체계 속으로 들어온다면, 이 은유로 인해 그 개념 체계뿐만 아니라 그 개념 체계가 생성하는 지각과 행동도 변화할 것이다. 문화적 변화는 대부분 새로운 은유적 개념의 도입과 낡은 은유의 소실로부터 생겨난다. 예를 들면 전 세계에 걸친 문화의 서구화는 부분적으로는 각 문화에 「시간은 돈」 은유를 도입하는 문제이다.

은유가 실재를 창조한다는 발상은 은유에 관한 대부분의 전통적 이론과 배치된다. 왜냐하면 전통적으로는 은유를 우리의 개념 체계를 구조화하고 우리가 수행하는 그러한 일상의 활동을 구조화하는 수단이라기보다 다만 언어의 문제로 간주했기 때문이다. 단어만으로는 실재가 바뀌지 않는다는 가정은 충분한 근거가 있다. 그러나 우리의 개념 체계의 변화는 무엇이 우리에게 실재하는가에 대해 실제로 변화를 주며, 또한 우리가 세계를 지각하는 방식과 이 지각을 토대로 해동하는 방식에도 영향을 미친다.

은유가 단지 언어의 문제이며 기껏해야 실재를 묘사할 수 있을 뿐이라는 발상은 무엇이 실재하는가가 인간이 세계를 개념화하는 방식과는 완전히 무관하고 독립적이라는 입장에서 비롯된다 ― 마치 실재의 탐구가 단지 물리적 세계의 탐구라는 것처럼 말이다. 실재―이른바 객관적 실재―에 대한 그러한 입장은 실재에 대한 인간적 측면, 특히 우리 경험의 대부분을 구성하는 실제적인 지각,

개념화, 동기, 행위 등을 배제한다. 그러나 실재의 인간적 측면이야 말로 우리에게 중요시되는 것의 대부분이다. 이러한 측면은 문화에 따라 다양하다. 왜냐하면 상이한 문화는 상이한 개념 체계를 지니기 때문이다. 문화는 또한 물리적 환경 안에 존재하며, 그러한 환경의 일부인 정글, 사막, 섬, 툰드라, 산악, 도시 등은 근원적으로 다르다. 각각의 경우에는 정도의 차이가 있지만 우리가 성공적으로 상호 작용하는 물리적 환경이 있다. 다양한 문화의 개념 체계는 부분적으로 물리적 환경에 의존하며, 문화는 그 물리적 환경 내에서 발달한다.

각각의 문화는 환경에 적응하고 환경 변화를 이끌면서 환경에 대응하는 어느 정도 성공적인 방식을 제공해야 한다. 더구나 각각의 문화는 사람들이 자신에게 의미 있는 역할을 수행하는 내부 터전이자 사회적 기능을 제대로 발휘할 수 있는 통로인 사회적 실재를 정의해야 한다. 한 문화에서 정의하는 사회적 실재가 그 문화의 물리적 실재 개념을 규정한다는 것은 놀라운 일이 아니다. 한 문화의 구성원으로서의 개인에게 실재하는 것은 그의 사회적 실재의 산물이자, 그 사회적 실재가 물리적 실재에 대한 그의 경험을 형성하는 방식의 산물이다. 우리의 사회적 실재의 상당 부분이 은유적인 방식으로 이해되기 때문에, 또한 물리적 세계에 대한 우리의 개념이 부분적으로 은유적이기 때문에, 은유는 우리에게 무엇이 실재하는가를 결정하는 데 매우 중요한 역할을 한다.

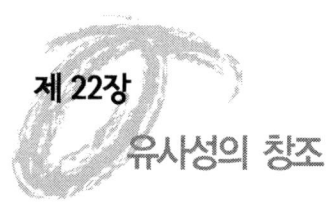

제 22장
유사성의 창조

우리는 경험과 활동의 많은 부분이 본성상 은유적이며, 개념 체계의 대부분이 은유에 의해서 구조화된다는 것을 살펴보았다. 우리는 유사성을 개념 체계의 범주들의 관점에서 지각하고 우리에게 있는 자연적 종류의 경험의 관점에서 지각한다. (개념 체계의 범주나 자연적 종류의 경험은 둘 다 은유적일 수 있다.) 바로 이 때문에 우리가 지각하는 많은 유사성은 개념 체계의 일부인 관습적 은유의 산물이라는 귀결이 나온다. 우리는 이 귀결을 **지향적 은유**의 경우에서 살펴보았다. 예를 들면 「많음은 위」 지향성과 「행복은 위」 지향성은 우리가 「많음」과 「행복」 사이에서는 지각하지만 「적음」과 「행복」 사이에서는 보지 못하는 어떤 유사성을 유발한다.

존재론적 은유도 마찬가지로 유사성을 만들어 낸다. 앞에서 살펴보았던 것처럼 「시간」과 「노동」을 은유적으로 동형의 「물질」로 봄으로써 우리는 이 둘을 다 물리적 자원과 유사하다고 볼 수 있고, 그에 따라 이 둘이 상호 유사하다고 볼 수 있다. 그래서 우리는 「시간은 물질」 은유와 「노동은 물질」 은유 덕분에 우리는 시간과 노동이 우리 문화에서 서로 유사하다고 개념화할 수 있다. 그 이유는 「시간」과 「노동」은 둘 다 우리가 양화하고, 각 단위에 가치를 할당하고, 의도적인 목적 수행에 적합하다고 보고, 점진적으로 소모할 수 있기 때문이다. 이 두 은유는 다 이 문화에서 무엇이 우리에게 실재하는가를 결정하는 역할을 하기 때문에, 시간과 노동 사이의 유사성은 은유에 근거하고 또한 우리 문화에 실재한다.

우리의 개념 체계 속의 **구조적 은유**도 또한 유사성을 생성한다. 그래서 「아이디어는 음식」 은유는 아이디어와 음식 사이에 유사성을 만들어 낸다. 아이디어와 음식은 둘 다 소화하고(digested), 삼키고(swallowed), 탐식하고(devoured), 다시 데울(warmed over) 수 있으며, 둘 다 우리의 자양분일 수 있다. 이러한 유사성은 은유를 떠나서는 존재하지 않는다. 음식을 삼킨다는 개념은 은유와 독립적이지만, 아이디어를 삼킨다는 개념은 오직 은유 덕분에 생겨난다. 사실상 「아이디어는 음식」 은유는 훨씬 더 기본적인 은유에 근거한다. 예컨대 이 은유는 부분적으로 「도관」 은유에 근거한다. 「도관」 은유에 따라, 「아이디어는 물건」이며, 우리 자신이 아이디어를 외부로부터 직접 얻는다. 「아이디어는 음식」 은유는 또한 「마음은 그릇」 은유를 가정한다. 이 은유는 둘 다 「그릇」인 마음과 몸 사이의 유사성을 설정한다. 「마음은 그릇」 은유를 「도관」 은유에 더하면 복합 은유가 나온다. 이 복합 은유에서 「아이디어는 마음 속으로 들어오는 물건」이다. 마치 음식물 조각이 몸 속으로 들어오는 물건인 것처럼 말이다. 「아이디어는 음식」 은유의 부분적인 토대는 아이디어와 음식 사이에서 바로 이렇게 창조되는 유사성이다. 또한 앞에서 살펴보았던 것처럼 그 유사성 자체는 「도관」 은유와 「마음은 그릇」 은유의 귀결이다.

「아이디어는 음식」 은유가 우리의 경험과 합치하는 부분적인 이유는 은유를 통해 생겨나는 이러한 유사성 때문이다. 그러므로 「아이디어는 음식」 은유는 부분적으로 「마음은 그릇」 은유와 「도관」 은유를 통해서 그 근거가 형성된다. 「아이디어는 음식」 은유의 귀결로서 우리는 아이디어와 음식 사이의 새로운 (은유적) 유사성을 얻게 된다. 즉 아이디어와 음식은 둘 다 삼키고, 소화하고, 탐식할 수 있으며 또한 우리의 자양분일 수 있다. 이러한 음식 개념은 우리가 직접적이고 명확하게 규정되는 방식으로 개념화할 수 없는 심리적 과정을 이해할 수 있는 길을 제공한다.

끝으로 우리는 **새로운** 은유에서도 마찬가지로 유사성의 창조를 볼 수 있다. 예컨대 「문제는 화학 용액 속의 침전물」 은유는 관습적 은유인 「문제는 물건」에 근거한다. 더 나아가 「화학 물질」 은유는 「문제는 고체 물건」 은유를 덧붙인다. 이 은유는 문제를 화학 용액의 침전물로 간주한다. 우리가 보통 경험하는 그대로의 문제와 화학 용액 속 침전물 사이에서 그렇게 생겨나는 유사성은 다음과 같다. 이 둘은 다 지각 가능한 형태를 지녔고, 따라서 식별할 수 있고 분석할 수 있으며, 어떤 행동의 토대일 수 있다. 이 유사성은 「화학 물질」 은유의 「문제는 고체 물건」 부분 덕분에 생겨난다. 덧붙여서 어떤 침전물이 용해되면 사라진 것으로 보인다. 왜냐하면 용해 물질은 지각 가능한 형태가 없고, 식별할 수도 분석할 수도 없으며, 어떤 행동의 토대일 수도 없기 때문이다. 그렇지만 용해 물질은 다시 침전물로 나올 수 있다. 즉 고체 형태로 되살아날 수 있다. 마치 문제가 다시 출현할 수 있는 것처럼 말이다. 우리는 문제와 침전물 사이의 이 유사성을 「화학 물질」 은유의 나머지 부분의 결과물로 본다.

새로운 은유가 창조하는 유사성의 좀 더 미묘한 예는 「사랑은 협동적인 예술 작업」에서 볼 수 있다. 이 은유는 사랑 경험의 어떤 측면을 부각하고, 다른 어떤 측면을 축소하고, 또 다른 어떤 측면을 은폐한다. 특히 이 은유는 「사랑은 물리적 힘」 은유와 합치하는 경험을 축소한다. '축소한다'는 말은 이 「사랑은 협동적 예술 작업」 은유가 '우리 사이에는 자성이 있어'(There is a magnetism between us)나 '우리는 불꽃을 느꼈어'(We felt sparks) 등으로 적절히 묘사할 수 있는 사랑 경험과 일관성을 지니고 있지만 그러한 경험에 초점을 맞추지는 않는다는 것을 의미한다. 더욱이 이 은유는

「사랑은 전쟁」 은유에 어울리는 사랑 경험을 은폐한다. 왜냐하면 이 두 은유 사이에 어떤 일관성 있는 중첩도 가능하지 않기 때문이다. 「사랑은 협동적인 예술 작업」 은유의 협동적이고 협조적인 측면은, '그녀는 내가 가장 최근에 정복한 여자야'(She is my latest conquest), '그는 그녀에게 항복했어'(He surrendered to her), '그녀에게 완전히 난 굴복했어'(She overwhelmed me) 등으로 묘사할 수 있는 우리의 사랑 경험의 공격적이고 지배 지향적인 측면과는 일관성이 있을 수 없으며, 따라서 이 측면을 은폐한다.

이러한 방법으로 「사랑은 협동적인 예술 작업」 은유는 우리의 사랑 경험 중 어떤 경험은 제쳐 두고, 다른 어떤 경험은 선별하여 마치 사랑에 대한 우리의 유일한 경험인 것처럼 초점을 맞춘다. 그렇게 할 때 이 은유는 이 은유에서 부각하는 사랑 경험과 하나의 예술 작품을 위해서 협동하는 현실적이거나 상상적인 경험 사이에서 한 무리의 유사성을 창조한다. 이렇게 창조된 유사성은 우리의 함의 목록('사랑은 작업' '사랑은 미적 경험' 등)에 포함된다.

부각되는 사랑 경험의 범위 안에서 각각의 경험은 최소한 그러한 함의 목록에 주어진 유사성 중의 하나와 합치하는데, 아마도 그 모든 함의와 다 합치하는 경험은 하나도 없을 것이다. 예를 들면 특별한 좌절감을 유발하는 에피소드는 '사랑은 주기적으로 좌절을 가져온다'(Love regularly brings frustration)와는 합치하겠지만, '사랑은 미적 경험이다'(Love is an aesthetic experience) 또는 '사랑은 주로 그 자체로 평가받는다'(Love is primarily valued for its own sake)와는 합치하지 않을 것이다. 따라서 각각의 함의는 한편으로는 특정한 유형의 사랑 경험과, 다른 한편으로는 특정한 유형의 협동적 예술 작업 경험 사이에서 드러나는 유사성을 서술한다. 부각되는 사랑 경험의 **전 범위**와 협동적 예술 작품의 생산과 관련이 있는 경험의 범위 사이의 전반적인 유사성을 보여주는 단일한 함의는 존재하지 않는다. 부각되는 사랑 경험의 전 범위와 협동적 예술 작품을 생산하는 경험의 전 범위 사이의 유사성을 보여 주는 것은 전체적인 함의 체계를 수반하는 총체적 은유뿐이다.

더구나 두 개의 경험 범위 사이의 단순한 유사성을 넘어서는 은유 덕분에 생겨나는 유사성이 있다. 그 부가적 유사성은 **구조적 유사성**이다. 이 구조적 유사성은 어떻게 개개의 부각 경험들이 정합적으로 서로 합치하는가에 대한 우리의 이해 방식과 관련이 있다. 이 정합성은 협동적인 예술 작품의 생산에 관해서 우리가 가지고 있는 지식의 구조가 제공하며, 그 함의들이 상호 합치하는 방식에 반영되어 있다. (예컨대 일부는 「작업」의 함의이고, 일부는 「예술」의 함의이며, 일부는 「협동적 작업」의 함의이다.) 부각되는 경험들이 서로 어떤 관계가 있는지, 그리고 그 함의들이 서로 어떻게 관련되는지를 우리로 하여금 이해하도록 해 주는 것은 바로 이 정합적인 구조뿐이다. 이 은유 덕분에 우리는 부각되는 사랑 경험의 범위가 협동적인 예술 작품을 생산하는 경험의 범위와 구조상 유사하다고 본다.

우리로 하여금 부각되는 사랑 경험의 범위 안에서 **정합성을 발견하도록** 해 주는 것은 경험의 두 범위 사이의 이 **구조적 유사성**이다. 이에 상응해서 부각되는 경험 범위를 정합적이라고 선별해 주는 것은 바로 이 은유 덕분이다. 이 은유가 없다면 이 범위의 경험들은 우리에게 확인 가능한 정합적인 경험 집합으로 존재할 수 없다. 「사랑」을 「협동적인 예술 작업」이라고 개념화한다면, 우리는 그 경험이 상호 합치를 통해 하나의 정합적인 전체를 형성하는 데 초점을 맞추게 된다.

더 나아가 이 은유는 우리의 경험 집합에 정합적인 구조를 부여함으로써 **새로운 종류의 유사성**을 창조한다. 예컨대 우리는 「사랑은 협동적 예술 작업」 은유와 상관없이 사랑의 좌절 경험을 어떤 사람과의 예술작품 공동 생산에서 겪는 좌절 경험과 유사하다고 볼지도 모른다. 왜냐하면 이 두 경험이 다 좌절감을 주기 때문이다. 이러한 의미에서 좌절감을 주는 사랑 경험은 **어떤** 좌절 경험과도 조금이나마 유사할 수 있다. 이 은유가 좌절감을 주는 사랑 경험의 이해에 덧붙이는 것은 바로 이 사랑 경험과 관련이 있는 **종류**의 좌절감이 협동적인 예술 작품의 생산과 관련이 있는 종류의 좌절감이라는 점이다. 그 유사성은 이 은유의 관점에서의 유사성이다.

그래서 사랑의 좌절 경험과 예술의 좌절 경험 사이의 유사성의 정확한 본성은 사랑 경험을 예술 경험의 관점에서 이해할 때에만 지각할 수 있다. 우리의 정의에 따르면, 협동적인 예술 작품의 생산과 관련이 있는 어떤 것의 관점에서 사랑 경험을 이해하는 것은 이 경험을 「사랑은 협동적인 예술 작업」이라는 은유적 개념의 관점에서 이해하는 것이다.

은유가 유사성을 창조하는 방식은 다음과 같이 요약할 수 있다.

1. 관습적 은유(지향적 은유, 존재론적 은유, 구조적 은유)는 종종 우리가 경험 안에서 지각하는 상관관계에 근거한다. 예컨대 우리의 산업문화에서는 어떤 작업에 소요되는 시간과 그 작업에 소요되는 노동의 양 사이에 상관관계가 있다. 부분적으로는 이 상관관계 때문에 우리는 「시간」과 「노동」을 은유적으로 「자원」으로 볼 수 있고, 그에 따라 이 두 개념 사이에서 어떤 유사성을 볼 수 있다. 그러나 기억해야 할 중요한 점은 상관관계가 유사성은 아니라는 것이다. 우리의 경험 속 상관관계에 근거하는 은유는 개념을 규정하며, 우리는 그러한 개념의 관점에서 유사성을 지각한다.

2. 구조적으로 다양한 관습적 은유(예 : 「아이디어는 음식」)는 지향적 은유와 존재론적 은유에서 생겨나는 유사성에 근거할 수 있다. 앞에서 살펴보았던 것처럼 「아이디어는 음식」은 (존재론적 은유인) 「아이디어는 물건」과 (존재론적이고 지향적 은유인) 「마음은 그릇」에 근거한다. 「아이디어」와 「음식」 사이의 구조적 유사성은 「아이디어는 음식」 은유 덕분에 생겨나며, (아이디어와 음식은 삼키고 소화하고 탐식할 수 있고, 영양을 제공할 수 있다는) 은유적 유사성을 생성한다.

3. 새로운 은유는 대부분 구조적이다. 이러한 은유는 구조적인 관습적 은유와 동일한 방식으로 유사성을 창조한다. 말하자면 새로운 은유는 존재론적인 은유나 지향적인 은유로부터 생겨나는 유사성에 근거할 수 있다. 앞에서 살펴보았던 것처럼 「문제는 화학 용액 속의 침전물」은 「문제는 고체 물건」이라는 물리적 은유에 근거한다. 이 「화학 물질」 은유는 「문제」와 「침전물」 사이에서 유사성을 창조할 수 있다. 그 이유는 둘 다 식별할 수 있고, 분석할 수 있고, 어떤 행동의 토대일 수 있기 때문이다. 「문제는 침전물」 은유는 새로운 유사성을 창조할 수 있다. 즉, 문제는 (용액 속에서 용해되어) 사라진 것으로 보였다가 나중에 (침전되어) 다시 나타날 수도 있다.

4. 은유의 함의 덕분에 새로운 은유는 부각이나 축소, 은폐의 방식으로 경험의 범위를 선택한다. 그래서 새로운 은유는 전 범위의 부각되는 경험과 어떤 다른 범위의 경험 사이의 유사성을 특징짓는다. 예컨대 「사랑은 협동적인 예술 작업」은 특정한 범위의 사랑 경험을 선별하고, **전 범위**의 부각되는 경험과 예술 작품 생산에 관련되는 범위의 경험 사이에서 **구조적 유사성**을 정의한다. 사랑 경험과 예술 경험 사이에는 「사랑은 협동적인 예술 작업」 은유와 무관한 고립된 유사성이 있을 수 있다. 그러나 이 은유 덕분에 우리는 이 은유가 생산하는 전반적인 구조적 유사성의 관점에서 이 고립된 유사성들 사이의 정합성을 찾을 수 있다.

5. 유사성은 은유의 관점에서의 유사성일 수 있다. 앞에서 살펴보았던 것처럼 「사랑은 협동적인 예술 작업」 은유는 유일한 **종류**의 유사성

을 정의한다. 예를 들면 사랑의 좌절 경험은 순전히 좌절감 유발 때문에 예술의 좌절 경험과 유사하다고 이해하는 것이 아니라, 공동의 예술 작품 생산에 특유한 종류의 좌절감을 포함하고 있어서 그렇게 이해한다.

은유가 유사성을 창조할 수 있다는 우리의 견해는, 고전적이지만 여전히 광범위하게 지지받고 있는 은유 이론인 **비교 이론**과 대립한다. 비교 이론은 다음과 같이 주장한다.

1. 은유는 언어의 문제이며 사고와 행위의 문제가 아니다. 은유적 사고나 행위 같은 것은 존재하지 않는다.
2. 'A는 B이다'라는 형태의 은유는, 이에 상응하는 'A는 X, Y, Z의 관점에서 B와 유사하다'라는 형태의 언어 표현과 동일한 의미를 갖는 언어 표현이다. 'X, Y, Z…… 측면'이 이른바 '고립된 유사성'을 특징짓는다.
3. 그러므로 은유는 다만 기존의 유사성을 기술할 수 있을 뿐이지 유사성을 창조할 수는 없다.

우리는 비교 이론의 많은 부분에 반하는 증거를 제시해 왔지만 비교 이론의 이른바 기본적 통찰, 즉 은유가 고립된 유사성에 근거할 수 있다는 통찰을 수용한다. 우리는 다음과 같이 주장한다는 점에서 비교 이론과 다르다.

1. 은유는 기본적으로 사고와 행위의 문제이며, 단지 파생적으로만 언어의 문제이다.

2. (a) 은유는 유사성에 근거할 수 있다. 비록 많은 경우에 이러한 유사성 그 자체는 유사성에 근거하지 않은 관습적 은유에 근거하지만 말이다. 그럼에도 불구하고 관습적 은유에 근거한 유사성은 **우리 문화에 실재한다**. 왜냐하면 관습적 은유는 우리가 무엇을 실재한다고 보는지 부분적으로 규정하기 때문이다.

   (b) 은유가 부분적으로는 고립된 유사성에 근거할 수도 있지만, 앞에서 살펴본 바와 같이 우리는 중요한 유사성을 은유를 통해 창조되는 유사성이라고 본다.

3. 은유의 기본적 기능은 한 종류의 경험을 다른 종류의 경험의 관점에서 부분적으로 이해할 수 있도록 해주는 것이다. 이것은 기존의 고립된 유사성과 새로운 유사성 창조, 그리고 그 이외의 것을 포함할 수 있다.

중요하게도 우리는 비교 이론이 '모든 유사성이 객관적이다', 즉 '모든 유사성이 개체 자체에 내재하는 유사성이다'라는 객관주의 철학과 가장 잘 들어맞는다는 점을 염두에 두어야 한다. 우리의 주장은 이와 정반대이다. 즉, 은유와 관련이 있는 유일한 유사성은 **인간이 경험하는 그대로의 유사성이다**. 객관적 유사성과 **체험적 유사성의 차이는 아주 중요하다**. 이 점은 27장에서 상세하게 논의한다. 간략히 말하면 객관주의자는 대상 그 자체가 대상을 경험하는 어떤 인간과도 무관한 독립적인 속성을 가지고 있다고 주장할 것이다. 말하자면 많은 대상이 그러한 속성을 공유하고 있다면, 그것들은 **객관적으로 유사하다**. 객관주의자들에게는 은유가 '유사성을 창조한다'는 말이 무의미할 것이다. 왜냐하면 은유가 유사성을 창조한다'면, 외재적 세계의 본성을 바꾸어 전에는 없었던 객관적 유사성이 새로 생겨나야 할 것이기 때문이다.

우리는 한 가지 중요한 점에서 객관주의자들에게 동의한다. 즉 세계 내의 사물이 우리의 개념 체계를 제약하는 데 어떤 실제적 역할을 한다는 것이다. 그러나 사물은 다만 **사물에 대한 우리의 경험을 통해서만** 이 역할을 한다. 우리의 경험은 (1) 문화마다 다를 것이고, (2) 한 종류의 경험을 다른 종류의 경험의 관점에서 파악하는 우리의 이해에 의존할 수 있다. 즉 우리의 경험은 본성적으로 은유적일 수 있다. 그러한 경험이 우리의 개념 체계 속의 범주를 결정한다. 또한 우리가 주장하는 바는 속성과 유사성이 오직 어떤 개념 체계에 상대적으로만 존재하고, 우리가 이러한 속성과 유사성을 개념 체계에 상대적으로만 경험할 수 있다는 것이다. 그래서 은유와 관련되는 유일한 유사성은 **객관적 유사성**이 아니라 **체험적 유사성**이다.

우리의 전반적인 주장은 개념적 은유가 우리 경험 속의 **상관관계**에 근거한다는 것이다. 이 체험적 상관관계는 **체험적 동시 발생과 체험적 유사성이라는** 두 유형으로 나뉠 수 있다. 체험적 동시 발생

의 한 예는 「많음은 위」일 것이다. 「많음은 위」는 더 많은 물질을
추가하는 경험과, 그 물질의 표면이 상승함을 보는 경험이라는 두
유형의 경험의 동시 발생에 근거한다. 이 경우에는 체험적 유사성
이 존재하지 않는다. 체험적 유사성의 한 예는 「삶은 도박」이다.
이 경우에 우리는 삶의 활동을 도박으로 경험하며, 그 활동의 가능
한 귀결을 승리나 패배로 지각한다. 이러한 측면에서 이 은유는
체험적 유사성에 근거하는 것으로 보인다. 그러한 은유가 확장될
때 우리는 삶과 도박 사이에서 새로운 유사성을 경험할 수 있다.

제 23장
은유, 진리, 행위

앞에서 우리는 다음을 제안했다.

은유는 여러 함의를 가진다. 은유의 이러한 함의 덕분에 경험의 특정한 측면이 부각되고 정합적이 된다.

어떤 주어진 은유는 우리의 경험의 그러한 측면을 부각하고, 또한 정확하게 정합적으로 조직화하는 유일한 방식일 수도 있다.

은유는 우리를 위해 실재, 특히 사회적 실재를 창조할 수 있다. 따라서 은유는 미래 행위를 위한 지침일 수도 있다. 그러한 행위는 물론 그 은유와 합치할 것이다. 이것은 다시 경험을 정합적으로 만들어 주는 은유의 힘을 강화한다. 이러한 의미에서 은유는 자기 성취적 예언일 수 있다.

예를 들면 카터 대통령은 에너지 위기에 직면해서 이 위기를 '전쟁의 도덕적 등가물'이라고 선언했다. 이 「전쟁」 은유는 함의의 망을 만들어낸다. 이 함의의 망에는 '적'이 있고 '국가 안보에 대한 위협'이 있었다. 이로 인해 '목표 설정'과 '우선순위의 재조정' '새로운 명령 체계의 수립' '새로운 전략의 구상' '정보 수집' '무력 사용' '제재 조치' '희생의 요구'가 필요했고 그 외에도 수많은 것이 필요했다. 「전쟁」 은유는 어떤 특정한 실재는 부각하고 다른 어떤 실재는 은폐한다. 이 은유는 실재를 바라보는 하나의 방식이었을 뿐만 아니라, 정책 변화와 정치적·경제적 행위의 토대를 형성했다. 이 은유의 수용 그 자체가 다음과 같은 특정한 추론의 근거를 제공한다. (삽화가들의 그림에 아라비안 두건을 쓰고 등장하는) 외부의 호전적인 외국인 적이 있고, 에너지에 최우선 순위를 둘 필요가 있고, 대중은 희생을 감수해야 할 것이다. 만일 이 위협을 이겨내지 못한다면, 우리는 생존할 수 없을 것이다. 이것이 사용 가능한 유일한 은유는 아니라는 점을 인식해야 한다.

카터의 「전쟁」 은유는 「에너지」가 무엇인가에 대한 당시의 개념을 당연한 것으로 받아들이며, 어떻게 에너지를 충분히 확보할 것인가의 문제에 초점을 맞춘다. 반면에 로빈스(A. Lovins 1977)는 우리가 에너지 수요를 충족하는 데에는 두 가지 다른 방식, 즉 「경로」가 있다는 것을 발견했다. 그는 이 두 방식의 특징을 은유적으로 「강경」과 「온건」이라 규정했다.

「강경 에너지 경로」는 비유동적이고 재활 불가능하며, 군사적 방어와 지정학적 통제를 필요로 하고, 환경을 영구적으로 파괴하며, 높은 자본 투자와 고도의 기술, 고도로 훈련된 인력을 요구하는 에너지원을 사용한다. 이 에너지원은 화석 연료(가스와 기름), 핵발전소, 석탄의 가스화 등을 포함한다. 「온건 에너지 경로」는 유동적이고, 재활 가능하며, 군사적 방어나 지정학적 통제를 요구하지 않고, 환경을 파괴하지 않으며, 낮은 자본 투자와 저(低)수준 기술, 비숙련 노동 등을 필요로 하는 에너지원을 사용한다. 이 에너지원은 태양력과 풍력, 수력발전, 생체 알코올, 연료용 석탄 또는 다른 가연성 물질의 액화 탄화층, 그리고 오늘날 이용 가능한 다른 많은 대체 연료 등을 포함한다.

　로빈스의 「온건 에너지 경로」 은유는 에너지 체계의 기술적·경제적·정치사회학적 **구조**를 부각한다. 이러한 구조를 토대로 로빈스는 석탄, 기름, 핵연료 등 '강경' 에너지 경로가 정치적 갈등과 경제적 곤란, 환경 파괴를 초래한다고 결론짓는다. 그러나 카터는 로빈스보다 권력이 더 강하다. 린드(C. Linde)가 (개인적인 대화에서) 언급한 바와 같이, 국가 정책에서든 일상적인 상호작용에서든 힘을 가진 사람들이 자신의 은유를 부과한다.

　새로운 은유는 관습적 은유와 마찬가지로 실재를 정의하는 힘을 가질 수 있다. 이것은 실재의 어떤 면은 부각하고 다른 어떤 면은 은폐하는 함의들의 정합적인 망을 통해서 가능하다. 특정한 은유는 우리에게 오직 이 은유에서 부각하는 우리 경험의 측면에만 초점을 맞추도록 강요한다. 이 은유를 수용하면 우리는 이 은유의 함의를 참이라고 간주하게 된다. 물론 그러한 '진리'는 이 은유가 정의하는 실재에 상대적으로만 참일 수 있다.

카터 행정부가 주요 에너지 전쟁에서의 승리를 발표했다고 가정해 보자. 이 주장은 참인가 거짓인가? 심지어는 이 질문 그 자체를 하려면, 적어도 이 은유(즉 「에너지 위기는 전쟁」)의 핵심적 부분을 수용해야 한다. 만약 외부적인 적의 존재를 인정하지 않는다면, 만약 외부적 위협이 전혀 없다고 생각한다면, 그리고 만약 전장도, 표적도, 명백하게 규정된 대항 세력도 인정하지 않는다면, 객관적인 참/거짓 문제는 아예 제기할 수도 없다. 그러나 만일 실재를 이 은유가 정의한다고 본다면, 즉 에너지 위기를 하나의 전쟁으로 본다면, 우리는 이 은유의 함의가 실재와 합치하는가의 여부에 따라 그 물음에 답할 수 있다. 만일 카터가 전략적으로 채택한 정치적·경제적 규제 조치를 사용해서 석유수출국기구(OPEC) 회원국으로 하여금 유가를 반으로 내리게 했다면, 우리는 카터가 실제로 전쟁에서 승리했다고 말할 수 있을 것이다. 반면에 그의 전략이 일시적인 가격 동결만을 가져왔다면, 우리는 그 사태에 대해 명백하게 확신할 수 없으며, 어쩌면 회의적이 될지도 모른다.

새로운 은유에 대한 진리 문제가 실제로 제기된다 하더라도 더 중요한 문제는 적절한 행위의 문제이다. 대부분의 경우에 문제의 핵심은 어떤 은유가 참인가 거짓인가가 아니라 그 은유로부터 비롯되는 지각과 추론, 그리고 그 은유가 인가하는 행위이다. 정치나 사랑뿐만 아니라 삶의 모든 측면에서 우리는 은유의 관점에서 실재를 정의하고, 그 은유에 근거해서 행동으로 나아간다. 의식적이든 무의식적이든 우리는 은유를 통해서 부분적으로 우리의 경험을 구성하는 방식에 근거해서 추론하고, 목표를 세우고, 언약을 하고, 계획을 실행하는 등 모든 행위를 한다.

제 24장

진리

왜 진리 이론에 관심을 갖는가?

앞 에서 살펴보았던 것처럼 은유는 본성상 개념적이다. 은유는 이해의 주요한 수단 중의 하나이다. 또한 은유는 사회적·정치적 실재를 구성하는 데 중심적 역할을 한다. 그러나 은유는 철학 영역 안에서 전형적으로 '단순한 언어'의 문제로 여겨졌으며, 은유에 관한 철학적 논의는 은유의 개념적 본성이나, 이해에 대한 은유의 기여, 문화적 실재 속에서 은유가 맡는 기능 등을 소홀히 다루어 왔다. 오히려 철학자들은 은유를 일상을 벗어난 상상적이거나 시적인 언어 표현으로 보려는 경향을 보였으며, 자신들의 논의를 이러한 언어 표현이 진리일 수 있는가 하는 문제에 집중해 왔다. 진리에 대한 그들의 관심사는 객관성에 대한 관심사에서 비롯된다. 즉 그들에게 진리란 객관적·절대적 진리를 뜻한다. 전형적인 철학적 결론은 은유가 직접적으로는 진리를 표현할 수 없으며, 조금이라도 진리를 표현하는 경우는 다만 간접적으로, 즉 비은유적인 '문자적' 바꿔쓰기를 통해서 가능하다는 것이다.

우리는 (절대적이고 무조건적인) 객관적 진리와 같은 것이 존재한다고 믿지 않는다. 비록 객관적 진리가 존재한다는 것이 서구 문화의 오래된 논제였지만 말이다. 우리는 **진리들**이 존재한다고 보지만 진리에 대한 개념이 반드시 객관주의 견해와 결합해야 할 필요는 없다고 생각한다. 우리는 절대적이고 객관적인 진리가 존재한다는 발상이 그릇된 것일 뿐만 아니라, 사회적으로나 정치적으로 위험하다고 믿는다. 앞에서 살펴보았던 것처럼 진리는 항상 특정한 개념 체계에 상대적이며, 그 개념 체계는 대개 은유에 의해 규정된다. 우리의 은유는 대부분 오랜 시간을 통해 우리 문화 안에서 진화해 왔지만, 그 중 다수는 정치·종교·경제 지도자, 광고인, 매스컴 등 힘을 가진 자들이 우리에게 부과한 은유이다. 객관주의 신화가 번성하고 진리가 항상 절대적 진리인 문화에서는 이 문화에 은유를 부과하는 사람들이 우리가 절대적이고 객관적인 참이라고 받아들이는 것을 규정하게 된다.

이것이 바로 우리가 진리는 항상 절대적 진리라고 주장하는 객관주의 신화로부터 벗어난 진리 이론을 제시하는 일이 중요하다고 생각하는 이유이다. 우리는 진리가 이해에 근거하고 은유가 이해의 주된 수단이라고 보기 때문에, 은유가 어떻게 진리가 될 수 있는가에 대한 해명은 진리가 이해에 의존하는 방식을 밝혀줄 것이라 생각한다.

일상 속 진리의 중요성

우리의 물리적 행위와 사회적 행위는 둘 다 우리가 참이라고 믿는 것에 근거한다. 전반적으로 진리가 중요한 이유는, 생존가(生存價)를 지니고 있을 뿐만 아니라, 진리 덕분에 우리가 우리의 세계에서 제 기능을 발휘할 수 있기 때문이다. 우리가 축적하는 대부분의 진리, 즉 우리의 몸이나 우리가 상호 교류하는 사람들, 직접적인 물리적·사회적 환경에 관한 진리는 우리의 일상적 활동에서 어떤 역할을 수행한다. 그러한 진리는 너무 명백해서 그러한 진리를 자각하는 데는 의식적인 노력이 필요하다. 이를테면 집의 앞문이 어디에 있는지, 무엇을 먹을 수 있고 무엇을 먹을 수 없는지, 가장 가까운 주유소가 어디에 있는지, 어떤 가게에서 필요한 물건을 파는지, 우리의 친구들은 어떤 사람인지, 그들을 모욕하면 어떻게 될 것인지, 우리의 의무가 무엇인지 등 말이다. 이 작은 표본은 우리의 일상에서 어떤 역할을 수행하는 진리들의 방대한 체계의 본성과 범위를 암시해 준다.

진리에서 투사가 하는 역할

그러한 진리를 획득하고 사용하기 위해서는 우리의 필요 충족에 합당한 우리의 세계를 이해해야 한다. 앞에서 살펴보았던 것처럼 이 이해의 일부는 우리의 직접 경험으로부터 생겨나는 범주에 근거한다. 예컨대 지향적 범주나 「물건」 「물질」 「목적」 「원인」 등의 개념에 근거한다. 또한 직접적인 물리적 경험으로부터 창발하는 범주가 적용되지 않을 때는 이 범주를 우리가 덜 직접적으로 경험하는 물리적 세계의 다양한 국면에 투사한다는 것도 이미 살펴보았다.

예컨대 맥락에 따라 우리는 앞-뒤 지향성을 본유적인 앞-뒤를 갖지 않는 대상에 투사한다. 우리의 시야 안에 적당한 크기의 돌이 있고, 그 돌과 우리 사이에 대략 한 뼘 정도 떨어진 곳에 공이 하나 있다고 가정해 보라. 우리는 그 공이 돌 앞에 있다고 생각할 것이다. (아프리카의 주요 종족의 하나인) 하우사족(Hausa)은 우리와는 다른 투사를 함으로써 그 공이 돌의 뒤에 있다고 받아들일 것이다. 따라서 앞-뒤 지향성은 돌과 같은 사물의 본유적인 속성이라기보다 우리가 그 돌에 투사하는 하나의 지향성이다. 이러한 투사 방식은 문화에 따라 다양하게 나타난다.

우리는 우리의 목적에 따라 이 세계의 사물을 그릇이거나 그릇이 아니라고 개념화할 수 있다. 예컨대 삼림 속의 벌목지를 하나의 「그릇」으로 보고 우리 자신이 그 벌목지의 「안」이나 「밖」에 있다고 개념화할 수도 있다. 그러나 (벌목지가) '그릇임'은 나무들이 덜 우거진 숲 속의 그 장소가 갖고 있는 내재적 속성이 아니다. 즉 (벌목지가) '그릇임'은 우리가 그 장소와 관련해서 활동하는 방식에 따라 투사한 속성이다. 다른 지각과 목적에 따라 벌목지 이외의 지역을 다른 하나의 그릇으로 보고, 우리 자신이 그 숲의 「안에」 있다고 생각할 수도 있다. 또한 이 두 가지 투사를 동시에 하여 숲에서 「벗어나서」 벌목지 「안으로」 들어간다고 말할 수도 있다.

이와 유사하게 접촉-분리(on-off) 지향성은 땅이나 마루, 또는 다른 수평적 표면에 대한 우리의 직접 경험으로부터 생겨난다. 일상적으로 우리가 몸을 세운 채로 서 있으면 땅이나 마루 위에(on) 있게 된다. 우리는 이 접촉-분리 지향성을 벽에도 투사한다. 그래서 파리가 다리를 벽에 대고 벽으로부터 먼 방향에 머리를 두고 있으면 그 파리가 벽 위에 서 있다고 개념화한다. 이것은 천장에 붙어 있는 파리에게도 똑같이 적용된다. 즉 우리는 파리가 천장 아래 있다고 말하지 않고 천장 위에 붙어 있다고 개념화한다.

역시 앞에서 언급했던 것처럼 우리는 자연적으로는 명확한 경계나 표면이 존재하지 않는 사물에 경계나 표면을 투사함으로써 자연세계의 다양한 사물을 개체로 지각한다. 그래서 우리는 안개 둑을 (하나의 개체로 지각하는) 만(灣) 너머에 있다거나, (앞-뒤 지향성을 갖는 개체로 생각하는) 산 앞에 있는 개체로 생각할 수도 있다. 이 투사 때문에 '안개가 산 앞에 있다'와 같은 문장이 참이거나 거짓일 수 있는 것이다. 우리의 일상에서 대개 그렇듯이 진리(참)는 이해에 상대적이며, 그러한 문장의 진리는 지향성과 개체 구조를 이 세계에 투사함으로써 이 세계를 이해하는 일상적 방식에 상대적이다.

진리에서 범주화가 하는 역할

세계를 이해하고 세계 내에서 제 기능을 발휘하며 살아가기 위해서는 우리가 마주치는 사물과 경험을 우리에게 의미 있는 방식으로 범주화해야 한다. 우리의 몸이 존재하는 방식을 고려하고 타인이나 물리적·사회적 환경과의 상호작용의 본성을 감안할 때, 어떤 범주는 경험으로부터 직접 창발한다. 「가짜 총」에 관한 19장의 논의에서 보았던 것처럼 대상에 대한 우리의 범주에는 자연적 차원이 존재한다. 예컨대 우리의 감각 기제를 통한 대상의 관념에 근거하는 **지각적** 차원, 대상과의 운동적 상호작용의 본성에 근거하는 **운동 활동** 차원, 대상의 기능에 관한 관념을 근거로 하는 **기능적** 차원, 주어진 상황에서 할 수 있는 대상의 사용에 근거한 **합목적적** 차원 등이다. 따라서 대상의 종류에 관한 우리의 범주는 적어도 이러한 자연적 차원을 갖는 게슈탈트이며, 각각의 게슈탈트는 상호작용적 속성을 규정한다. 마찬가지로 우리가 사태와 활동, 다른 경험을 구조화된 전체로서 범주화하는 관점이 되는 자연적 차원이 있다.

「대화」와 「논쟁」에 관한 논의에서 보았던 것처럼 이 자연적 차원은 참가자, 부분, 단계, 선형적 순서, 목적, 인과관계 등을 포함한다.

범주화란 어떤 속성은 부각하고, 다른 어떤 속성은 축소하며, 또 다른 어떤 속성은 은폐함으로써 어떤 **종류**의 대상이나 경험을 식별하는 자연적인 방식이다. 각각의 차원은 부각되는 속성을 부여한다. 특정한 속성의 부각은 필연적으로 다른 속성을 축소하거나 은폐한다. 이것은 범주화할 때 항상 나타나는 현상이다. 우리가 어떤 특정한 무리의 속성에 초점을 맞추게 되면 다른 속성에는 관심을 두지 않게 된다. 예를 들어 우리는 일상적인 기술을 할 때 우리의 목적에 적합한 속성에 초점을 맞추기 위해서 범주화를 사용한다. 모든 기술은 다 부각하고 축소하고 은폐할 것이다.

> 나는 섹시한 금발 미인을 만찬에 초대했다.
> 나는 유명한 첼리스트를 만찬에 초대했다.
> 나는 마르크스주의자를 만찬에 초대했다.
> 나는 동성연애자를 만찬에 초대했다.

위의 기술은 동일한 사람에 대해 다 들어맞을 수 있지만 각각의 기술은 그 사람의 상이한 측면을 부각한다. 당신이 알기로 이러한 속성을 다 갖고 있는 누군가를 '섹시한 금발 미인'이라고 기술하는 것은 그녀가 첼리스트이고 마르크스주의자라는 사실을 축소하는 것이며, 그녀가 동성연애자라는 사실을 은폐하는 것이다.

일반적으로 참인 진술은 우리가 사물을 범주화하는 방식에 근거하며, 따라서 그 범주의 자연적 차원이 부각하는 것에 근거한다. 어떤 진술을 할 때 우리가 범주를 선택하는 이유는, 어떤 속성에 초점을 맞추고 다른 속성을 축소할 어떤 이유가 있기 때문이다. 따라서 모든 참인 진술은 각 진술에서 사용하는 범주가 축소하거나 은폐하는 것을 필연적으로 배제한다.

더 나아가 범주의 지각적·기능적 차원 등 자연적 차원이 세계에 대한 우리의 상호작용에서 비롯되기 때문에 그러한 차원이 부여하는 속성은 대상 **자체의** 속성이 아니라, 오히려 인간의 지각 기제나 인간의 기능 이해 등에 근거한 상호작용적 속성이다. 이러한 사실로부터 인간의 범주화의 관점에서 나오는 참인 진술은 전형적으로 대상 **자체의** 속성을 서술한다기보다 오히려 다만 인간의 기능 작용에 상대적으로 의미를 갖는 **상호작용적 속성**을 서술한다는 귀결이 나온다.

참인 진술을 하는 데는 기술의 범주를 선택할 필요가 있으며, 그 선택은 주어진 상황에서의 지각과 목적을 포함한다. 당신이 내게 '오늘밤에 토론 모임이 있어서 의자 네 개가 더 필요한데, 좀 가져다주겠소?'라고 말했다고 하자. 내가 '그러지요'라고 대답하고는 딱딱한 등받이 의자와 흔들의자, 자루 의자, 교회에서 쓰는 무릎 의자를 가져온다. 이것들을 당신의 응접실에 내려놓고는 부엌에 있는 당신에게 '당신이 필요로 하는 의자 네 개를 가져왔어요'라고 말한다. 이 상황에서는 나의 진술이 참이다. 왜냐하면 내가 가져온 네 개의 대상이 비공식적 토론 모임의 목적에 부합하기 때문이다. 그 대신에 공식적 만찬에 필요한 의자 네 개를 부탁했는데, 내가 똑같은 물건들을 가져오면서 같은 진술을 한다면 당신은 진심으로 고마워하지도 않을 것이며, 나의 진술이 그릇된 것이거나 거짓이라고 생각할 것이다. 왜냐하면 무릎 의자, 자루 의자, 흔들의자 등은 공식적 만찬을 위한 '의자'로서 실용적이지 못하기 때문이다.

이것은 범주(예: 「의자」)가 대상 자체의 본유적 속성에 의해 불변적으로 고정되어 있지 않다는 사실을 보여준다. 무엇을 한 범주의 예로 간주할 것인가의 문제는 그 범주를 사용하는 우리의 목적에 달려 있다. 이것은 앞서의 주장과 동일하다. 우리는 **정의(定義)**에 관한 논의에서 범주의 정의가 인간의 이해의 목적에 따라 원형(들), 그리고 그 원형(들)과의 가족유사성에 근거한다는 것을 살펴보았다. 그러한 범주는 고정된 것이 아니라 우리의 목적이나 그 밖의 맥락 요인과 관련해서 축소되거나 확대되고, 조정될 수 있다. 어떤 진술의 참은 그 진술에 사용된 범주들이 서로 합치하는가에 달려 있기 때문에 주어진 상황에서 우리의 목적에 따라 해당 범주를 이해하는 방식에 항상 상대적일 것이다.

일반적으로 문장이 인간의 목적과 독립해서는 참이나 거짓이 될 수 없음을 보여주는 많은 유명한 실례가 있다.

프랑스는 6각형이다.
미주리는 사다리꼴이다.
지구는 구형(球形)이다.
이탈리아는 장화 모양이다.
원자는 그 중심에 핵이 있고, 전자들이 그 핵의 주변을 돌고 있는 미세한 태양계이다.
빛은 입자로 이루어져 있다.
빛은 파장으로 이루어져 있다.

위의 문장은 각각 특정한 목적을 위해서, 특정한 관점에서, 그리고 특정한 맥락에서 참이다. '프랑스는 6각형이다'와 '미주리 주는 사다리꼴이다'는 지도를 대충 그리려는 학생에게는 참일 수 있겠지만, 전문적인 지도 제작자에게는 그렇지 못하다. '지구는 구형이다'는 우리 대부분에게는 참이겠지만, 인공위성의 정확한 궤도를 그리는 데는 그렇지 못할 것이다. 1914년 이후로는 어떤 진지한 물리학자도 원자가 미세한 태양계라는 것을 믿지 않지만, 우리의 일상적인 활동, 또는 수학과 물리학에서 우리의 일반적인 수준의 정교성에 비추어 본다면 우리 대부분에게 참이다. '빛은 입자로 이루어져 있다'는 진술은 '빛은 파장으로 이루어져 있다'는 진술과 모순이 되는 것처럼 보이지만, 이 두 진술은 물리학자들이 상이한 실험에서 빛의 어떤 측면을 선택하는가에 따라 둘 다 참인 것으로 간주된다.

이 모든 것은 다음 사실을 보여준다. 진리는 다음 네 가지 방식으로 범주화에 의존한다.

- 어떤 진술이든 그 진술에 대한 특정한 이해에 상대적으로만 참일 수 있다.
- 이해에는 항상 인간의 범주화가 관여한다. 범주화는 (본유적 속성이라기보다) 상호작용적 속성과 우리의 경험으로부터 생겨나는 차원의 함수이다.
- 어떤 진술의 참은 항상 그 진술에 사용된 범주가 부각하는 속성에 상대적이다. (예컨대 '빛은 파장으로 구성된다'라는 진술은 빛의 파장과 같은 속성을 부각하는 동시에 입자와 같은 속성을 은폐한다.)
- 범주는 고정되거나 획일적이지 않다. 범주는 원형(들), 그리고 그 원형(들)과의 가족유사성에 의해 정의되며 다양한 목적이 주어지면 맥락에 따라 조정될 수 있다. 어떤 진술이 참인가는 그 진술에 사용된 범주가 적절한가에 달려 있다. 그리고 이것은 다시 인간의 목적에 따라, 또한 맥락의 다른 측면에 따라 변한다.

단문을 참이라고 이해하는 데 무엇이 필요한가?

한 문장을 참이라고 이해하려면 먼저 그 문장을 이해해야만 한다. '안개가 산 앞에 있다'나 '존이 해리에게 총을 쏘았다'와 같은 단문을 이해하는 데 무엇이 관련되는지 살펴보기로 하자. 이러한 문장은 항상 어떤 종류의 담화의 일부로 발화된다. 그리고 이러한 문장을 어떤 담화의 맥락에서 이해하는 데에는 사소하다고 할 수 없는, 그러나 여기에서는 우리의 목적을 위해서 무시해야 할 그러한 복잡성이 개입한다. 그러나 우리가 대화 맥락의 복잡성을 일부 무시한다 하더라도 그러한 문장의 어떤 이해에든 많은 것이 관여한다.

'안개가 산 앞에 있다'라는 문장을 참이라고 이해하기 위해서는 무엇이 우리에게 사실이어야 하는지 살펴보자. 앞에서 살펴보았던 것처럼 투사를 통해 '안개'와 '산'을 개체로 간주해야 하며, 또한 앞-뒤 지향성을 산에 투사해야 한다. 이 지향성은 문화에 따라 다르고 관찰자인 인간에 상대적으로 주어지며 산에 내재적이지 않다. 따라서 우리는 '안개'라고 간주하는 개체가 '산'이라고 선별하는 개체와 우리 사이에 있는지, 즉 산의 옆이나 위가 아니라 산에 더 가까운 곳에 있는지 결정해야 한다.

다른 가능한 관계보다 ～의 앞에라는 관계가 더 적합한지의 여부는 세계에 대한 세 종류의 투사와 관련이 있고, 우리의 지각과 목적에 상대적인 다소간의 화용적인 결정과 관련이 있다. 그래서 '안개가 산 앞에 있다'가 과연 참인지를 이해하는 것은 단순히 (1) 세계 안에 이미 존재하는 명확하게 규정된 개체(안개와 산)를 선택하고, (2) 이렇게 명확히 규정된 두 개체 사이에 (모든 관찰자로부터 독립적인) 어떤 본유적인 관계가 존재하는지를 밝히는 문제가 아니다. 오히려 이 문장의 이해는 특정한 목적에 상대적인 인간의 투사와 인간의 판단 문제이다.

문장 '존이 해리에게 총을 쏘았다'는 다른 문제를 야기한다. 이 문장의 이해에는 **존**과 **해리**라고 불리는 사람의 선정과 「총」이라는 범주에 합치하는 대상의 선정, 총 발사의 의미 이해, 누군가를 겨눈 총 발사의 의미 이해와 같은 여러 명백한 사안이 있다. 그러나 우리는 이러한 문장을 근거 없이 이해하지 않는다. 우리는 문장을 예컨 대 누군가를 쏘는 행위나 누군가를 위협하는 행위, 서커스 묘기를 실연하는 행위나 영화나 농담에서 이러한 행위 중의 어느 하나를 연기하는 행위 등 더 큰 경험 범주를 참조하여 이해한다. 총의 발사 는 이러한 행위 중 어느 한 경우일 수 있으며, 그 중 어느 행위에 해당하는지는 맥락에 달려 있다. 그러나 총의 발사와 합치하는 경험 범주는 아주 작은 범위가 있을 뿐이다. 그 중 가장 전형적인 경우는 「누군가를 쏘는 것」이다. 왜냐하면 누군가를 위협하거나 서커스 묘기를 행하는 전형적인 방법은 많지만, 누군가를 쏘는 정상 적인 방법은 오직 한 가지만 있기 때문이다.

그래서 우리는 이 경우에 「누군가를 쏘는 것」을 대체로 다음과 같은 차원을 갖는 하나의 체험적 게슈탈트로 볼 수 있다.

참가자: 존(발포자), 해리(표적), 총(도구), 총알(도구, 탄환)

부　분: 총을 표적에 조준함
　　　　총을 발사함
　　　　총알이 표적을 맞춤
　　　　표적이 손상됨

단　계: 선결 조건: 발포자가 총알을 장전한다.
　　　　시작: 발포자가 총을 표적에 조준한다.
　　　　중간: 발포자가 총을 발사한다.
　　　　끝: 총알이 표적을 맞춘다.

최후 상태: 표적이 손상된다.

인 과 : 시작과 중간이 끝을 가능하게 한다.
중간과 끝이 최후 상태를 가져온다.

목 적 : **목표**: 최후 상태
계획: 선결 조건을 충족, 시작과 중간을 수행

'존이 해리에게 총을 쏘았다'라는 문장은 전형적으로 이 유형의 「누군가를 쏘는 것」 게슈탈트를 불러낸다. 또는 다른 맥락에서는 이 문장이 똑같이 복합적인 다른 체험적 게슈탈트(예: 「서커스 묘기를 행하기」)를 불러낼 수도 있다. 그러나 이 문장은 정상적인 범위의 자연적인 차원(예: 목적, 표적 등)을 명시하는 더 큰 게슈탈트의 환기 없이 그 자체로 이해되는 경우는 실제로 거의 없다. 일단 어떤 게슈탈트라도 환기되면, 우리는 이 문장 자체 안에 직접 주어진 것 이상을 이해한다. 그러한 게슈탈트는 각각 우리에게 의미 있는 방식으로, 우리 문화의 체험적 범주의 관점에서 이 문장을 이해하기 위한 배경을 제공한다.

이 문장이 환기하는 경험의 더 큰 범주에 더하여, 우리는 또한 정보가 풍부한 원형의 관점에서 「발사」와 「총」을 범주화한다. 맥락이 달리 강요하지 않는 한 우리는 이 총을 **지각적·운동적·기능적** 속성과 **목적** 속성을 갖는 원형적인 총으로 이해한다. 맥락이 달리 명시하지 않는 한 **환기되는** 영상은 우산 총이나 서류가방 총의 영상이 아니며, 발사에 사용되는 운동 기획은 총을 수평으로 잡고 방아쇠를 당기는 동작이다. 이 동작이 「발사」와 「총」 둘 다와 합치하는 일상적인 운동 기획이다. 맥락을 조작하지 않는 한 우리는 방아쇠가 가령 문고리에 실로 연결되어 있는 루브 골드버그 장치를 연상하지 않는다.

우리는 '큰' 게슈탈트(「누군가를 쏘는 것」 또는 「서커스 묘기를 실행하는 것」)이든 '작은' 게슈탈트(「총」 「발사」 「조준」 등)이든 이 게슈탈트들이 상호 합치하는 방식의 관점에서 이 문장('존이 해리에게 총을 쏘았다')을 이해한다. 오직 그러한 이해에 상대적으로만 진리 문제가 제기된다. 이 문장을 이러한 관점에서 파악하는 우리의 이해와 일어난 사건에 대한 우리의 이해가 충분히 긴밀하게 합치할 경우에는 진리 문제가 단순하다. 그러나 이 문장에 대한 우리의 **정상적인** 이해와 이러한 사건에 대한 우리의 이해 사이에 괴리가 있을 때는 어떻게 되는가? 예를 들어 존이 천재적인 루브 골드버그 식으로 어느 시간에 해리가 서 있을 지점을 조준하여 총을 설치한 다음 방아쇠에 줄을 연결해 두었다고 하자. 다음 두 경우를 살펴보자.

A. 존이 귀를 긁으면 그 총은 해리에게 발사된다.
   (John's scratching his ear causes the gun to fire at Harry.)
B. 해리가 문을 열면 그 총은 해리 자신에게 발사된다.
   (Harry's opening the door causes the gun to fire at Harry.)

A의 경우에는 존의 행위가 발포의 원인이 되는 반면, B의 경우에는 해리의 행위가 원인이 된다. 이 때문에 A가 B보다 그 문장에 대한 우리의 일상적 이해와 더 가깝게 된다. 그래서 꼭 대답을 해야 한다면 우리는 '존이 해리에게 총을 쏘았다'라고 말하는 것이 참이 되는 경우는 A라고 말할 것이다. 그렇지만 B의 경우는 발사에 대한 원형적 이해와는 동떨어져 있기 때문에 아마도 우리는 '존이 해리에게 총을 쏘았다'가 참이라고 말하려고 하지 않을 것이다. 그러나 우리는 이 경우에도 이 문장이 무조건적으로 거짓이라고 말하려고 하지도 않을 것이다. 왜냐하면 이 경우에도 근원적으로는 존에게 그 발포의 책임이 있기 때문이다. 그 대신에 우리는 단순히 '참' 또는 '거짓'이라고 대답하기보다 설명하려고 할 것이다. 이것이 바로 사건에 대한 우리의 이해가 원형으로부터의 상당한 일탈 때문에 이 문장에 대한 표준적인 이해와 합치하지 않을 때 생기는 전형적인 현상이다.

우리는 이 절을 다음과 같이 요약할 수 있다.

1. 어떤 주어진 상황에서 어떤 문장을 참이라고 이해하기 위해서는 그 문장에 대한 이해는 물론 그 상황에 대한 이해가 필요하다.
2. 우리는 어떤 문장에 대한 우리의 이해가 상황과 충분히 긴밀하게 합치할 때 그 문장을 참이라고 이해한다.
3. 어떤 문장에 대한 우리의 이해와 합치할 수 있는 종류의 상황을 이해하기 위해서는 다음 활동이 필요하다.

a. 어떤 지향성을 본유적 지향성을 갖지 않는 어떤 대상에 투사하는 것 (예: 산이 앞을 가지고 있다고 보는 것)
b. 어떤 개체 구조를 경계가 명확하지 않은 어떤 대상에 투사하는 것
c. 문장이 의미를 구성하는 관점이 되는 배경을 제공하는 것, 즉 하나의 체험적 게슈탈트(예:「누군가를 쏘는 것」,「서커스의 묘기를 실행하는 것」등)를 불러내고, 상황을 그 게슈탈트의 관점에서 이해하는 것
d. 문장을 원형이 규정하는 그대로의 범주(예:「총」「발사」)의 관점에서 '정상적으로' 이해하는 것, 그리고 그 동일한 범주의 관점에서 상황을 이해하려고 하는 것

관습적 은유를 참이라고 이해하는 데 무엇이 필요한가?

우리는 지금까지 (은유가 없는) 단문을 참이라고 이해하는 데 무엇이 관여하는지를 살펴보았다. 이제 우리는 관습적 은유의 부가가 아무런 변화도 가져오지 않는다는 것을 제안하려고 한다. '인플레이션이 올라갔다'(Inflation has gone up)라는 문장을 예로 들어 보자. 어떤 상황을 이 문장이 참일 수 있는 상황으로 이해하는 데에는 두 가지 투사가 관여한다. 우리는 먼저 인플레이션의 사례를 선별하고 이 사례가 하나의 물질을 구성한다고 보아야 한다. 그렇게 함으로써 우리는 이 물질을 양화할 수 있고 이 물질이 증가한다고 볼 수 있다. 덧붙여서 그 증가에「위」지향성을 투사해야 한다. 이 두 가지 투사는「인플레이션은 물질」(존재론적 은유)과「많음은

위」(지향적 은유)라는 두 가지 관습적 은유를 구성한다.

이와 같은 상황에의 투사와 앞에서 보았던 '안개가 산 앞에 있다'와 같은 상황에의 투사 사이에는 하나의 중요한 차이가 있다. 안개의 경우에 우리는 물리적인 어떤 것(안개)을 물리적이면서도 '더 명료하게 묘사되는 다른 어떤 것, 즉 경계지어진 물리적 대상을 모형으로 삼아 이해한다. **앞(front)**의 경우에는 산의 물리적 지향성을 다른 물리적 지향성, 즉 우리 몸의 지향성의 관점에서 이해한다. 이 두 경우에 우리는 물리적인 어떤 사물을 역시 물리적인 다른 어떤 사물의 관점에서 이해한다. 달리 말하면 우리는 한 사물을 **같은 종류**의 다른 어떤 사물의 관점에서 이해한다. 그러나 관습적 은유에서는 한 사물을 **다른 종류**의 어떤 사물의 관점에서 이해한다. 예를 들어 '인플레이션이 올라갔다'에서 우리는 (추상적인) **인플레이션**을 하나의 물리적 개체의 관점에서 이해하며, (역시 추상적인) 인플레이션의 증가를 하나의 물리적 지향성(위)의 관점에서 이해한다. 유일한 차이가 있다면 그 투사에 **동일한 종류**의 사물이 관여하는가, 아니면 다른 종류의 사물이 관여하는가이다.

문장 '인플레이션이 올라갔다'를 참이라고 이해할 때, 우리는 다음 행위를 한다.

1. 은유적 투사를 통해서 두 가지 방식으로 **상황**을 이해한다.
   a. (존재론적 은유를 통해서) 인플레이션을 하나의 「물질」로

본다.

    b. (지향적 은유를 통해서) 「많음」을 「위」 지향으로 본다.

2. 이 문장을 동일한 두 은유의 관점에서 이해한다.

3. 이로 인해 우리는 이 문장에 대한 우리의 이해를 상황에 대한 우리의 이해와 맞출 수 있다.

그래서 은유적 투사의 관점에서 보는 참에 대한 이해는 비은유적 투사의 관점에서 보는 참에 대한 이해와 기본적으로 차이가 없다. 유일한 차이는 은유적 투사가 한 종류의 사물을 다른 종류의 사물의 관점에서 이해한다는 점뿐이다. 말하자면 비은유적 투사에는 다만 한 종류의 사물이 개입하는 반면, 은유적 투사에는 두 가지 다른 종류가 관여한다.

이러한 사실은 구조적 은유에도 동일하게 적용된다. '존이 그 논쟁에서 자기 입장을 방어했다'라는 문장을 예로 들어보자. 앞에서 살펴보았던 것처럼 논쟁 경험은 「논쟁은 전쟁」 은유 덕분에 「전쟁」 게슈탈트의 관점에서 부분적으로 구조화된다. 논쟁이 관습적 은유인 「논쟁은 전쟁」에 의해 구조화되는 은유적 종류의 경험이기 때문에 논쟁이 벌어지는 상황은 이 은유를 통해 이해할 수 있다는 귀결이 나온다. 논쟁 상황에 대한 우리의 이해는 이 상황을 「대화」 게슈탈트와 「전쟁」 게슈탈트 둘 다의 관점에서 동시에 바라보는 것을 포함한다. 만일 그 대화의 일부가 「전쟁」 게슈탈트의 성공적인 방어와 합치하는 방식으로 우리가 그 상황을 이해한다면 그 문장에 대한 우리의 이해는 그 상황에 대한 우리의 이해와 합치할 것이며, 우리는 그 문장을 참이라고 여길 것이다.

은유적 경우에든 비은유적 경우에든 우리가 진리를 이해하는 방식에 대한 위의 설명은 우리가 상황을 이해하는 방식에 대한 설명에 달려 있다. 은유가 '단순한 언어'의 문제라기보다 본성적으로 개념적이라면 우리는 상황을 자연스럽게 은유적으로 개념화한다. 우리가 상황을 은유적으로 개념화할 수 있기 때문에, 은유를 담고 있는 문장이 우리가 개념화하는 그대로의 상황과 합치한다고 볼 수 있다.

어떻게 새로운 은유를 참이라고 이해하는가?

우리는 방금 관습적 은유가 비은유적 문장과 동일한 방식으로 진리에 대한 우리의 설명에 합치한다는 것을 살펴보았다. 두 경우에 다 어떤 주어진 상황에서 어떤 문장을 참이라고 이해하는 것은 이 문장에 대한 우리의 이해를 그 상황에 대한 우리의 이해에 맞추는 것과 관련이 있다. 상황에 대한 우리의 이해가 관습적 은유를 포함할 수 있기 때문에 관습적 은유를 담고 있는 문장은 진리에 대한 우리의 해명에 어떤 특별한 문제도 제기하지 않는다. 이것은 진리에 대한 동일한 해명이 새로운 은유, 즉 비관습적 은유에 적용된다는 것을 암시한다.

이 점을 살펴보기 위해서 관습적 은유와 비관습적 은유를 하나씩

고찰해 보자.

> Tell me the *story of your life*. (관습적)
> (네 **삶의 이야기**를 들려 줘.)
> Life's … a tale told by an idiot, full of sound and fury, signifying
> nothing. (비관습적)
> (삶은 …… 바보가 들려주는, 소음과 분노로 가득 차 있으면서 아무런
> 의미도 없는 이야기야.)

'네 삶의 이야기를 들려 줘'라는 문장으로 논의를 시작해 보자. 이 문장은 「삶은 이야기」(LIFE IS A STORY)라는 관습적 은유를 담고 있다. 이 은유는 우리 문화에 깊게 뿌리박고 있는 은유이다. 우리 문화에서는 모든 인생이 마치 이야기처럼 구조화된다고 가정한다. 그리고 모든 전기적·자전적 전통이 이 가정에 근거한다. 누군가가 당신에게 삶의 이야기를 해달라고 요구한다고 가정해 보라. 당신은 어떻게 할 것인가? 당신은 인생의 초반에서 시작해서 현재까지에 이르는 하나의 정합적인 서사를 구성한다. 그리고 전형적으로 이 서사는 다음 특성을 지니고 있을 것이다.

참여자: 당신, 그리고 당신의 삶에서 어떤 역할을 해 온 사람들

부 분: 배경, 중요한 사실, 에피소드, 그리고 (현재 상태와 몇몇 원초적 상태를 포함한) 중요한 상태

단 계: 선결 조건: 시작을 위한 환경
　　　시작: 원초적 상태와 후속하는 동일한 시간적 환경 안의 에피
　　　　　 소드
　　　중간: 계속적인 시간적 순서에 의한 다양한 에피소드와 중요
　　　　　 한 상태
　　　종결: 현재의 상태

선형적 순서: 후속 에피소드와 상태 사이의 다양한 시간적 연결 그리
　　　　　　고/또는 인과적 연결

인과성: 에피소드와 상태 사이의 다양한 인과 관계

목 적: 목표: (미래에 있을 수 있는) 소망하는 상태
　　　계획: 당신이 시작하고, 목표와 인과적 관련성을 지닌 일련의
　　　　　 연속적인 에피소드 또는
　　　　　 일련의 자연적 단계를 통해서 목표에 도달할 수 있도록
　　　　　 당신을 중요한 상태로 유도하는 사건 또는 사건 집합

　이것은 삶을 하나의 「이야기」로 봄으로써 누군가의 삶에 정합성
을 주기 위한 전형적인 체험적 게슈탈트의 지극히 단순화된 버전이
다. 우리는 각각의 에피소드가 그 자체로 유사한 구조를 갖는 정합
적인 하위 서사일 수도 있다는 사실 등의 다양한 복합성은 생략했
다. 모든 삶의 이야기가 위의 구조적 차원을 다 갖고 있는 것은
아니다.
　어떤 정합적인 이야기의 관점에서 당신의 삶을 이해한다는 것은

특정한 **참여자**와 **부분**(에피소드와 상태)을 부각하고, 다른 것을 무시하거나 은폐한다는 것에 주목하라. 그러한 이해는 당신의 삶을 **단계**와, 부분들 사이의 **인과적 연관**, 그리고 어떤 목표나 일련의 **목표**에 도달하기 위한 **계획**의 관점에서 바라보는 것을 포함한다. 일반적으로 삶의 이야기는 당신의 삶에서 부각되는 요소에 정합적인 구조를 부여한다.

만일 당신이 그런 이야기를 하고 나서 '이것이 내 삶의 이야기야'라고 말한다면, 당신 자신이 참을 말하고 있다고 보는 것은 정당할 것이다. 단, 당신이 실제로 부각되는 참여자와 사태를 중요한 참여자와 사태로 보고, 정말로 이러한 참여자와 사태가 그 서사의 구조가 명시하는 대로 정합성 있게 서로 합치한다고 본다면 말이다. 이 경우에 진리의 문제는 그 서사가 제공하는 정합성이 과연 당신의 삶에서 보는 정합성과 일치하는가의 여부이다 그리고 당신의 삶에 의미와 중요성을 부여하는 것은 바로 당신 자신의 삶에서 보는 그 정합성이다.

그러면 이제 '삶은 …… 바보가 들려주는, 소음과 분노로 가득차 있으면서도 아무런 의미도 없는 이야기야'라는 비관습적 은유를 참이라고 이해하는 데 무엇이 관여하는지 묻기로 하자. 이 비관습적 은유는 「삶은 이야기」라는 관습적 은유를 불러낸다. 바보가 들려주는 이야기의 가장 두드러진 특징은 이야기에 정합성이 없다는 점이다. 바보들의 이야기는 마치 단계와 인과적 연결, 전반적 목적을 지닌 정합적인 이야기인 것처럼 시작하지만, 돌연히 주제가 자꾸 바뀌어 이야기를 따라가면서 정합성을 찾기 불가능하고 전반적으로 어떤 정합성도 찾을 수 없게 된다.

이러한 종류의 삶의 이야기는 아무런 정합적 구조도 가질 수 없을 것이며, 따라서 우리의 삶에 의미나 중요성을 제공할 수도 없을 것이다. 또한 우리 삶의 사건들을 중요하다고, 즉 목적을 수행하고 다른 중요한 사건에 인과적으로 연결되고 환경에 어울린다고 부각할 어떤 방법도 없을 것이다. 하나의 이야기로 간주되는, 또 '소음과 분노로 가득 찬' 에피소드로 간주되는 삶은 광포의 시기와 고뇌에 찬 투쟁 시기, 그리고 어쩌면 폭력의 시기를 대변할 것이다. 전형적인 삶의 이야기에서는 그러한 사건을 중대한 사건, 즉 정신적 외상을 초래하거나 카타르시스를 제공하거나 재앙에 가깝거나 절정의 느낌을 주는 사건으로 볼 것이다. 그러나 '아무런 의미도 없는'이라는 수식어는 의미의 모든 가능성을 부정하며, 오히려 어떤 정합적 전체 안의 인과적 연결이나 목적, 확인 가능한 단계의 관점에서 에피소드를 바라볼 수 없다는 것을 암시한다.

만일 실제로 우리의 삶과 타인의 삶을 이러한 방식으로 바라본다면, 우리는 「삶은 이야기」 은유를 참이라고 받아들일 것이다. 우리들 대부분이 이 은유를 참이라고 받아들일 수 있는 것은 바로 우리가 삶의 경험을 늘상 이 은유의 관점에서 이해하기 때문이다. 우리는 어떤 정합적인 종류의 삶의 이야기에 합치하는 정합성을 추구함으로써 끊임없이 삶의 의미를 찾으려 한다. 또한 우리는 끊임없이 그러한 이야기를 하면서 그 관점에서 살아간다. 삶의 상황이 바뀌면 우리는 계속해서 우리의 삶의 이야기를 수정하면서 새로운 정합성을 추구한다.

「삶은 …… 바보가 들려주는 이야기」 은유는 삶의 환경이 아주 철저하게, 급격하게, 또 예측 불가능하게 바뀌기 때문에 어떤 정합적인 삶의 이야기도 불가능해 보이는 사람들의 삶에는 잘 맞을지도 모른다.

지금까지 그러한 새로운 은유, 즉 비관습적 은유가 진리에 대한 우리의 일반적인 해명에 합치할 것이라는 점을 살펴보았다. 그렇지만 우리는 진리의 문제가 은유의 탐구에서 생겨나는 가장 관련이 적고 재미도 없는 문제의 하나라는 점을 재삼 강조해야 한다. 「삶은 …… 바보가 들려주는 이야기 은유」는 어떻게 참일 수 있는가? 이 물음을 이해하기 위해 애쓰는 과정에서, 우리는 이 은유 덕분에 우리 삶을 새롭게 이해할 수 있다. 이 은유의 실제적 중요성은 바로 이러한 측면이다.

그 은유는 다음과 같은 사실을 부각한다. 먼저 우리는 우리 자신의 삶을 정합적인 삶의 이야기에 맞출 수 있다는 기대를 하면서 끊임없이 활동한다. 그러나 우리 삶에서 가장 두드러진 경험, 즉 소음과 분노로 가득 찬 경험이 어떤 정합적인 전체와도 합치하지 않으며, 따라서 무의하게 될 때는 이 기대가 끊임없이 무너질 수 있다. 보통은 일상적으로 삶의 이야기를 구성할 때 정합성을 찾으려는 목적 때문에 매우 중요한 많은 경험을 배제한다. 「삶은 ……바보가 들려주는 이야기」 은유의 역할은 「삶은 이야기」 은유를 환기하는 것이다. 이 「삶은 이야기」 은유는 중요한 에피소드들을 정상적인 삶의 이야기인 하나의 정합적 전체에 맞추려는 지속적인 기대와 함께 살아가는 것과 관련이 있다. 이 은유의 효과는 이 기대를 불러내는 것이고, 또한 실제로 이 기대가 끊임없이 좌절될 수 있음을 보여 주는 것이다

상황의 이해 : 요약

이 장에서는 지금까지 진리에 대한 체험주의적 해명의 기본 요소를 제시했다. 진리에 대한 우리의 해명은 이해에 근거한다. 이 이론의 중요한 핵심은 하나의 상황을 이해한다는 것이 무엇을 의미하는가에 대한 분석이다. 그 문제에 관해서 지금까지 펼쳐온 우리의 논의를 요약하면 다음과 같다.

직접적 · 즉각적 이해

우리의 직접적인 물리적 관여를 통해 즉각 이해하는 많은 사물이 있다. 우리는 이러한 사물을 우리 자신의 인접 환경의 분리 불가능

한 부분이라고 이해한다.

개체 구조 : 우리는 우리 자신을 경계지어진 실재로 이해하며, 우리가 직접 접촉하는 어떤 대상을 역시 경계지어진 실재로서 직접 경험한다.

지향적 구조 : 우리는 우리 자신과 다른 대상이 우리가 활동하고 있는 환경에 상대적인 특정한 지향성(예: 위-아래, 안-밖, 앞-뒤, 접촉-분리 등)을 지닌다고 이해한다.

경험의 차원 : 타인과의 상호작용과 우리가 직면한 물리적·문화적 환경과의 상호작용에서 대부분의 경우에 우리가 활동하는 관점이 되는 경험의 차원이 있다. 우리는 직접 부딪히는 개체를 범주화하고, 또한 이 범주의 관점에서 직접 경험을 범주화한다.

체험적 게슈탈트 : 우리의 물건 범주나 물질 범주는 적어도 **지각적** **차원**과 **운동 활동** 차원, **부분/전체** 차원, **기능적** 차원, **합목적적** 차원을 갖는 게슈탈트이다. 직접적인 행위와 활동, 사건, 경험에 대한 우리의 범주는 적어도 **참여자, 부분, 운동 활동, 지각, 단계, (부분들의) 선형적 순서, 인과관계, 목적 (행위의 목표/계획**과 사건의 **최종 상태)** 등의 차원을 갖는 게슈탈트이다. 이러한 차원은 우리의 직접 경험의 자연적 차원을 구성한다. 이러한 차원이 다 모든 종류의 직접 경험에서 어떤 역할을 하는 것은 아니지만, 일반적으로 이러한 차원 대부분이 이런저런 역할을 할 것이다.

배경 : 체험적 게슈탈트는 전형적으로 우리가 그 게슈탈트의 한 측면으로 경험하는 어떤 것을 이해하는 데 배경으로 작용할 것이다. 그래서 어떤 개인이나 대상은 하나의 게슈탈트 안의 **참가자**로 이해할 수

있으며, 하나의 행위는 하나의 게슈탈트의 **부분**으로 이해할 수 있다. 하나의 게슈탈트는 다른 게슈탈트의 존재를 전제할 수 있다. 그리고 이 관계는 그 게슈탈트가 다시 또 다른 게슈탈트를 전제하는 방식으로 계속된다. 그 결과로서 전형적으로 나타나는 것은 주어진 상황을 완전히 이해하는 데 필요한 엄청나게 풍부한 배경 구조이다. 이 배경 구조는 대부분 결코 감지하지 못할 수 있다. 왜냐하면 이러한 배경 구조는 수많은 우리의 일상적 활동과 경험에서 전제하기 때문이다.

부각: 어떤 상황을 체험적 게슈탈트의 한 경우로 이해하는 것은 그러한 상황의 요소를 그 게슈탈트의 차원에 합치한다고 선택하는 것과 관련이 있다. 예컨대 경험의 측면을 **참가자, 부분, 단계** 등으로 선택한다. 이것은 그 상황의 그러한 측면은 부각하고, 그 게슈탈트에 합치하지 않는 측면은 축소하거나 은폐한다.

상호작용적 속성: 대상이나 사건이 갖고 있다고 우리가 직접 경험하는 속성은 환경 안에서 그러한 대상이나 사건과 직접 상호 작용함으로써 생겨나는 산물이다. 말하자면 그러한 속성은 대상이나 경험의 **본유적** 속성일 수 없으며, 대신에 **상호작용적** 속성이다.

원형: 각각의 범주는 원형의 관점에서 구성되며, 어떤 것은 원형과의 가족유사성 덕분에 그 범주의 구성원으로 간주된다.

간접적 이해

우리는 방금 직접적인 경험 안에서 매우 명료하게 묘사되는 상황의 측면을 이해하는 방식에 대해 기술했다. 그러나 이 작업을 하는 내내 우리는 우리 경험의 많은 측면을 우리 경험의 자연적으로 창발하는 차원의 관점에서 명확하게 묘사할 수 없다는 것을 확인했다. 이 사실은 전형적으로 인간의 감정과 추상적 개념, 정신적 활동, 시간, 작업, 인간의 제도, 사회적 관행, 심지어는 본유적인 경계나 지향성을 갖지 않는 물리적 대상에 해당된다. 이들은 대부분 직접 **경험**할 수 있지만, 그 어느 것도 그 자체로는 충분히 파악할 수 없다. 그 대신에 우리는 이들을 다른 개체나 경험, 대개는 다른 **종류**의 개체나 경험의 관점에서 이해해야 한다.

앞에서 살펴보았던 것처럼, 안개가 산의 앞에 있다고 보는 상황을 이해하려면 안개와 산을 개체로 간주해야 하고, 또한 산에 앞-뒤 지향성을 투사해야 한다. 이러한 투사가 쌓여서 바로 우리의 지각이 된다. 우리는 안개와 산을 개체로 지각하고, 산이 **앞**을 지니고 있으며, 안개가 그 앞에 있다고 지각한다. 우리가 산에 대해서 지각하는 앞-뒤 지향성은 개체로서의 산 지위나 안개 지위와 마찬가지로 명백히 상호작용적 속성이다. 이것은 간접적 이해의 한 경우이다. 이 경우에 우리는 어떤 물리적 현상을 더 명료하게 묘사되는 다른 물리적 현상의 관점에서 이해한다.

간접적 이해에서 우리가 하는 일은 직접적인 이해의 자원을 이용하는 것이다. 안개와 산의 경우는 개체 구조와 지향성 구조를 이용하고 있다. 이 경우에 우리는 단일 영역, 즉 물리적 대상의 영역에 머물러 있었다. 그러나 대부분의 간접적 이해는 한 **종류**의 개체나 경험을 다른 종류의 개체나 경험의 관점에서 이해하는 것, 즉 은유를 통해서 이해하는 것과 관련이 있다. 지금까지 살펴보았듯이 직접적·즉각적 이해에 사용되는 모든 자원은 은유를 통해서 간접적 이해에 긴요하게 사용된다.

개체 구조: 개체 구조와 물질 구조는 존재론적 은유를 통해 부과된다.

지향적 구조: 지향적 구조는 지향적 은유를 통해 부과된다.

경험의 차원: 구조적 은유는 한 종류의 사물이나 경험을 다른 종류의 관점에서 구조화하는 것을 포함하지만, 경험의 동일한 자연적 차원 (예: **부분, 단계, 목적** 등)이 두 종류의 경험에 다 사용된다.

체험적 게슈탈트: 구조적 은유는 한 게슈탈트 구조의 일부를 다른 게슈탈트 구조에 부과하는 것을 포함한다.

배경: 체험적 게슈탈트는 비은유적 이해에서와 마찬가지로 은유적 이해에서도 배경의 역할을 한다.

부각: 은유적 부각은 비은유적 게슈탈트에서와 동일한 기제에 의해 작용한다. 즉 은유가 상황에 덧붙이는 체험적 게슈탈트는 그 상황의 요소를 그 차원에 합치하는 것으로 선택한다. 말하자면 그 상황의 고유한 참여자, 부분, 단계 등을 선택한다. 이것이 바로 은유가 부각하는 것이며, 부각되지 않는 것은 축소되거나 은폐된다. 새로운 은유는 정상적인 개념 구조가 부각하지 않는 것을 부각하기 때문에 부각의 가장 유명한 실례가 되었다.

상호작용적 속성: 우리 경험의 모든 차원은 본성상 상호작용적이며, 모든 체험적 게슈탈트는 상호작용적 속성을 포함한다. 이것은 은유적 개념과 비은유적 개념 양쪽에 다 적용된다.

원형: 은유적 범주와 비은유적 범주는 둘 다 원형의 관점에서 구조화 된다.

진리는 이해에 근거한다

앞에서 살펴본 것처럼 상황에 대한 직접적·즉각적 이해에 관여 하는 우리의 개념 체계의 동일한 여덟 가지 측면이 간접적 이해에서 도 동등한 역할을 한다. 일상적인 개념 체계의 이러한 측면은 우리 가 상황을 은유적인 방식으로 이해하든 비은유적인 방식으로 이해 하든 항상 사용된다. 우리가 개념들의 그 체계를 사용하는 **진술**을 **참**이라고, 즉 우리가 이해하는 그대로의 상황에 합치한다거나 합치 하지 않는다고 이해할 수 있는 것은 바로 **상황**을 우리의 개념 체계 의 관점에서 이해하기 때문이다. 따라서 진리는 우리의 개념 체계 의 함수이다. 은유가 참이거나 거짓일 수 있는 것은 바로 우리의 많은 개념이 본성상 은유적이기 때문이고, 또한 우리가 그러한 개념 의 관점에서 상황을 이해하기 때문이다.

진리에 대한 체험주의적 해명의 본성

어떤 진술에 대한 우리의 이해가 어떤 주어진 상황에 대한 우리의 이해와 우리의 목적에 충분히 긴밀하게 합치할 때 우리는 그 상황에서 그 진술을 참이라고 이해한다. 이것이 우리의 체험주의적 진리 이론의 토대이다. 이 진리 이론은 다음과 같은 특성을 지니고 있다.

첫째, 이 이론은 대응 이론과 몇 가지 공통적 요소를 지닌다. 가장 기본적인 형태의 대응 이론에 따르면 진술은 객관적 의미를 지니고 있으며, 그 의미가 그 진술이 참인 조건을 명시한다. 진리는 어떤 진술과 이 세계 내의 어떤 사태 사이의 직접적인 합치(나 대응)로 구성된다.

우리는 그처럼 아주 단순화한 구도를 거부한다. 왜냐하면 그 구도는 진리가 이해에 근거하는 측면을 무시하기 때문이다. 우리가 제안하는 체험주의적 견해는 다음과 같은 의미에서 하나의 대응 이론이다.

진리 이론은 어떤 상황에서 한 진술을 참 또는 거짓이라고 이해하는 것이 무엇을 의미하는가에 관한 이론이다.

우리가 하는 말과 세계 내의 어떤 사태 사이의 모든 대응은 항상 그 진술에 대한 우리의 이해와 그 사태에 대한 우리의 이해에 의해 매개된다. 물론 상황에 대한 우리의 이해는 상황 그 자체에 대한 우리의 직접적인 상호작용에서 비롯된다. 그러나 우리가 세계에 관해 참(이거나 거짓)인 진술을 할 수 있는 이유는 **어떤 진술에 대한 우리의 이해**가 진술의 바탕이 되는 **그 상황에 대한 우리의 이해**와 합치할 수 있(거나 합치하지 않을 수도 있)기 있기 때문이다.

우리는 상황과 진술을 우리의 개념 체계의 관점에서 이해하기 때문에 우리에게 진리는 항상 그 개념 체계에 상대적이다. 마찬가지로 이해가 항상 부분적이기 때문에, 우리는 어떤 '완전한 진리'나 실재에 대한 어떤 결정적인 해명에 결코 도달할 수 없다.

둘째, 어떤 것을 이해하려면 그것을 개념 체계에 상대적인 어떤 정합적인 틀에 맞추어 보아야 한다. 이 점은 우리에게 정합설의 요소를 제공한다.

셋째, 이해는 또한 경험 안의 토대 형성을 요구한다. 체험주의에 따르면 우리의 개념 체계는 물리적·문화적 환경 안에서 우리가 경험하는 지속적이고 성공적인 활동으로부터 생겨난다. 우리의 경험 범주와 그러한 범주를 구성하는 근원으로서의 차원은 우리 경험에서 생겨났을 뿐만 아니라 우리 문화의 모든 구성원의 지속적이고 성공적인 활동을 통해서 끊임없는 검증을 받고 있다. 이것은 우리에게 **실용주의 이론**의 요소를 제공한다.

넷째, 체험주의 진리 이론은 고전적인 **실재론**과 몇 가지 공통적 요소를 지니고 있다. 하지만 이러한 요소에 절대적 진리에 대한 고전적 실재론의 주장은 들어가지 않는다. 그 대신에 체험주의는 다음과 같은 주장을 받아들인다.

물리적 세계는 주어진 그대로이다. 문화는 주어진 그대로이다. 인간은 주어진 그대로이다.

인간은 자신의 물리적·문화적 환경 안에서 성공적으로 상호 작용한다. 그들은 끊임없이 실제 세계와 상호 작용한다.

인간의 범주화는 실재의 제약을 받는다. 왜냐하면 범주화가 물리적·문화적 상호작용을 통해 끊임없이 검증을 받는 경험의 자연적 차원의 관점에서 특징지어지기 때문이다.

고전적인 실재론은 문화적·인간적 실재보다 물리적 실재에 초점을 맞춘다. 그러나 사회적·정치적·경제적·종교적 제도는 물론 그러한 제도 안에서 활동하는 인간은 나무나 탁자, 바위에 못지않게 실재한다. 진리에 대한 우리의 해명은 사회적·인간적 실재는 물론 물리적 실재도 다루기 때문에 실재론적 전통을 확장하려는 노력으로 간주될 수 있다.

체험주의 이론은 다음과 같은 기본적 측면에서 고전적인 객관적 실재론과 다르다. 인간의 개념은 사물의 본유적인 속성이 아니라, 오직 상호작용적 속성에 대응한다. 이것은 당연하다. 왜냐하면 개념이 본성상 은유적일 수 있고 문화에 따라 다를 수 있기 때문이다.

다섯째, 우리와 매우 상이한 개념 체계를 갖는 사람들은 우리와는 매우 다른 방식으로 세계를 이해할 것이다. 그래서 그들은 아주 다른 진리 체계를 가질 수 있으며, 진리와 실재의 기준조차도 다를 수 있다.

이러한 서술을 통해서 진리에 대한 우리의 해명에 근본적으로 새로운 것은 없다는 점이 분명해졌을 것이다. 이 해명은 현상학적 전통의 몇 가지 핵심적 통찰을 포함한다. 예컨대 인식론적 토대주의에 대한 거부, 우리의 경험을 구조화하는 몸의 중심성 강조, 우리의 이해에서 이 구조가 지니는 중요성 등이 바로 그러한 통찰이다. 우리의 견해는 또한 비트겐슈타인의 후기 철학의 몇 가지 핵심적 요소와도 합치한다. 예컨대 가족유사성에 근거한 범주화의 해명, 의미에 관한 그림 이론의 거부, 의미에 관한 건축벽돌 이론의 거부, 맥락에 상대적이거나 개인의 개념 체계에 상대적인 의미의 강조 등의 요소에 부합한다.

'객관적 진리' 이론 내의 '인간의 이해' 요소

이해에 근거한 진리 이론이 '순수하게 객관적인 진리' 이론이 아님은 명백하다. 우리는 절대적 진리와 같은 것이 존재한다고 믿지 않으며, 절대적 진리에 관한 이론을 제시하려는 어떤 시도도 무의미하다고 생각한다. 그렇지만 서양철학은 전통적으로 절대적 진리가 존재할 수 있다고 가정하고. 이 절대적 진리의 해명을 제시하려는 과업을 수행한다. 우리는 이 문제에 관해 가장 두드러진 오늘날의 접근 방식이 인간의 이해의 측면을 스스로 배제한다고 주장하면서도 어떤 식으로 끼워 넣고 있는지를 지적하려고 한다.

가장 명백한 경우는 모형 이론적 접근에서 제시하는 진리에 대한 해명이다. 예컨대 크립키(S. Kripke)나 몬테규(R. Montague) 방식의 전통에서 이 접근 방식을 취한다. 모형은 **개체들의 집합**으로 간주되는 담화의 영역으로부터 구성된다. 우리는 개체들의 이 집합에 상대적으로 세계의 사태를 정의할 수 있고, 이러한 사태 내에서 개체의 속성과 개체 간 관계를 구체화한다. '세계의 사태'에 대한 이 개념은 실제의 세계를 비롯해서 상상 가능한 어떤 상황에나 적용될 수 있을 만큼 충분히 일반적이라고 가정한다.

그러한 체계에서는 '안개가 산 앞에 있다'와 같은 문장이 아무런 문제도 일으키지 않을 것이다. 왜냐하면 안개에 대응하는 개체와, 산에 대응하는 개체와 이 두 개체를 연결하는 ~의 앞에라는 관계가 다 존재할 것이기 때문이다. 그러나 이 세계 안에는 **산**과 **안개**에 대응하는 명확하게 규정된 어떤 개체도 존재하지 않으며, 산에 내재적인 어떤 **앞**도 존재하지 않기 때문에 그러한 모형은 인간의 이해로부터 독립적인 세계 자체에 대응하지 않는다. 그 개체 구조와 앞-뒤 지향성은 인간의 이해에 의해 부과된다. 그러한 모형 이론적 방식으로 '안개가 산 앞에 있다'라는 문장의 진리를 해명하려는 어떠한 시도도 **객관적·절대적** 진리에 대한 해명일 수 없다. 왜냐하면 그러한 해명이 그 모형에 인간의 이해의 요소를 끼워 넣는 것과 관련이 있기 때문이다.

고전적인 타스키(A. Tarski) 식 진리 규정의 제약을 충족하는 진리 이론을 제시하려는 시도에 대해서도 우리는 같은 말을 할 수 있다.

'S'는 S일 때, 오직 그 때에만 참이다('S' is true if and only if S ...). [타스키의 진리 규정]

또는 이 제약의 더 최근의 해석에 대해서도 같은 말을 할 수 있다.

'S'는 p일 때, 오직 그 때에만 참이다('S' is true if and only if p). (단, p는 보편적으로 적용할 수 있는 논리적 언어의 진술임)

그러한 이론을 위한 원형이라 알려진 다음의 진부한 문장을 살펴보자.

'눈은 희다'는 눈이 흴 때 오직 그 때에만 참이다. ("Snow is white" is true if and only if snow is white.)

이 문장은 아주 합리적으로 보인다. 왜냐하면 눈을 객관적으로 확인할 수 있고, 또한 눈이 본유적으로 희다는 의미가 존재한다는 생각이 합리적일 수 있기 때문이다. 그러나 다음 경우는 어떤가?

'안개가 산 앞에 있다'는 안개가 산 앞에 있을 때, 오직 그 때에만 참이다.

세계에 명료하게 식별할 수 있는 개체로서의 **안개**나 **산**이 존재하는 것은 아니기 때문에, 또한 산에는 내재적인 **앞**이 없기 때문에, 그 이론은 산의 경우에 앞이 무엇인지에 대한 인간의 어떤 이해에 상대적으로 그리고 산과 안개에 대한 어떤 묘사에 상대적으로만 작동할 수 있다. 이 문제는 훨씬 더 까다롭다. 왜냐하면 모든 사람이 동일한 방식으로 **앞**을 산에 투사하지는 않기 때문이다. 여기에서 진리 정의를 작동하게 하려면 인간의 이해의 일부 요소를 도입해야 한다.

이해의 관점에서 바라보는 진리에 대한 우리의 해명과, 인간의 이해와 독립적으로 진리를 해명하려는 표준적인 시도 사이에는 또 다른 중요한 차이가 있다. 진리에 대한 해명이 다르면 의미에 대한 해명도 달라진다. 우리에게는 의미가 이해에 의존한다. 당신이 어떤 문장을 이해하지 못하는 한, 그 문장은 당신에게 아무것도 의미할 수 없다. 더구나 의미는 항상 어느 누구에게의 의미이다. 인간으로부터 독립된, 문장 자체의 의미와 같은 것은 없다. 만일 우리가 어떤 문장의 의미라는 말을 한다면, 그 의미는 실재의 인물이든 어떤 언어 집단의 가상적인 전형적 구성원이든 어느 누군가에게의 (그 문장의) 의미이다.

바로 이런 점에서 우리의 이론은 의미에 관한 표준 이론과 근원적으로 다르다. 표준 이론은 인간의 이해와 무관한 진리 그 자체에 대한 해명을 제시할 수 있고, 의미 이론이 그러한 진리 이론에 근거할 것이라고 가정한다. 우리는 그러한 어떠한 계획도 작동할 수 없다고 보며, 유일한 해결책은 의미 이론과 진리 이론 둘 다의 토대를 이해의 이론에 두는 것이라고 생각한다. 관습적이든 비관습적이든 은유는 공통적으로 그러한 계획에서 핵심적 역할을 한다. 은유는 기본적으로 이해의 도구이며, 객관적 실재와 거의 관련이 없다. 설령 그러한 것이 존재한다 하더라도 말이다. 실제로 우리의 개념 체계는 본유적으로 은유적이고, 우리는 은유적으로 세계를 이해하고 사고하고 제 기능을 발휘하며 살아간다. 그리고 실제로 은유는 이해할 수 있을 뿐만 아니라, 의미 있고 참일 수도 있다. 이러한 사실은 모두 의미와 진리에 관한 적절한 해명이 오직 이해에 토대를 둘 때만 가능하다는 것을 암시한다.

제 25장
객관주의 신화와 주관주의 신화

우리 문화가 제시하는 선택

우리는 진리가 어떤 방식으로 이해에 근거하는가에 관해 설명했다. 우리의 주장은 진리가 항상 어떤 개념 체계에 상대적이며, 인간의 모든 개념 체계가 본성상 대부분 은유적이기 때문에, 완전히 객관적이고 무조건적이거나 절대적인 진리란 존재하지 않는다는 것이다. 절대적 진리를 당연시하는 과학 문화나 다른 하위문화에서 자란 많은 사람들에게는 이 주장이 주관성과 자의성에의 굴복으로 보일 것이다. 어떤 것의 의미는 '내가 그 어떤 것으로 전달하고자 선택하는 의미이지 그 이상도 이하도 아니다'라는 되는 대로의 생각에 굴복하는 것 말이다. 같은 이유로 낭만주의 전통을 따르는 사람들은 객관주의에 대한 승리를 과학에 대한 상상력의 승리, 즉 모든 개인이 모든 제약을 벗어나 각자의 실재를 창출한다는 입장의 승리로 여길지도 모른다.

둘 중 어느 입장이든 객관주의의 유일한 대안이 극단적 주관주의라는 그릇된 문화적 가정에 근거한 오해일 것이다. 즉, 당신은 절대적 진리의 존재를 믿거나, 당신 자신의 영상으로 세계를 만들 수 있다. 만일 당신의 입장이 **객관적**이지 않다면, 당신의 입장은 **주관적**이다. 어떤 제3의 선택도 있을 수 없다. 우리 자신은 객관주의와 주관주의 신화에 대한 제3의 선택을 제시하고 있다.

덧붙여 말해 두건대, 우리는 '신화'라는 말을 결코 경멸적인 의도로 사용하고 있지 않다. 신화는 우리에게 경험을 이해할 수 있는 방식을 제공하며, 우리 삶에 질서를 준다. 은유와 마찬가지로 신화는 우리 주변에서 일어나는 일을 이해하는 데 필수적이다. 모든 문화는 신화를 지니고 있으며, 사람들이 은유 없이 제대로 살아갈 수 없는 것처럼 신화 없이도 제대로 살아갈 수 없다. 그리고 우리가 종종 우리 자신의 문화의 은유를 진리로 받아들이는 것처럼, 우리의 고유 문화의 **신화를** 진리로 받아들인다.

객관주의 신화는 이런 의미에서 특별히 교활하다. 객관주의는 그 자체가 신화가 아니라고 강변할 뿐만 아니라 신화와 은유를 폄하와 경멸의 대상으로 만든다. 즉 객관주의 신화에 따르면 신화와 은유는 객관적으로 참이 아니기 때문에 진지하게 받아들일 수 없다. 앞으로 드러나겠지만 객관주의 신화는 그 자체로 객관적인 참이 아니다. 하지만 그렇다고 해서 객관주의가 경멸과 조롱의 대상이

되는 것은 아니다. 객관주의 신화는 이 문화의 모든 구성원들의 일상적 활동의 일부이다. 이 신화는 검토하고 이해해야 할 필요가 있다. 우리는 또한 객관주의 신화를 그 대립물인 주관주의 신화가 아니라 체험주의라는 새로운 신화로 보완할 필요가 있으며, 이 체험주의 신화가 우리 경험의 실재에 더 잘 어울린다고 생각한다. 체험주의적 대안이 어떤 모습일 것인가를 더 명료하게 밝히기 위해서는 먼저 객관주의 신화와 주관주의 신화를 더 상세하게 검토할 필요가 있다.

객관주의 신화

객관주의 신화는 다음과 같이 말한다.

1. 세계는 대상으로 구성되어 있다. 대상은 대상을 경험하는 모든 사람이나 여타의 존재와는 독립된 속성을 갖는다. 돌 하나를 예로 들어보자. 이 돌은 분리된 대상이며 단단하다. 인간이나 여타의 존재가 이 우주에 존재하지 않는다 하더라도 이 돌은 여전히 분리된 대상이며, 여전히 단단할 것이다.

2. 우리는 세계 안에 존재하는 대상을 경험함으로써, 또 그 대상이 어떤 속성을 지니고 있으며 어떤 방식으로 상호 관련되어 있는가를 알게 됨으로써 이 세계에 대한 지식을 얻는다. 예컨대 우리는 돌 하나를 바라보고, 느껴보고, 또 이리저리 움직여 봄으로써 이 돌이 분리된 대상이라는

것을 알게 된다. 또한 이 돌을 만져보고, 잡아보고, 차보고, 더 부드러운 어떤 것에다가 세게 때려 봄으로써 이 돌이 단단하다는 것을 알게 된다.

3. 우리는 이 세계 내의 대상을 범주와 개념의 관점에서 이해한다. 이 범주와 개념은 대상 그 자체의 (본유적인) 속성에 대응하고 그러한 대상 사이의 관계에 대응한다. 따라서 우리는 '돌'이라는 낱말을 가지고 있고, 이 낱말은 「돌」이라는 개념에 대응한다. 하나의 돌이 주어지면 우리는 그 돌은 「돌」이라는 범주에 속한다고 말하고, 피아노, 나무, 호랑이 등은 이 범주에 속하지 않는다고 말할 수 있다. 돌은 어떠한 존재와도 독립적인 본유적 속성을 지니고 있다. 즉 돌은 고체이고, 단단하며, 밀도가 있고, 자연에서 출현한다는 등의 속성을 지니고 있다. 우리는 이러한 속성을 통해 '돌'이 무엇인지를 이해한다.

4. 어떤 객관적 실재가 있고, 우리는 이 실재에 관해 객관적으로, 절대적으로, 무조건적으로 참이거나 거짓인 어떤 말을 할 수 있다. 그러나 우리는 환영이나 지각 오류, 판단 오류, 감정, 개인적·문화적 편견이라는 인간적 오류를 범할 수 있다. 개별적인 인간의 주관적 판단은 믿을 수가 없다. 과학은 주관적 한계를 넘어서서 보편타당하고 편견 없는 관점에서 이해에 도달할 수 있는 방법론을 우리에게 제공해 준다. 과학은 궁극적으로 실재에 대해 정확하고, 정의적이며, 일반적인 하나의 해명을 제시할 수 있다. 이 방법론을 통해 과학은 그러한 목적을 향해 지속적으로 나아간다.

5. 낱말은 고정된 의미를 지닌다. 즉 우리의 언어는 우리의 사고의 관점이 되는 개념과 범주를 표현한다. 실재를 정확히 기술하기 위해서는

의미가 명료하고 정확한 낱말, 즉 실재에 합치하는 낱말이 필요하다. 그러한 낱말은 자연적으로 발생하는 낱말일 수도 있고, 과학 이론의 전문 용어일 수도 있다.

6. 우리는 객관적일 수 있고 객관적으로 말할 수 있다. 하지만 명료하고 정확하게 정의된, 즉 올바르고 직접적이며 실재에 합치될 수 있는 언어를 사용할 때만 그렇게 할 수 있다. 이러한 방식으로 말함으로써만 우리는 외부 세계에 대해 정확하게 의사소통할 수 있으며, 객관적으로 참이나 거짓이라고 판명 가능한 진술을 할 수 있다.

7. 은유나 다른 종류의 시적·환상적·수사적·비유적 언어는 객관적인 말하기에서 언제나 피할 수 있고, 또한 피해야 한다. 왜냐하면 그러한 언어의 의미가 명료하지도 정확하지도 않으며, 어떤 명백한 방식으로도 실재에 합치하지 않기 때문이다.

8. 객관적임은 일반적으로 좋음이다. 오직 객관적 지식만이 참된 지식이다. 우리는 오직 객관적이고 무조건적인 관점에서만 우리 자신과 타인, 외부 세계를 이해한다. 객관성 덕분에 우리는 편견과 편향을 넘어서고, 공정하고, 세계에 대해 균형 잡힌 관점을 취할 수 있다.

9. 객관적이라는 것은 합리적이라는 것이다. 주관적이라는 것은 비합리적이며, 감정에 굴복하는 것이다.

10. 주관성은 위험할 수 있다. 주관성으로 인해 우리가 실재로부터 유리될 수 있기 때문이다. 주관성은 불공정할 수 있다. 개인적인 관점을 취해서 편향적일 수 있기 때문이다. 주관성은 무절제한 방종이다. 개개인의 중요성을 과장하기 때문이다.

주관주의 신화

주관주의 신화는 다음과 같이 말한다.

1. 대부분의 일상적인 실제 활동에서 우리는 우리의 감각에 의존하며, 우리가 신뢰할 수 있는 직관을 계발한다. 중요한 문제가 제기될 때는 타인이 무엇이라고 말하는가에 상관없이 우리 자신의 감각과 직관은 우리의 행위를 위한 최선의 지침이 된다.

2. 우리의 삶에서 가장 중요한 것은 우리의 느낌과 미적 감수성, 도덕적 관행, 정신적 자각이다. 이들은 다 순수하게 주관적이다. 이들 중 어떤 것도 순수하게 합리적이거나 객관적이지 않다.

3. 예술과 시가는 합리성과 객관성을 넘어서며, 우리를 느낌과 직관이라는 더 중요한 실재와 연결해 준다. 우리는 이성보다는 상상력을 통해 이 자각을 얻는다.

4. 상상력의 언어, 특히 은유는 우리의 경험의 특이하고 개인적으로 가장 중요한 측면을 표현하는 데 필수적이다. 개인적인 이해의 문제에서는 낱말의 일상적으로 합의된 의미가 쓸모 없을 것이다.

5. 객관성은 위험할 수도 있다. 왜냐하면 객관성이 개개인에게 가장 중요하고 의미 있는 것을 간과하기 때문이다. 객관성은 불공정할 수 있다. 왜냐하면 객관성이 추상적이고, 보편적이고, 비개인적인 것들을 선호하여 우리 경험의 가장 밀접한 영역을 무시해야만 하기 때문이다. 같은 이유로 객관성은 비인간적일 수 있다. 우리의 느낌과 미적 감수성 등에 도달하기

위한 객관적이고 합리적인 방법은 없다. 우리의 삶의 가장 중요한 것에 관한 한, 과학은 아무런 쓸모가 없다.

은유에 대한 공포

객관주의와 주관주의는 존립을 위해서 서로를 필요로 한다. 이 둘은 각각 상호 대립적으로 자신을 규정하며, 서로를 적으로 간주한다. 객관주의는 과학적 진리와 합리성, 엄밀성, 공정성, 공평성을 우방으로 생각한다. 주관주의는 감정과 직관적 통찰, 상상력, 인간다움, 예술, '더 높은' 진리를 우방으로 받아들인다. 객관주의와 주관주의는 각각 고유한 영역의 군주이며, 자신의 영역을 다른 영역보다 더 낫다고 본다. 이 둘은 공존하지만 각각 다른 영역을 갖는다. 우리들 개개인에게 한편으로는 객관적인 것이 적절한 삶의 영역이 있으며, 다른 한편으로는 주관적인 것이 적절한 삶의 영역이 있다. 우리의 삶에서 객관주의와 주관주의가 지배하는 영역의 비율은 개인과 문화에 따라 크게 달라진다. 어떤 사람들은 아예 자신의 전 생애를 객관주의 신화나 주관주의 신화 둘 중의 하나를 바탕으로 살려고 한다.

서구 문화에서는 전반적으로 객관주의가 훨씬 더 우세하다. 객관주의는 적어도 명목상으로는 과학과 법, 정부, 언론, 도덕, 상업, 경제학, 학계의 영역을 지배한다고 자임한다. 그러나 우리가 주장하는 그대로 객관주의는 하나의 신화이다.

서구 문명에서는 그리스 시대 이래로 한편의 진리와 다른 한편의
예술 사이에 갈등이 계속 있었다. 예술은 환상으로 간주되었으며,
시가나 연극과의 접맥을 통해 설득력 있는 대중 연설과 동맹을 맺었
다. 플라톤은 시가와 수사학에 회의적이었으며, 시가를 자신의 유
토피아 공화국에서 금지했다. 바로 시가가 그 자체로는 어떤 진리
도 제시하지 못하고, 감정을 교란하고, 참된 진리를 보지 못하도록
인간을 눈멀게 한다는 이유 때문이었다. 설득력이 뛰어난 문장가의
전형인 플라톤은 '동굴의 비유'라는 강력한 수사학적 도구를 사용해
서 진리는 절대적이며 예술은 단순히 환상이라는 입장을 펼쳤다.
플라톤의 은유는 오늘날까지도 서양철학을 지배하고 있으며, 진리
가 절대적이라는 그의 견해를 우아하고 섬세하게 표현하고 있다.
반면에 아리스토텔레스는 시가가 긍정적인 가치를 갖는다고 생각
했다.

> 시적 형태를 적절하게 사용하는 것은 참으로 위대한 일이다. ……
> 그러나 무엇보다도 위대한 것은 은유의 주인이 되는 것이다.
>
> (『시학』 1459a)

> 일상적인 낱말은 우리가 이미 알고 있는 것만을 전달할 뿐이다.
> 생생한 어떤 것에 이르는 최선의 길은 은유를 통하는 것이다.
>
> (『수사학』 1410b)

은유가 어떻게 작용하는가에 대한 아리스토텔레스의 이론은 고전적 견해이지만, 은유가 통찰을 불러낼 수 있다는 그의 은유 찬사는 현대의 철학 사상으로 아예 넘어오지 못했다. 진리의 모형으로서의 경험 과학의 출현과 함께 시가와 수사학에 대한 회의는 서구사상의 주류가 되었으며, 은유와 여타의 비유적 기교는 또 다시 경멸의 대상이 되었다. 예를 들면 홉스(T. Hobbes)는 은유가 불합리한 것일 뿐만 아니라 그릇된 감정이라고 보았다.

> [은유는] **도깨비 불**(ignes fatui)이다. 은유를 근거로 하는 사유는 무수한 어리석음 속의 방황이다. 그 귀결은 논쟁과 혼란 아니면 경멸이다.   (『리바이어던』 1부 5장)

홉스는 '정상적인 낱말 대신에 은유와 수식과 여타의 수사적 비유를 사용하는 것'을 불합리하다고 보았다. 다음 인용문에서 보듯이 그는 일상생활에서는 비유적으로 말해도 괜찮지만, 진리와 관련해서는 그렇게 말할 수 없다고 보았다.

> 일상의 말하기에서는 '그 길은 이쪽으로 가고 또 저쪽으로 간다'(the way goeth, or leadth hither, or thither)나, '그 속담은 이렇게도 말하고 저렇게도 말한다'(the proverb says this or that)라고 말하는 것이 정당하다. 물론 길 자체가 가거나 속담 자체가 말할 수는 없지만 말이다. 그러나 진리에 관해서 생각하고 탐구할 때는 그러한 말을 허용해서는 안 된다.   (같은 곳)

경험주의 전통을 이어받은 로크(J. Locke)도 비유적 언어에 대해 동일한 경멸을 표현한다. 로크는 비유적 언어를 수사학의 도구이며 진리의 적이라고 보았다.

> 사물의 본질에 관해 말하자면 우리는 질서와 명료성을 벗어난 모든 수사학의 기교, 그리고 능변이 고안해 낸 모든 인위적이고 비유적인 낱말의 응용이 다만 그릇된 생각을 유입하고, 감정을 부추기고, 판단을 그르치는 것 이상이 아니며, 따라서 완전한 속임수에 불과하다는 것을 인정해야 한다. 그렇기 때문에 장광설이나 대중 연설에서 웅변이 수사학적 기교와 비유적 낱말을 아무리 갈채 받게 하고 그럴듯한 것으로 보이게 하더라도, 정보 제공이나 교육을 의도하는 모든 담화에서는 이러한 기교와 낱말을 반드시 피해야 한다. 그리고 진리와 지식이 관련되는 한, 수사학적 기교와 비유적 낱말은 언어의 커다란 결함이거나 이러한 기교와 낱말을 사용하는 사람의 커다란 결함이라 생각할 수밖에 없다. …… 사람들이 얼마나 속고 속이는 것을 좋아하는지는 명백하다. 왜냐하면 오류와 기만의 강력한 도구인 수사학에는 뛰어난 교수들이 있으며, 수사학을 공공연하게 가르쳤으며, 항상 위대한 평판을 받아 왔기 때문이다.
>
> (『인간오성론』 3권 10장)

경험주의 전통에서는 은유와 수사학에 대한 공포가 주관주의에 대한 공포, 즉 감정과 상상력에 대한 공포이다. 이 전통에서는 낱말이 '고유 의미'를 지닌다고 보며, 진리를 이 '고유 의미'의 관점에서 표현할 수 있다. 낱말을 은유적으로 사용하는 것은 낱말을 부적절한 의미로 사용하는 것이며, 상상력을 휘저어서 감정을 부추기는 것이며, 그래서 우리를 진리로부터 벗어나게 하고 환상으로 이끄는 것이다. 은유에 대한 경험주의자들의 불신과 공포는 파커(S. Parker)가 아래와 같이 훌륭하게 요약했다.

> 은유적 언어로 표현된 철학의 모든 이론은 참된 진리가 아니라, (어린아이의 인형처럼) 반짝거리는 몇 마디 공허한 말로 치장된 단순한 상상력의 산물일 뿐이다. …… 따라서 이성의 침상에 기어오르는 그 이론의 무분별하고 현란한 환상은 불순하고 부당한 포옹으로 이성을 더럽힐 뿐만 아니라, 마음을 사물에 대한 참된 관념과 관심 대신에 다만 공허한 환영으로만 채울 뿐이다.
>
> (『자유롭고 공정한 플라톤 철학 비판』 1666)

과학이 기술을 통해 더 강력해지고 산업혁명이 비인간화라는 현실로 변해 가면서 시인과 예술가, 그리고 몇몇 철학자로부터 반발이 일어났다. 바로 낭만주의 전통의 전개이다. 워즈워스(W. Wordsworth)와 콜리지(S. Coleridge)는 이성과 과학, 객관성을 비인간적인 경험주의자들에게 흔쾌히 넘겨주었으며, 상상력을 더 높은 진리에 도달하는 더 인간적인 수단이라 찬양하고 감정을 자기 이해의 자연적인 지침으로 보았다. 적어도 낭만주의자의 주장을 받아들인다면, 과학과 이성, 기술은 인간을 자신과 자연환경으로부터 소외시켰다. 낭만주의자들은 시가와 예술, 자연에의 복귀를 잃어버린 인간성 회복의 길로 보았다. 시가와 예술은 이성의 산물이 아니라 '강렬한 느낌의 자발적 분출'로 간주되었다. 이러한 낭만주의 입장은 예술가와 시인이 사회적 주류로부터 소외당하는 결과를 낳았다.

낭만적 전통은 주관주의를 포용함으로써 한편의 진리와 이성과 다른 한편의 예술과 상상력 사이의 이분법을 강화했다. 합리성에 굴복함으로써 낭만주의자들은 객관주의 신화의 손아귀에서 놀아나게 되었고, 객관주의 신화는 그 이래로 더욱 더 강성해졌다. 그렇지만 낭만주의자들은 자신의 독자적 영역을 실제로 창조했다. 주관주의는 이 영역에서 계속 영향력을 행사한다. 객관주의 영역에 비하면 이 영역은 궁핍하다. 과학, 법률, 정부, 재계, 언론매체 등 이 사회에 실재하는 힘의 관점에서 객관주의 신화는 최고의 지배력을 행사한다. 주관주의는 예술에서, 그리고 아마도 종교에서 자체적인 영역을 확보했다. 이 문화에서 대부분의 사람들은 주관주의를 객관주의 영토의 부가물이나 감정과 상상력에로의 후퇴로 본다.

제3의 선택 : 체험주의적 종합

우리가 이해와 진리에 관한 체험주의적 해명에서 제안하고 있는 견해는 객관성과 주관성만이 우리의 유일한 선택이라는 것을 부인하는 대안이다. 우리는 상상력을 통해서만 진리를 얻을 수 있고 진리가 외부 상황의 제약을 받지 않는다는 주관주의적 대안을 수용하지 않으며, 절대적이고 무조건적인 진리가 있다는 객관주의적 입장도 거부한다. 우리가 은유에 그렇게 강한 관심을 보이는 이유는 은유가 이성과 상상력을 융합하기 때문이다. 이성은 최소한 범주화와 함의, 추론을 포함한다. 상상력은 다양한 측면을 지니며, 그러한 측면 중의 하나가 어떤 사물을 다른 사물의 관점에서 바라보는 것, 즉 우리의 이른바 '은유적 사고'를 포함한다. 그래서 은유는 **상상적 합리성**이다. 우리의 일상적 사고의 범주가 대부분 은유적이며, 일상적인 사유가 은유적 함의와 추론을 포함하기 때문에, 일상적 합리성은 본성 그 자체가 상상적이다. 시적 은유를 은유적 함의와 추론의 관점에서 이해한다고 가정하면, 우리는 똑같은 이유로 시적 상상력의 산물도 본성상 부분적으로 합리적이라는 것을 알수 있다.

은유는 완전히는 이해할 수 없는 것, 즉 느낌, 미적 경험, 도덕적 실천, 영적 자각 등을 부분적으로 이해하는 데 필요한 가장 중요한 도구 중의 하나이다. 상상력의 이러한 활동은 합리성을 결여한 것이 아니다. 바로 은유를 사용하기 때문에, 이러한 활동은 상상적 합리성을 사용한다.

체험주의적 접근 덕분에 우리는 또한 공평성과 공정하고 객관적일 가능성에 대한 객관주의 신화와 주관주의 신화 사이의 간격을 메울 수 있다. 이러한 신화에서 제시하는 선택은 한편으로는 절대적 객관성이며, 다른 한편으로는 순수한 주관적 직관이다. 앞에서 살펴보았던 것처럼 진리는 이해에 상대적이다. 이것은 이 세계에 관한 절대적·객관적 진리 획득의 근원이 되는 절대적 관점이 존재하지 않는다는 것을 의미한다. 그러나 이것은 진리가 존재하지 않는다는 것을 의미하지는 않는다. 이것은 다만 진리가 우리의 개념 체계에 상대적이라는 것을 의미한다. 이 개념 체계는 타인이나 물리적·문화적 환경과 일상적인 상호작용을 할 때 우리 자신이 하는 경험과 우리 문화의 다른 구성원들이 하는 경험에 근거하며, 그러한 경험을 통해 계속 검증을 받는다.

비록 절대적인 객관성은 절대로 존재하지 않지만, 어떤 문화의 개념 체계에 상대적인 **종류**의 객관성은 존재할 수 있다. 사회적 문제에서 공평성과 공정성의 요체는 관련된 **개인적** 편견을 넘어서는 것이다. 과학적 실험에서 객관성의 요체는 **개인적** 환상과 오류로부터 생겨나는 영향을 제거하는 것이다. 이것은 우리가 개념 체계와 문화적인 가치 집합에 상대적인 완전한 객관성에 도달하기 위해서 개인적인 편견을 항상 심지어는 영구적으로 완전히 제거할 수 있다는 말이 아니다. 이것은 다만 순수한 주관적 직관이 항상 우리의 유일한 수단은 아니라는 것을 말할 따름이다. 이것은 또한 특정한 문화의 개념과 가치가 그 문화 내에서 최종적인 공정성 결정권자가 된다는 말이 아니다. 전형적으로 그렇듯이 아마도 특정한 문화와는 아주 다른 공정성의 기준을 규정하는 초문화적인 개념과 가치가 있을지 모르고, 보통은 실제로도 있다. 예를 들면 나치 독일에서 공정했던 것이 국제 사회의 눈에는 공정하지 않았다. 가까이는 미국 안에서도 상충되는 가치를 갖는 하위문화들 사이에서 끊임없이 공정성의 문제를 야기하는 사법적 판례가 있다. 이러한 경우에는 대개 우세한 문화가 **자신의** 가치에 상대적으로 공정성을 규정하게 되지만, 이 주류문화의 가치는 시간에 따라 변화하고, 종종 다른 문화로부터 비판의 표적이 되기도 한다.

객관주의 신화와 주관주의 신화가 둘 다 간과하고 있는 것은 우리가 이 세계와의 **상호작용**을 통해서 세계를 **이해하는** 방식이다. 객관주의가 간과하고 있는 것은 이해가 필연적으로 우리의 문화적 개념 체계에 상대적이고 그에 따라 진리도 마찬가지이며, 또한 결코 어떤 절대적이거나 중립적인 개념 체계 안에서 이해(나 진리)의 틀을 구성할 수 없다는 사실이다. 객관주의는 또한 인간의 개념 체계가 본성적으로 은유적이며, 한 종류의 사물을 다른 종류의 사물을 통해 파악하는 상상적 이해를 포함한다는 사실을 간과하고 있다. 한편 주관주의가 특히 간과하고 있는 것은 우리가 물리적·문화적 환경 안에서 성공적으로 제 기능을 발휘하며 살아가는 활동에 근거한 개념 체계를 통해서 이해를 한다는 (심지어는 가장 상상적인 이해도 그렇게 한다는) 사실이다. 주관주의가 또한 간과하고 있는 것은 은유적 이해가 은유적 함의를 포함하며, 이 은유적 함의가 합리성의 상상적 형태라는 점이다.

제 26장
서양철학과 언어학의 객관주의 신화

객관주의 신화에 대한 우리의 도전

객관주의 신화는 소크라테스 이전부터 오늘날까지 서구 문화, 특히 서양철학을 지배해 왔다. 이 세계에 대한 절대적이고 무조건적인 진리에 접근할 수 있다는 입장은 서구의 철학적 전통의 초석이다. 객관성의 신화는 합리주의와 경험주의의 두 전통 모두에서 번성했다. 이 맥락에서 두 전통의 차이점은 단지 그러한 절대적 진리에 도달하는 방식에 대한 해명에 있다.

합리주의자들에게는 이성이라는 우리의 본유적 능력만이 실제로 존재하는 그대로의 사물에 대한 지식을 제공할 수 있다. 경험주의자들에게는 세계에 대한 우리의 모든 지식이 직접적이든 간접적이든 감각적 지각으로부터 발생하며, 감각의 요소로 구성된다. 합리주의과 경험주의를 종합한 칸트의 견해도 역시 객관주의 전통에 속한다. 비록 칸트가 있는 그대로의 물(物) 그 자체에 대한 어떠한 지식도 있을 수 없다고 주장하지만 말이다. 칸트를 객관주의자로 만드는 것은, 모든 인간이 자신의 감각을 통해서 경험할 수 있는 사물의 종류에 상대적으로(경험주의적 유산), 보편적 이성을 사용함으로써 보편 타당한 지식과 보편 타당한 도덕법칙에 도달할 수 있다(합리주의적 유산)는 그의 주장이다. 서양철학에서 객관주의적 전통은 오늘날에 이르기까지 논리실증주의자들과 프레게적 전통, 후설(E. Husserl)의 전통에서 이어받았고, 언어학에서는 촘스키(N. Chomsky)의 전통으로부터 자라난 신합리주의의 후계자들이 이 전통을 따른다.

은유에 관한 우리의 해명은 이러한 전통에 도전하는 것이다. 우리는 은유가 이해에 필수적이며, 우리의 삶에서 새로운 의미와 새로운 실재를 창조하는 기제로 본다. 이러한 우리의 주장은 서구의 철학적 전통의 많은 부분과 배치된다. 이 전통은 은유를 주관주의의 주체로 보며, 따라서 은유를 절대적 진리의 탐구에 대한 반역으로 보아 왔다. 덧붙여, 관습적 은유에 대한 우리의 입장, 즉 은유가 우리의 개념 체계에 널리 퍼져 있으며 이해의 주요한 기제라는 주장은, 최근의 영미 분석철학을 지배하고 현대 언어학은 물론 여타의 탐구에서도 의문의 여지없이 수용하는, 언어와 의미, 진리, 이해에 관한 오늘날의 입장과 대립한다. 다음은 언어와 의미, 진리, 이해에 관한 그러한 가정의 대표적 목록이다. 모든 객관주의 철학자와 언어학자가 이 모든 가정을 다 받아들이는 것은 아니지만 가장 영향력 있는 인물들이 대부분의 가정을 받아들이는 것으로 보인다.

진리는 낱말을 세계에 합치시키는 문제이다.

자연언어에 대한 의미 이론은 사람들이 어떻게 언어를 이해하고 사용하는가에 상관없이 진리 이론에 근거한다.

의미는 인간의 이해에 상관없이 객관적이며 탈신체화되어 있다.

문장은 본유적 구조를 가진 추상적 대상이다.

문장의 의미는 부분들의 의미와 문장의 구조로부터 얻을 수 있다. 의사소통이란 화자가 청자에게 고정된 의미를 지닌 어떤 메시지를 전달하는 문제이다.

개인이 어떤 문장을 어떻게 이해하는가, 그리고 그 문장이 **그 사람**에게 어떤 의미를 지니는가는 [한편으로는] 그 문장의 객관적 의미와, [다른 한편으로는] 세계와 그 문장의 발화 맥락에 관해 그 사람이 지니고 있는 믿음의 함수이다.

관습적 은유에 대한 우리의 해명은 이 모든 가정과 배치된다. 한 문장의 의미는 개념 구조를 통해서 주어진다. 앞에서 보았던 것처럼 자연언어의 개념 구조는 대부분 본성상 은유적이다. 개념 구조는 관습적 은유가 그러한 것처럼 물리적·문화적 경험에 근거한다. 따라서 의미는 결코 탈신체화되어 있거나 객관적이지 않으며, 항상 개념 체계의 획득과 사용에 근거한다. 더욱이 진리는 항상 개념 체계와 그 개념 체계를 형성하는 은유에 상대적으로 주어진다. 따라서 진리는 객관적이지도 절대적이지도 않으며 다만 이해에 근거한다. 그러므로 문장은 본유적이고 객관적으로 주어진 의미를 지니지 않으며, 의사소통은 단지 그러한 의미의 전달일 수 없다.

현재로서는 이 문제에 대한 우리의 해명이 철학과 언어학의 표준 입장과 왜 그렇게 다른지 하나도 분명하지 않다. 이 괴리의 근본적 이유는 모든 표준이론이 객관주의 신화에 의존하는 반면, 은유에 대한 우리의 해명이 이 신화와 불일치하기 때문으로 보인다. 이처럼 근본적인 문제에 대한 지배적 이론과의 그러한 근원적 괴리는 설명을 필요로 한다. 은유에 관한 해명이 서구의 철학적 전통의 지배적 경향으로부터 생겨난 진리와 의미, 이해에 대한 가정에 어떻게 의문을 제기할 수 있는가? 이 물음에 답하기 위해서는 언어와 진리, 의미에 관한 객관주의적 가정에 대해 지금까지 제시한 것보다 훨씬 더 상세한 해명이 필요하다. 여기에는 (1) 객관주의적 가정이란 무엇인가, (2) 객관주의적 가정의 동기는 무엇인가, (3) 언어와 진리, 의미에 대한 일반적 해명을 위한 그러한 가정의 함축은 무엇인가에 대해 더 구체적인 언급이 필요하다.

이 분석의 핵심은 단순히 우리의 입장을 표준 입장과 구별하는 것만이 아니라, 객관주의 신화가 서구 문화에서 우리가 보통은 의식하지 못하는 방식으로 얼마만큼 영향력이 있는지를 실례를 통해서 보여주는 것이다. 우리가 펼치려는 더 중요한 제안은 우리 문화의 많은 문제 영역이 객관주의 신화를 맹목적으로 받아들이는 데서 비롯된다는 것과, 결코 급진적 주관성에 의존하지 않는 또 다른 대안이 있다는 것이다.

의미의 표준 이론은 어떻게
객관주의 신화에 뿌리박고 있는가?

객관주의 전통의 토대가 되는 객관주의 신화는 의미 이론에 아주 특수한 귀결을 가져온다. 우리는 이 귀결이 무엇이고, 이 귀결이 어떻게 객관주의 신화로부터 생겨나며, 체험주의적 관점에서는 왜 이 귀결이 유지될 수 없는지를 보여줄 것이다. 모든 객관주의자가 다음 견해를 다 수용하는 것은 아니지만 일반적으로 객관주의자들은 그 대부분을 이런저런 형태로 수용한다.

의미는 객관적이다

객관주의자는 의미를 단순히 객관적인 참과 거짓의 조건의 관점에서 특징짓는다. 객관주의적 관점에서는 언어의 규약이 개개의 문장에 객관적 의미를 할당하고, 이 객관적 의미가 객관적인 진리 조건을 결정한다. 화자는 누구인가, 청자는 누구인가, 발화 시간,

발화 장소, '이'(this)나 '저'(that)와 같은 낱말이 지칭하는 대상 등 '지수'(indexicals)라 불리는 맥락 요소가 주어지면 말이다. 그러므로 어떤 문장의 객관적 의미는 주어진 어떤 사람이 그 문장을 우연히 이해하는 방식이나 그 사람이 이 문장을 조금이라도 이해하는가의 여부에 의존하지 않는다. 예컨대 앵무새는 '비가 온다'라는 문장이 무엇을 의미하는지 전혀 이해하지 못한 채 이 문장을 말하도록 훈련받을 수도 있다. 그러나 이 문장은 앵무새가 말하든 사람이 말하든 동일한 객관적 의미를 갖고 있으며, 실제로 비가 오고 있으면 참이고, 비가 오고 있지 않으면 거짓일 것이다. 의미에 대한 객관주의적 해명에 따르면 우리가 그 문장이 참 또는 거짓이 되는 조건을 이해하면, 그 문장의 의미를 이해하는 것이 된다.

객관주의자들은 객관적인 참과 거짓의 조건이 존재할 뿐만 아니라 사람들이 그 조건을 알 수 있다고 가정한다. 이것은 명백하다고 여겨진다. 우리의 주변을 둘러보라. 방바닥에 연필이 있으면 '방바닥에 연필이 있다'는 문장은 참이다. 그리고 만일 우리가 해당 언어를 사용할 줄 알고 방바닥에 있는 연필을 지각할 수 있다면 정확히 우리는 이 문장을 참이라고 여길 것이다. 그러한 문장이 객관적으로 참 또는 거짓이라 가정하고, 또한 우리가 그러한 무수한 진리에 접근할 수 있다고 가정한다. 사람들이 어떤 문장이 객관적으로 참일 수 있는 조건을 이해할 수 있기 때문에 한 언어가 객관적 의미를 문장에 할당하는 규약을 가질 수 있다. 따라서 객관주의 입장에 따르면 어떤 언어에서 문장을 객관적 의미와 짝짓는 규약은 특정 문장이 객관적 의미를 갖는다고 이해할 수 있는 언어 사용자의 능력에 달려 있을 것이다. 따라서 객관주의자들이 어떤 문장의 문자적 의미를 이해한다고 말할 때, 그 말은 무엇이 그 문장을 객관적으로 참 또는 거짓으로 만드는가를 이해하고 있다는 말이다. 일반적으로 객관주의자들에게 이해라는 개념은 참과 거짓의 조건에 대한 이해에 한정된다.

이것은 우리가 말하는 '이해가 **아니다**. '객관주의자는 의미를 이해와 독립적이라고 본다'는 말을 할 때, 우리는 이 '이해를 객관주의자의 의미가 아니라 우리의 의미로 사용하고 있다.

의미는 탈신체화되어 있다

객관주의에 따르면 객관적 의미는 **누구에게의** 의미가 아니다. 자연언어의 표현은 그 의미가 말할 때든 행동할 때든 인간이 하는 모든 것으로부터 독립적일 때만 객관적 의미를 갖는다고 할 수 있다. 말하자면 의미는 탈신체화되어 있어야 한다. 예컨대 프레게(G. Frege)는 어떤 기호의 객관적 의미인 '의의'(sense / Sinn)를 '관념'(idea)과 구분한다.

[관념은] 내가 갖는 기억과 감각 인상 그리고 내가 수행하는 내적·외적 행위로부터 생겨난다. …… 관념은 주관적이다. …… 이러한 점에서 보아 단순히 **바로 그** 의의에 관해서 말하는 데 주저할 필요가 없지만, 반면에 관념의 경우에는 엄밀히 말해서 그 관념이 누구에게, 또 어떤 시간에 속하는가를 덧붙여야만 한다.

(Frege 1966, pp.59-60)

프레게의 '의의'는 객관적이고 탈신체화된 의미이다. 한 언어의 각각의 언어 표현은 그 표현에 연결된 탈신체화된 의미를 갖는다. 이것은 「도관」 은유를 떠오르게 한다. 이 은유에서는 '의미가 바로 낱말 안에 있다.'

프레게적 전통은 몬테규의 후계자들과 또 다른 많은 사람들의 저작을 통해서 오늘날까지도 계속 이어진다. 의미론에 관한 이러한 저작은 그 어디에서도 문장의 의미가 인간이 의미를 이해하려는 방식에 의존한다고 간주하지 않는다. 몬테규의 말을 빌리면 "데이빗슨(D. Davidson)과 마찬가지로 나는 진리 이론의 구축, 아니 오히려 자의적인 해석을 받는 더 일반적인 진리 개념의 구성을 진지한 통사론과 의미론의 기본 목표라고 생각한다"(Montague 1974, p.188).

이 인용문에서 중요한 말은 '자의적 해석'이다. 몬테규는 의미와 진리 이론이 순수하게 수학적인 작업이라고 생각했으며, 그의 목표는 인간, 특히 인간의 심리나 이해의 문제와 관련된 어떤 것에도 오염되지 않는 '자의적 해석'을 유지하는 것이었다. 그는 자신의 작업을 우주 내의 모든 존재에 적용할 수 있고 동시에 어떤 특정한 종류의 존재가 부과하는 모든 제약으로부터 벗어나게 하려고 시도 했다.

인간이나 인간의 이해에 상관없이
언어를 세계에 합치시키기

객관주의 전통은 의미론을 언어 표현이 어떻게 인간의 이해에 상관없이 직접적으로 세계와 일치할 수 있는가에 관한 탐구로 본다. 아마도 이 입장을 가장 명쾌하게 표현한 사람은 루이스(D. Lewis) 일 것이다.

> 나의 제안은 의미를 분석할 때 언어 사용자의 심리학과 사회학— 즉 의도 와 감각적 경험, 정신적 관념, 또는 사회적 법칙과 규약, 규칙성 — 에 직접 관심을 갖는 사람들의 기대와 일치하지 않을 것이다. 나는 두 가지 주제를 구별한다. 첫째, 가능한 언어나 문법을 추상적 의미 체계로 기술하 는 것이다. 이렇게 함으로써 기호는 세계의 국면과 결합한다. 둘째, 심리적 이고 사회적 사실을 기술하는 것이다. 이 경우에는 이 추상적인 의미 체계 중 특정한 하나를 어떤 사람 또는 집단이 사용한다. 이 두 주제를 뒤섞는 것은 혼동만을 불러온다.   (Lewis 1972, p.170)

여기에서 루이스는 언어가 어떻게 세계와 합치하는가, 즉 '기호가 어떻게 세계의 양상과 결합하는가'를 설명하기 위해서 몬테규의 방식을 따르고 있다. 이것은 사람들이 어떻게 언어를 사용하고, 또 어떻게 언어를 이해하는가에 대해 상상 가능한 어떤 심리적이거나 사회적인 사실과도 일치할 수 있을 만큼 충분히 일반적이고 또한 충분히 자의적이다.

의미 이론은 진리 이론에 근거한다

인간의 이해와 독립된 객관적 진리를 해명할 수 있다면 객관적 의미 이론이 가능할 수 있다. 객관주의의 진리 해명에서 문장은 그 자체로 이 세계와 일치하거나 불일치할 수 있다. 만약 일치한다면 문장은 참이고 불일치한다면 거짓이다. 바로 이 가정으로부터 진리에 근거한 객관주의적 의미 이론이 나온다. 루이스는 이것을 매우 명료하게 설명한다. "한 문장의 의미는 그 문장이 참 또는 거짓이 되는 조건을 결정하는 어떤 것이다."(Lewis 1972, p.173)

이것은 레이코프(Lakoff 1972)와 루이스(1972)의 기교에 의해 명령이나 약속과 같은 수행문의 의미를 제공하도록 일반화되었다. 그 기교는 '세계와의 합치'라는 관점에서 본 진리의 정의를 사용하며, 이 개념은 어떤 모형의 충족 조건에 의한 전문적인 정의이다. 발화 행위의 적정성 조건도 충족 조건 즉 '세계와의 합치'의 관점에서 유사하게 정의된다. 앞으로 우리가 '참'이나 '거짓'이라는 말을 할 때는 충족 조건의 관점에서 말한다는 것과, 진술은 물론 발화 행위도 포함한다는 것으로 이해해야 할 것이다.

의미는 사용과 독립적이다

진리에 대한 객관주의 해명에서는 의미도 역시 객관적이어야 한다. 만약 의미가 객관적이라면 그 의미는 특정한 맥락이나 문화, 이해의 양식에 특유한 어떤 것을 비롯한 모든 주관적 요소를 배제해야 한다. 데이빗슨의 말처럼 "문자적 의미와 진리 조건은 사용의 특정한 맥락과는 독립적으로 낱말과 문장에 할당될 수 있다"(Davidson 1978, p.33)

의미는 합성적이다 ― 건축벽돌 이론

객관주의 신화에 따르면 세계는 대상으로 구성되어 있다. 즉 대상은 대상을 경험하는 어떤 존재와도 독립적으로 명확히 정의되는 본유적 속성을 지니며, 대상들 사이에는 어떤 주어진 시점에서든 고정된 관계가 유지된다. 객관주의 신화의 이러한 측면은 건축벽돌 이론을 생성한다. 만약 세계가 명확히 규정된 대상으로 구성되어 있다면 우리는 어떤 언어로 그러한 대상에 이름을 부여할 수 있다. 만약 대상이 명확히 정의되는 본유적 속성을 갖는다면 우리는 그 각각의 속성에 상응하는 일항 술어를 갖는 언어를 가질 수 있다.

그리고 만약 대상들이 (적어도 어떤 주어진 순간에) 상호 고정된 관계를 유지하고 있다면 우리는 각각의 관계에 상응하는 다항 술어를 갖는 언어를 가질 수 있다.

세계가 이러한 방식으로 존재하며 우리가 그러한 언어를 가진다고 가정하면 우리는 이 언어의 통사를 사용함으로써 세계의 어떤 상황에나 직접 대응하는 문장을 구성할 수 있다. 그러한 문장 전체의 의미는 그러한 문장의 진리 조건, 즉 그러한 문장이 어떤 상황에 합치할 수 있는 조건이 될 것이다. 문장 전체의 의미는 그 부분들의 의미와, 그 의미들이 상호 합치하는 방식에 전적으로 달려 있다. 부분들의 의미는 어떤 이름이 어떤 대상을 가리킬 수 있는지, 그리고 어떤 술어가 어떤 속성이나 관계를 가리킬 수 있는지를 명시한다.

객관주의 의미 이론은 본성상 합성적이며, 즉 모두 건축벽돌 이론이며, 또 그래야만 한다. 그 이유는 객관주의자에게는 세계가 건축벽돌, 즉 정의 가능한 대상과 명확하게 묘사되는 본유적 속성이나 관계로 구성되기 때문이다. 더욱이 언어의 모든 문장은 필요한 모든 건축벽돌을 포함하고 있어야 한다. 그렇게 함으로써 통사와 결합하면 문장의 진리 조건을 제시하는 데 더 이상 아무 것도 필요치 않게 된다. 여기에서 배제된 '그 이상의 어떤 것'은 인간의 모든 종류의 이해이다.

객관주의는 인간의 이해와 무관한
존재론적 상대성을 허용한다

카르납(R. Carnap)과 같은 논리실증주의자들은 보편적으로 적용 가능한 형식언어(논리 언어)의 구성을 시도함으로써 객관주의적 기획을 실행하고자 했다. 형식 언어는 앞에서 언급한 모든 건축벽돌 속성과 지금까지 논의한 모든 특성을 지닌다. 몬테규(1974)는 자신이 자연언어를 보편적으로 적용 가능한 형식언어에 사상(寫像)할 수 있는 '보편문법'을 제시했다고 주장했다.

콰인(W. V. O. Quine)은 그러한 보편주의자들의 주장에 반해 각각의 언어는 그 안에 고유한 존재론을 구성하며, 무엇이 대상이나 속성, 관계로 간주될 것인지는 언어에 따라 다양하다고 주장했다. 이 입장은 '존재론적 상대성' 이론이라 알려져 있다.

인간의 이해나 문화적 차이에 전혀 의존하지 않고서 객관주의 기획의 테두리 안에서 존재론적 상대성 이론을 유지할 수 있다. 그러한 상대주의적 입장은 모든 자연언어를 적절하게 번역할 수 있는, 보편적으로 적용 가능한 단일한 논리 언어의 구성 가능성을 포기한다. 대신에 그 입장은 각각의 자연언어가 세계 안에 존재하는 것을 다양한 방식으로 새긴다고 주장한다. 즉 세계 안에 실제로 존재하는 대상이나 속성, 관계를 선별한다고 주장한다. 그러나 다양한 언어는 그 안에 다양한 존재론을 구성하기 때문에 어떤 두 언어가 일반적으로 공통 기준을 지닐 것이라는 보장은 없다.

따라서 의미에 대한 객관주의 해명의 상대주의적 해석은 의미와 진리 조건이 객관적으로 주어지지만, 보편적이 아니라 주어진 언어에 상대적으로만 주어진다고 주장한다. 이러한 상대주의적 객관주의는 진리가 객관적이고, 이 세계에 본유적인 속성을 지닌 대상이 존재한다고 주장한다는 점에서 여전히 객관주의 신화에 집착한다. 그러나 상대주의적 객관주의에 따르면 한 언어로 표현할 수 있는 진리는 다른 언어로 번역할 수 없다. 그 이유는 개개의 언어가 상이한 방식으로 이 세계를 새기기 때문이다. 그러나 각 언어가 선별하는 모든 개체는 이 세계 안에 객관적인 개체로 존재한다. 이러한 해명에서는 진리와 의미가 (주어진 언어에 상대적이라 하더라도) 여전히 객관적이며, 인간의 이해를 의미나 진리와는 여전히 무관하다고 배제한다.

언어 표현은 대상이다:
객관주의 언어학의 전제

객관주의 신화에 따르면 대상은 그 자체 내에, 그리고 그 자체로 속성을 지니고 있다. 대상은 대상을 이해하는 어떤 존재와도 무관하게 다른 대상과 상호 관계를 유지한다. 낱말이나 문장은 기록될 때 대상으로 간주하기 쉬울 수 있다. 이것은 그 시원으로부터 오늘날까지 객관주의 언어학의 전제가 되어 왔다. 즉 언어 표현은 그 자체 내에 그 자체로서의 속성을 지니고 있는 대상이며, 언어 표현을 이해하고 말하는 사람과 무관하게 다른 언어 표현과 고정된 관계를 유지한다. 대상으로서의 언어 표현은 부분을 가지고 있다. 그래서 언어 표현은 건축벽돌로 구성된다. 즉 낱말은 어근과 접두사, 접미사, 접요사로 구성되고, 문장은 낱말과 구(句)로 구성되고, 담화는 문장으로 구성된다. 언어에서 부분은 그 건축벽돌 구조와 그 본유적인 속성에 따라 다른 부분(들)과 다양한 관계를 유지할 수 있다. 건축벽돌 구조와 부분의 본유적 속성, 이 둘 사이의 관계에 관한 연구는 전통적으로 **문법**이라고 불린다.

객관주의 언어학은 스스로를 언어학에 대한 유일한 과학적 접근으로 간주한다. 대상은 맥락, 또는 그 대상을 이해하는 사람들의 방식에 상관없이 그 자체로 분석할 수 있어야 한다. 객관주의 철학에서와 마찬가지로 언어학에서도 경험주의와 합리주의의 전통을 둘 다 찾아볼 수 있다. 블룸필드(L. Bloomfield)와 해리스(Z. Harris), 그리고 그들의 추종자들과 같은 후기 미국 구조주의자로 대변되는 경험주의의 전통은 텍스트를 과학적 탐구의 유일한 대상으로 간주한다. 야콥슨(R. Jakobson)과 같은 유럽의 구조주의자와 새피어(E. Sapir)나 워프(B. Whorf), 촘스키와 같은 미국의 학자들은 언어를 심리적 실재를 지닌 것으로 보았고, 언어 표현을 심리적으로 실재하는 대상으로 보았다.

문법은 의미와 이해로부터 독립되어 있다

우리는 객관주의 신화가 어떻게 언어 표현이 본유적인 속성과 건축벽돌 구조, 그리고 고정된 상호 관계를 지니고 있는 대상이라는 언어관을 형성하는지 살펴보았다. 객관주의 신화에 따르면 존재하는 언어적 대상이나 이 대상의 건축벽돌 구조, 속성, 관계 등은 사람들이 이 언어적 대상을 이해하는 방식과는 독립되어 있다. 언어 표현이 대상이라는 입장의 당연한 귀결은 문법을 의미나 인간의 이해와 독립적으로 탐구할 수 있다는 것이다.

이 전통은 촘스키의 언어학에서 그대로 보여준다. 촘스키는 문법이 의미와 인간의 이해로부터 독립된 순수한 형식의 문제라고 완고하게 주장한다. 촘스키의 입장에서 인간의 이해와 관련된 언어의 모든 측면이 정의상 문법 연구 영역 밖에 있다는 것은 바로 이러한 의미이다. 촘스키가 '수행'과 대조되는 '능력'이라는 용어를 사용한 것은 언어의 특정한 측면을 자신의 이른바 과학적 언어학 탐구의 유일하게 정당한 대상으로 규정하려는 시도이다. 이 언어학은 우리가 말하는 합리주의 형태의 객관주의 언어학으로서 순수한 형식의 문제만을 탐구 대상으로 포함하고, 인간의 이해와 언어사용의 모든 문제를 배제한다. 비록 촘스키가 언어학을 심리학의 한 분과로 보기는 하지만 그에게 언어학은 독립적인 분과, 즉 사람들이 실제로 언어를 이해하는 방식에 전혀 의존하지 않는 분과이다.

의사소통에 관한 객관주의 이론:
「도관」 은유의 한 해석

객관주의 언어학과 철학에서는 의미와 언어 표현이 독립적으로 존재하는 대상이다. 그러한 입장은 「도관」 은유와 아주 잘 어울리는 의사소통 이론을 낳는다.

- 의미는 대상이다.
- 언어 표현은 대상 (그릇) 이다.
- 언어 표현은 (그 안에) 의미를 가지고 있다.
- 의사소통에서 화자는 고정된 의미를 그 의미와 연결된 언어 표현을 통해 청자에게 전달한다.

이러한 해명에서는 당신이 의미하는 것이 무엇인지를 객관적으로 말할 수 있으며, 의사소통의 실패는 주관적인 실수의 문제이다. 즉, 의미가 객관적으로 바로 낱말 속에 들어있기 때문에, 의미하는 바를 말하는 데 합당한 낱말을 당신이 사용하지 못했다거나, 아니면 당신이 오해를 받았다는 말이다.

이해에 관한 객관주의적 해명은 어떤 모습일까?

우리는 문장의 문자적 의미를 이해한다는 것이 무엇인지, 즉 문장이 객관적으로 참 또는 거짓이 되는 조건을 이해한다는 것이 객관주의자들에게 무엇을 뜻하는지 이미 설명했다. 그렇지만 객관주의자는 우리가 어떤 특정한 맥락 속의 문장이 문자적·객관적 의미이외의 다른 어떤 것을 의미한다고 이해할 수도 있음을 인정한다. 이 다른 의미는 보통 '화자 의미' 또는 '발화자 의미'라고 불린다. 그리고 전형적으로 객관주의자는 이해에 관한 어떤 완전한 해명이든지 이 경우도 역시 설명해야 한다는 것을 인정한다(Grice 1957 참조).

분명히 풍자를 나타내는 맥락에서 나온 '그는 정말 천재야'라는 문장을 예로 들어보자. 객관주의 해명에 따르면 '그는 정말 천재야'라는 문장에는 **객관적 의미**, 즉 그가 훌륭한 지적 능력을 가졌다는 의미가 들어 있다. 그러나 이 문장을 풍자적으로 말할 때는 화자가 정반대의 의미, 즉 그가 순전히 바보라는 의미를 전달하고자 한다. 이 경우에 화자 의미는 그 문장의 **객관적** 의미로 정반대이다.

화자 의미에 대한 이 설명은 적절한 풍자적 맥락에서 다음과 같이 표현할 수 있다.

> (A) 객관적인 의미 M (M=그는 훌륭한 지적 능력을 가졌다)을 지닌 어떤 문장 S (S = '그는 정말 천재야')를 말할 때, 화자는 청자에게 객관적 의미 M' (M'=그는 정말 바보야)를 전달하려고 한다.

이것이 바로 객관주의 틀에서 어떤 사람에게의 의미를 설명할 수도 있는 방식이다. 문장 (A)는 주어진 맥락에서 객관적으로 참이거나 거짓일 수 있는 어떤 것이다. 만약 (A)가 참이라면, 문장 S ('그는 정말 천재야')는 화자와 청자 둘 모두에게 "**그는 정말 바보야**"를 의미할 수 있다. 단, 청자가 화자의 의도를 인지해야 한다.

이 기교는 화행 이론가들에게서 비롯되었고, 누구에게의 의미를 문장의 객관적 의미, 즉 그 문장이 객관적으로 참이거나 거짓인 조건에서 끌어내는 방식으로 객관주의적 전통에 맞도록 개조되었다. 여기에서 기술적인 묘수는, 역시 객관적 의미를 지니고 있는 문장 (A)와 함께 두 개의 객관적 의미인 M과 M'를 화자 의미와 청자 의미, 즉 누군가에게의 의미를 설명하는 방식으로 사용하는 것과 관련이 있다. 이것은 물론 화자의 의도가 객관적으로 실재한다고 인정하는 것을 포함한다. 하지만 어떤 객관주의자는 이를 부인할지도 모른다.

우리가 제시한 예는 풍자의 경우이다. 이 경우에는 M과 M'가 정반대의 의미, 즉 정반대의 진리 조건을 갖는다. 문자적인 말하기는 M과 M'가 동일한 경우일 것이다. 객관주의 기획은 이것을 어떤 사람에게의 의미의 모든 경우, 특히 화자가 어떤 것을 말하면서 다른 어떤 것을 의미하는 경우를 해명하는 일반적인 기교로 간주한다. 예컨대 과장과 절제 표현, 암시, 아이러니, 모든 비유적 언어, 특히 은유가 그러한 경우이다. 이 객관주의 기획을 실행하는 데에는 다음과 같은 물음에 답할 일반적 원리의 구성이 포함될 것이다.

문장 S와 이 문장의 **문자적인 객관적 의미**인 M이 주어지고, 적절한 맥락 지식이 주어질 때, 어떤 구체적인 원리 덕분에 우리는 어떤 **화자 의미** M'이 이 맥락에서 무엇일 것인지 예측할 수 있는가?

특히 이것은 은유의 경우에 적용된다. 예컨대 객관주의적 해명에서는 '이 이론은 싸구려 벽토로 만들어져 있다'라는 문장이 거짓인 문자적·객관적 의미(M), 즉 "**이 이론은 값싼 모르타르로 만들어져 있다**"를 갖는다. 이 문자적·객관적 의미는 거짓이다. 왜냐하면 이론은 아예 모르타르로 만들어질 수 있는 그런 대상이 아니기 때문이다. 그렇지만 '이 이론은 싸구려 벽토로 만들어져 있다'는 문장은 참일 수도 있는 의도적인 화자 의미, 즉 "**이 이론은 약하다**"를 가질 수도 있다. 이 경우에 문제는 일반적인 해석 원리를 제시하는 일일 것이다. 이 원리는 청자가 문장 S('이 이론은 싸구려 벽토로 만들어져 있다)로부터 객관적 의미 M(이 **이론**은 **값싼 모르타르로 만들어져 있다**)을 거쳐 의도적인 화자 의미 M'(이 **이론**은 **약하다**)로 옮겨갈 수 있는 수단이다.

객관주의자는 모든 은유를 간접적 의미의 경우로 본다. 이 경우에는 M과 M'가 동일하지 않다. 은유를 포함하는 모든 문장은 객관적 의미를 갖는다. 은유의 전형적인 경우에 이 객관적 의미는 극단적으로 거짓이거나(예: 문장 '이 이론은 싸구려 벽토로 만들어져 있다') 극단적으로 참이다(예: 문장 '무솔리니는 짐승이었다'). 어떤 문장(예 : "이 이론은 싸구려 벽토로 만들어졌다")을 은유적이라고 이해하는 데에는 항상 그 문장을 문자적·객관적 의미 M(이 이론은 **값싼 모르타르로 만들어졌다**)과는 다른 객관적 의미 M'(**이 이론은 약하다**)를 전달한다고 간접적으로 이해하는 것이 포함된다.

따라서 이해에 대한 객관주의적인 해명은 항상 객관적 진리에 대한 해명에 근거한다. 이 해명은 두 종류의 이해, 즉 직접 이해와 간접 이해를 포함한다. 직접 이해는 어떤 문장이 객관적으로 참일 수 있는 조건의 관점에서 그 문장의 문자적·객관적 의미를 이해하는 것이다. 간접 이해는 화자가 언제 간접 의미를 전달하기 위해 어떤 문장을 사용하고 있는지, 어디에서 그 전달되는 의미를 객관적 진리 조건의 관점에서 **직접 이해할** 수 있는지 파악하는 일과 관련이 있다.

은유에 대한 객관주의의 해명에는 다음과 같은 네 가지 자동적 귀결이 따른다.

정의상 은유적 개념이나 은유적 의미와 같은 것은 존재할 수 없다. 의미는 객관적이며 객관적 진리 조건을 명시한다. 정의상 의미는 실제 그대로의 세계나 가능 세계를 특징짓는 방식이다. 단적으로 객관적 진리의 조건은 어떤 사물을 다른 사물의 관점에서 보는 것이 아니다. 그래서 객관적 의미는 은유적일 수 없다.

은유가 의미의 문제일 수 없기 때문에 이것은 단지 언어의 문제일 수 있다. 객관주의 입장에 따르면 기껏해야 은유는 어떤 다른 객관적인 의미 M에 대해 말하기 위해 문자적으로 사용될 언어 표현을 사용함으로써 우리에게 어떤 객관적인 의미 M′에 관해서 말하는 간접적인 방식을 제공할 수 있을 뿐이다. 이것은 보통 뻔한 거짓이다

또한 정의상 문자적 (관습적) 은유와 같은 것은 존재할 수 없다. 어떤 문장이 문자적으로 사용되는 때는 M = M′일 때이다. 즉 화자 의미가 객관적인 의미일 때이다. 은유는 오직 M과 M′가 동일하지 않을 때만 생겨난다. 그래서 객관주의의 정의에 따르면 문자적 은유는 용어상 모순이며, 문자적 언어는 은유적일 수 없다.

은유가 우리의 이해에 기여할 수 있는 유일한 길은 우리로 하여금 객관적 유사성, 즉 객관적 의미 M과 M′ 사이의 유사성을 보도록 하는 것뿐이다. 이 유사성은 대상들이 공유하는 **본유적인 속성(들)**, 즉 실제로 대상들이 그 자체로 그 자체 내에 보유하는 속성(들)에 근거해야 한다.

따라서 의미에 대한 객관주의의 해명은 우리가 이 책에서 펼쳐온 모든 주장과 완전히 대립한다. 은유의 의미에 대한 이 입장은 그리스 시대 이래로 우리와 공존해 왔다. 이 입장은 「도관」 은유('의미는 바로 낱말 안에 있다')와 합치하고, 객관주의 신화와 합치한다.

제 27장

은유는 어떻게 객관주의 신화의 한계를 드러내는가?

철학에서 객관주의 전통의 핵심은 직접적으로 객관주의 신화에서 비롯된다. 이 신화에서는 세계가 개개의 대상으로 구성되어 있으며, 이 대상들은 어느 순간에든지 본유적 속성과 상호 고정된 관계를 지니고 있다. 언어학적 증거(특히 은유)를 토대로 펼치는 우리의 주장은 객관주의 철학이 우리가 우리 자신의 경험과 사고, 언어를 이해하는 방식을 해명하는 데 실패했다는 것이다. 우리는 이러한 방식을 적절하게 해명하려면 다음의 관점이 필요하다고 주장한다.

- 대상은 오직 우리의 세계와의 상호작용과 세계에 대한 우리의 투사에 상대적인 개체라고 보아야 한다.
- 속성은 본유적이 아니라 상호작용적이라고 보아야 한다.

- 범주는 엄격하게 고정되어 있고 집합 이론을 통해 정의된다기보다 원형을 중심으로 정의되는 체험적 게슈탈트라고 보아야 한다.

우리는 자연언어의 의미나 사람들이 자신의 언어와 경험을 이해하는 방식과 관련된 문제를 선험적인 철학적 가정과 논증의 문제라기보다는 경험적인 문제라고 본다. 우리는 이러한 쟁점과 관련될 수 있는 증거의 가능한 영역 중에서 은유를 선택하고, 우리 자신이 은유를 이해하는 방식을 선택했다. 우리가 은유에 초점을 맞추는 이유는 다음 네 가지이다.

객관주의 전통에서 은유는 기껏해야 주변적 관심사일 뿐이며, 의미(객관적 의미)의 탐구에서 완전히 제외된다. 은유는 진리의 해명에 주변적으로만 적합하다고 간주된다. 그러나 우리는 은유가 언어뿐만 아니라 개념 체계에도 넓게 퍼져 있다는 것을 발견했다. 개념 체계의 아주 기본적인 현상이 진리와 의미의 해명에서 중심이 될 수 없다는 것은 우리로서는 생각할 수 없는 일이다.

우리는 은유가 경험을 이해하기 위한 우리의 가장 기본적인 기제 중의 하나라는 것을 알아냈다. 이것은 은유가 의미와 진리의 해명에서 다만 주변적인 관심사이며, 이해에서도 기껏해야 주변적 역할을 할 수 있을 뿐이라는 객관주의 입장과 합치하지 않는다. 우리는 은유가 새로운 의미와 유사성을 창출하고, 그렇게 함으로써 새로운 실재를 규정한다는 것을 발견했다. 이러한 입장은 세계에 대한 표준적인 객관주의 구도 안에서는 설 자리가 없다.

관습적 은유에 대한 객관주의 해명

지금까지 논의해 온 사실 중 많은 것은 객관주의 전통 안에서 오랫동안 알려져 있지만, 우리의 해석과는 완전히 다른 해석을 받아 왔다. 객관주의는 우리가 일상적인 개념 체계를 형성한다고 보는 관습적인 은유적 개념이 존재하지 않는다고 본다. 객관주의자들에 게는 은유란 단지 언어 문제일 뿐이어서 은유적 개념과 같은 것은 존재하지 않는다.

우리가 은유적 개념의 실례로 수용하는 낱말과 표현을 객관주의 자는 아예 살아 있는 은유의 실례로 보지 않을 것이다. '이 사실들을 다 소화할 수는 없다'(I can't digest all these facts)의 '소화하다'(di-gest)가 그러한 사례 중의 하나이다. 객관주의자들에게는 digest가 두 개의 상이한 별개의 문자적인 (객관적인) 의미를 지닌다. 하나는 음식에 관한 digest$_1$이고 아이디어에 관한 digest$_2$이다. 이러한 해명 에서는 동음이의어인 두 개의 낱말 digest(즉 digest$_1$과 digest$_2$)가 있게 될 것이다. (강둑을 의미하는 bank$_1$과 은행을 의미하는 bank$_2$ 에 해당하는) 두 개의 낱말 bank처럼 말이다.

객관주의자는 아마 '아이디어를 소화하다'(digest an idea)가 한 때는 은유였다는 사실을 인정할지도 모르지만, 이제는 더 이상 은유가 아니라고 주장할 것이다. 객관주의자에게는 이 표현이 '죽은 은유'이다. 즉, 이제는 관습화되어 그 자체로 문자적 의미를 갖는다. 말하자면 이것은 이제 동음이의적인 두 개의 digest가 존재한다는 말이다.

객관주의자는 아마 digest₁과 digest₂가 유사한 의미를 갖고 있으며, 그 유사성이 시초(始初) 은유의 근거가 된다고 생각할지도 모른다. 그는 바로 이런 연유에서 동일한 단어를 사용해서 두 개의 의미를 나타낸다고 말할 것이다. 즉 한때는 이것이 은유였지만 그 언어의 관습화된 부분이 되었으며, 낡은 은유적 의미를 새로운 문자적 의미로 취하면서 죽어서 고착된 것이다. 객관주의자는 죽은 은유의 토대였던 유사성의 많은 경우를 오늘날에도 여전히 지각할 수 있다고 말할 것이다.

객관주의적 은유 이론에 따르면 시초 은유는 사용과 화자 의미의 문제이지 문자적인 객관적 의미의 문제가 아니었다. 이 시초 은유는 (digest가 음식만을 가리키는) 이 사례에 적용된 일반적인 '화자 의미' 공식으로부터 출현했어야 할 것이다.

> 문자적·객관적 의미 M (M = 나는 그의 생각을 소화 기관의 화학적·신체적 작용을 통해 내 몸이 흡수할 수 있는 형태로 전환할 수 없었다)을 갖는 어떤 문장 S (S = '나는 그의 생각을 소화할 수 없었다')를 말할 때, 화자는 듣는 사람에게 화자 의미 M (M = 나는 그의 생각을 정신적 작용을 통해 나의 정신이 흡수할 수 있는 형태로 전환할 수 없었다)를 전달하려고

한다.

　이러한 객관주의적 설명을 유지하려면 두 가지 사실이 필요하다. 먼저, 관념을 가리키는 의도적인 화자 의미 M'는 객관적 진리 조건을 가지고 있는 객관적으로 주어진 의미여야 한다. 다시 말해서 마음과 관념의 내재적 속성으로 인해 다음 진술이 이 둘에 대해서도 **객관적으로** 참이어야 한다.

　　관념은 그 내재적 속성으로 인해 어떤 형태를 지닐 수 있고, 전환될 수 있으며, 마음속으로 흡수될 수 있는 종류의 대상이어야 한다.

　　마음은 그 내재적 속성으로 인해 정신적 작용을 수행하고, 관념을 전환하고, 관념을 그 안으로 흡수할 있는 종류의 대상이어야 한다.

　둘째, 은유는 본래 M과 M' 사이에 이미 존재하는 유사성에 근거해야 한다. 말하자면 마음과 소화기관은 본유적인 속성을 공유해야 한다. 마치 아이디어와 음식이 **본유적인** 속성을 공유해야 하는 것처럼 말이다.

　요약하면, digest에 관한 '죽은 은유' 설명은 다음 주장을 펼칠 것이다.

　　digest라는 말은 본래 음식 개념을 가리킨다.

'살아 있는' 은유에 의해, digest라는 말은 음식과 아이디어 사이에 이미 존재하는 객관적 유사성을 근거로 아이디어 영역에 이미 존재하는 객관적 의미로 전이되었다.

결국 이 은유는 '죽었고', 아이디어를 소화하다(digest an idea)라는 은유적 사용은 관습적이 되었다. 따라서 digest는 두 번째의 문자적·객관적 의미, 즉 M'으로 나타나는 의미를 얻었다. 객관주의 설명에 따르면 이것은 표현해 줄 낱말이 없는 기존의 의미에 낱말을 제공하는 전형적인 방식이다. 그러한 경우는 다 동음이의어로 간주될 것이다.

일반적으로 객관주의자들은 우리의 모든 관습적 은유 자료를 (보통은 완곡한 입장의) 동음이의성 이론이나 추상화 이론의 토대 위에서 다루어야 할 것이다. 이 입장은 둘 다 본유적 속성에 근거한 이미 존재하는 유사성에 의존한다.

객관주의적 해명은 무엇이 문제인가?

방금 살펴보았던 것처럼 관습적 은유에 대한 객관주의적 해명은 추상화 이론이나 동음이의성 이론 둘 중의 하나를 요구한다. 더 나아가 관습적 은유와 비관습적 은유 둘 다에 대한 객관주의의 해명은 이미 존재하는 본유적 유사성에 근거한다. 우리는 이러한 모든 입장에 대한 상세한 반증을 이미 제시했다. 이러한 반론은 이제 특별한 중요성을 지니게 된다. 이러한 반론은 다만 은유에 대한 객관주의의 해명이 부적절하다는 것뿐만 아니라 객관주의 기획 전체가 그릇된 가정에 근거한다는 것을 보여준다. 은유에 대한 객관주의의 해명이 어떤 점에서 부적절한가를 살펴보기 위해서, 추상화 이론과 동음이의성 이론, 유사성 이론에 대한 우리의 반론의 해당 부분을 소환해 보자. 이 세 이론이 **관습적** 은유에 대한 객관주의의 해명과 관련이 있기 때문이다.

유사성 이론

우리는 「아이디어는 음식」 은유에 관한 논의에서 은유가 비록 유사성에 근거한다 하더라도 그 유사성 자체가 본유적이 아니라 다른 은유, 특히 「마음은 그릇」 은유와 「아이디어는 물건」 은유, 「도관」 은유에 근거한다는 것을 살펴보았다. 「아이디어는 물건」이라는 입장은 존재론적 은유를 통해 정신적 현상에 개체 지위를 투사한 것이다. 「마음은 그릇」이라는 입장은 우리의 인지 기능에 안-밖 지향성을 가진 개체의 지위를 투사한 것이다. 이것은 아이디어와 정신 사이에 존재하는 **본유적인** 객관적 속성이 아니다. 이것은 **상호작용적 속성**이며, 우리가 은유를 통해 정신적 현상을 **개념화하는** 방식을 반영한다.

이것은 「시간」과 「사랑」 개념에도 동일하게 적용된다. 우리는 '조치를 취할 때가 왔다'(The time for action has arrived)와 '시간을 아껴 써야 한다'(We need to budget out time)라는 문장을 각각 「시간은 움직이는 물건」 은유와 「시간은 돈」 은유를 통해서 이해한다. 그러나 객관주의 입장에서는 그러한 은유가 존재하지 않는다. [즉 객관주의의 입장에서는] 이러한 문장에서 **도달하다**(arrive)와 **아껴 쓰다**(budget)는 죽은 은유, 말하자면 한때는 살아 있었던 은유에서 역사적으로 비롯된 동음이의어일 것이다. 이처럼 한때 살아 있었던 은유는 한편으로는 시간과 움직이는 물건 사이의, 그리고 다른 한편으로는 시간과 돈 사이의 본유적인 유사성에 근거했어야만 할 것이다. 그러나 앞에서 살펴보았던 것처럼 그러한 유사성은 본유적이 아니라 그 자체가 존재론적 은유를 통해 창조된다.

  '이 관계는 더 이상 진전이 없어'와 '우리 사이에 자성이 있었다', '이 관계는 죽어가고 있다'처럼 「사랑」 개념을 포함하는 표현에 대해 본유적 유사성을 입증하기는 훨씬 더 어렵다. 「사랑」 개념은 본유적으로는 잘 정의되지 않는다. 우리 문화는 사랑 경험을 「사랑은 여행」이나 「사랑은 물리적 힘」과 같은 관습적 은유를 통해 비추어 보는 관습적 방식을 제공하며, 우리 언어는 이러한 방식을 반영한다. 그러나 (죽은 은유나 **약동음이의성**, 추상화에 근거한) 객관주의의 해명에 따르면 「사랑」 개념은 여행, 전기 자성 현상, 중력 현상, 병든 사람 등과 본유적 유사성을 가질 수 있을 만큼 본유적 속성의 관점에서 충분히 잘 정의되어야 한다. 이 경우에 객관주의자는 사랑이 여행과 전기 자성 현상, 병든 사람과 유사한 속성을 지니고 있다고 주장하는 부담을 떠안아야 할 뿐만 아니라, 동시에 사랑이 이러한 본유적 속성의 관점에서 충분히 명료하게 정의되어서 그러한 (본유적) 유사성이 존재할 것이라고 주장해야 한다.

요약하면, 이러한 현상에 대한 객관주의자의 일상적 설명(죽은 은유, 유사성을 갖는 동음이의성, 추상화)은 모두 본유적 속성에 근거한 기존의 유사성에 의존한다. 일반적으로 유사성은 실제로 존재하지만, 본유적 속성에 근거한 유사성일 수 없다. 그 유사성은 개념적 은유의 귀결로서 생겨나며, 따라서 본유적 속성의 유사성이라기보다 상호작용 속성의 유사성이라고 보아야 한다. 상호작용 속성을 인정하는 것은 객관주의 철학의 기본적 전제에 배치된다. 따라서 이것은 객관주의 신화의 포기를 의미한다.

객관주의의 태만 — '그것은 내 일이 아니야'

객관주의자에게 남은 유일한 대안은 (은유가 조금이라도 존재했다는 사실의 부정을 비롯한) digest의 「음식」 의미와 「아이디어」 의미 사이의 어떤 관계든지 다 유사성의 관점에서 해명하려는 어떠한 시도도 포기하고 강(強)동음이의성 입장으로 돌아서는 것이다. 이 입장에 따르면 전혀 관련성이 없는 완전히 다른 두 의미를 지니는 하나의 낱말 digest가 존재한다. 이 두 의미는 punt의 두 의미(미식축구에서의 킥이라는 뜻과 양끝이 사각이고 지붕 없이 바닥이

평평한 배라는 뜻)만큼 다르다. 18장에서 살펴보았던 것처럼 강동음이의성 입장은 다음과 같은 현상을 설명할 수 없다.

- 내적 체계성
- 외적 체계성
- 은유의 사용 부분의 확장
- 추상적 경험을 구조화하기 위한 구체적 경험의 사용
- 음식의 관점에서 아이디어를 은유적으로 개념화하는 사고 과정에 근거한 digest의 두 의미 사이에서 실제로 우리가 보는 유사성

물론 객관주의 철학자나 언어학자는 이러한 체계성이나 유사성, 덜 구체적인 것을 더 구체적인 것의 관점에서 이해하는 방식을 적절히 설명할 수 없음을 인정할 수도 있다. 그러나 이것은 객관주의자에게 조금도 문제시되지 않는다. 즉 객관주의자는 궁극적으로 그러한 것을 설명하는 것이 심리학자나 신경생리학자, 문헌학자, 또는 다른 어떤 사람들의 일이지 자신의 일이 아니라고 주장할 수 있다. 이것은 프레게의 '의의'(sense)와 '관념'(ideas)의 분리와, 루이스의 '추상적 의미 체계'와 '심리적·사회적 사실'의 분리라는 전통에 속한다. 그들의 주장에 따르면 동음이의성 견해가 객관주의자인 자신들의 본래 목적, 즉 언어 표현의 진리 조건을 제시하고 이 진리 조건의 관점에서 문자적·객관적 의미를 해명하려는 목적에 적합하다는 것이다.

객관주의자들은 digest의 두 의미에 대한 체계성, 유사성, 이해 등을 반드시 설명하지 않고서도 이러한 작업을 독립적으로 수행할 수 있다고 가정한다. 그들의 임무에 대한 이러한 발상을 고려해 볼 때, digest의 관습적인 은유적 사용은 단지 동음이의어와 관련이 있을 뿐, 죽은 은유든 살아 있는 은유든 은유와는 전혀 관련이 없다. 객관주의자들이 인정하는 유일한 은유는 비관습적 은유(예: '네 생각은 싸구려 벽토로 만들어졌다' 또는 '사랑은 협동적인 예술 작업이야')이다. 객관주의들의 주장에 따르면 이러한 은유는 문자적·객관적 의미의 문제가 아니라 화자 의미의 문제이기 때문에, 여기에서 생겨나는 진리와 의미의 문제는 위에서 제시한 화자 의미에 대한 설명으로 다루어야 한다.

요약하면, 관습적 은유에 대해 내적 일관성을 지닌 유일한 객관주의 입장에서는 우리가 일차적으로 관심을 가져온 문제, 즉 관습적 은유의 속성과 우리가 이해에서 은유를 사용하는 방식의 문제가 자기 영역 밖의 문제에 불과할 것이다. 객관주의자들은 그러한 문제에 대해 책임이 없으며, 또한 관습적 은유에 관한 이러한 종류의 사실이 객관주의 기획이나 객관주의자로서 자신들이 믿는 바와는 전혀 상관이 없다고 주장할 것이다.

이러한 객관주의자들은 은유에 대한 우리의 탐구가 사람들이 은유를 통해 자신들의 경험을 이해하는 방식을 설명하는 데 **상호작용적인 속성**과 **체험적 게슈탈트**가 실제로 필요하다는 점을 올바르게 보여주고 있다는 것을 심지어 인정할지도 모른다. 그러나 그렇다 하더라도 그들은 다음을 근거로 우리의 논의를 계속 무시할 수도 있다. 즉 체험주의자는 단순히 어떻게 인간이 모든 한계 속에서 실재를 우연히 이해하게 되는가에만 관심을 갖는 반면, 객관주의자는 사람이 어떻게 어떤 것을 참이라고 이해하는가에 관심을 갖기보다 어떤 것이 실제로 참이라는 것이 무엇을 의미하는가에 관심을 갖는다.

객관주의의 이러한 반응은 객관주의와 체험주의의 근원적 차이를 완벽하게 부각한다. 그러한 객관주의자들의 응답은 인간의 활동과 이해와 관련된 어떤 것과도 전적으로 독립된 '절대적 진리'와 '객관적 의미'에 대한 그들의 근본적인 관심 재확인으로 귀결된다. 이에 반해 우리는 절대적 진리나 객관적 의미가 있다고 믿어야 할 아무런 이유도 없다고 주장해 왔다. 그 대신에 우리는 인간이 이 세계 안에서 활동하고 세계를 이해하는 방식과 관련해서만 진리와 의미를 해명할 수 있다고 주장한다. 단적으로 우리는 그러한 객관주의자와는 다른 철학적 영역 안에 있다.

객관주의 철학과 인간적 관심사 사이의 무관성

우리는 인간의 이해와 개념 체계, 자연언어에 대한 적절한 객관주의적 해명이 가능하다고 보는 객관주의자와 동일한 철학의 장에서 있으면서도 그들과는 매우 다른 견해를 갖고 있다. 우리는 관습적 은유가 인간의 언어와 개념 체계 안에 널리 퍼져 있고, 우리의 이해의 기본적 매개체라는 점을 상세하게 논의했다. 또한 우리는 이해에 관한 적절한 해명이 상호작용적인 속성과 체험적인 게슈탈트를 요구한다고 주장했다. 모든 객관주의적 해명은 본유적 속성을 요구하고 또한 대부분의 본유적 속성이 범주화에 관한 집합 이론적 해명을 요구하기 때문에, 인간이 세계를 개념화하는 방식을 제대로 설명하지 못한다.

객관주의 철학 밖의 객관주의 모형

고전적인 수학은 객관주의적인 우주로 구성된다. 이 우주에는 수(數)처럼 서로 명확히 구분되는 개체들이 있다. 수학적 개체는 본유적 속성을 지니고 있다. 예컨대 셋은 홀수이다. 그리고 그 개체들 사이에는 고정된 관계가 존재한다. 예컨대 **아홉**은 **셋**의 제곱이다. 수리논리는 고전 수학에 토대를 제공하기 위한 과업의 일부로 발달했다. 형식의미론도 또한 그 과업으로부터 전개되었다. 형식의미론에서 사용하는 모형은 이른바 '객관주의 모형'의 한 예이다. 이 모형은 본유적 속성을 지닌 구분된 개체가 존재하고, 또한 그 개체들 사이에 고정된 관계가 존재하는 대화의 영역에 적합한 모형의 한 예이다.

그러나 실제 세계, 특히 인간과 관계된 실제 세계의 측면, 즉 인간의 경험, 조직, 언어, 개념 체계 등은 객관주의적인 영역이 아니다. 철저한 객관주의자가 된다는 것은 실제 존재하는 그대로의 세계에 합치하는 객관주의 모형이 있다고 주장하는 것이다. 우리가 방금 펼친 주장은 객관주의 철학이 언어와 진리, 이해, 인간의 개념 체계에 대해 그릇된 예측을 한다는 점에서 경험적으로 부정확하다는 것이다. 이를 근거로 우리는 객관주의 철학이 인문과학에 부적절한 근거를 제공한다고 주장한다. 그럼에도 불구하고 뛰어난 통찰력을 가진 많은 수학자와 논리학자, 심리학자, 컴퓨터 과학자는 여러 인문과학에서 사용하는 객관주의 모형을 고안해 왔다. 이 모든 작업이 무용하고 객관주의 모형이 인문과학 안에 설 자리가 전혀 없다는 것이 우리의 주장인가?

우리는 결코 그러한 주장을 하고 있는 것이 아니다. 우리는 수학적 개체로서의 객관주의 모형이 필연적으로 객관주의 철학과 연계해야 할 이유는 없다고 본다. 우리는 실제 그대로의 세계에 완전하고 정확하게 합치하는 객관주의 모형이 존재한다는 객관주의적 전제를 취하지 않고서도 객관주의 모형이 인문과학에서 어떤 기능, 심지어는 어떤 중요한 기능을 수행할 수 있다고 본다. 그러나 우리가 이 전제를 부정한다면 객관주의 모형에는 어떤 역할이 남게 되는가?

이 질문에 답할 수 있으려면, 먼저 존재론적·구조적 은유의 속성을 살펴볼 필요가 있다.

존재론적 은유는 우리의 경험을 이해하기 위해 우리가 가진 가장 기본적인 도구에 속한다. 각각의 구조적 은유는 일관성 있는 일련의 존재론적 은유를 하위 부분으로 갖는다. 주어진 어떤 상황을 이해하기 위해 일련의 존재론적 은유를 사용하는 것은 그 상황에 개체 구조를 부과하는 것이다. 예를 들면 「사랑은 여행」 은유는 시작, 종착지, 경로, 경로의 거리 등을 포함한 개체 구조를 「사랑」에 부과한다.

각각의 개별적인 구조적 은유는 내적 일관성이 있으며, 자신이 구조화하는 개념에 일관성 있는 구조를 부과한다. 예를 들면 「논쟁은 전쟁」 은유는 내적으로 일관성 있는 「전쟁」 구조를 「논쟁」 개념에 부과한다. 우리가 「사랑은 여행」 은유를 통해서만 사랑을 이해할 때는 내적으로 일관성 있는 「여행」 구조를 「사랑」이라는 개념에 부과하고 있다.

비록 동일한 개념에 대한 상이한 은유들이 대체로 상호 일관성이 있지는 않지만 상호 일관성 **있는** 은유의 무리를 찾아볼 수 있다. 그러한 은유를 **일관성 있는 은유 집합**이라고 부르기로 하자.

각각의 개별적 은유가 내적 일관성이 있기 때문에, 각각의 일관성 있는 은유 집합 덕분에 우리는 개체들 사이의 일관성 있는 관계를 갖는 명확히 정의된 개체 구조의 관점에서 어떤 상황을 이해할 수 있다.

일관성 있는 은유의 집합이 관계의 집합을 갖는 개체 구조를 개체들 사이에 부과하는 방식은 객관주의 모형으로 표현할 수 있다. 이 모형에서 개체들은 존재론적 은유가 부과한 것이며, 그 개체들 사이의 관계는 구조적 은유의 내적 구조가 부여한 것이다.

요약하면, 이처럼 일관성 있는 은유 집합의 관점에서 어떤 상황을 구조화하려는 시도는 객관주의 모형의 관점에서 그 상황을 구조화하려는 시도와 부분적으로 유사하다. 여기에서 다루지 않은 문제는 두 가지로서 하나는 체험적 지반이고 다른 하나는 은유가 무엇을 은폐하는가이다.

그렇다면 우리가 자연스럽게 제기해야 할 물음은 과연 사람들이 실제로 일관성 있는 은유 집합의 관점에서 생각하고 행동하는가이다. 이러한 특별한 경우는 생물학, 심리학, 언어학 등 과학적 이론의 형식화에서 볼 수 있다. 형식 과학 이론은 존재론적 은유와 구조적 은유의 집합을 일관성 있게 확장하려는 시도이다. 그러나 우리는 과학적 이론화 외에도 사람들이 아주 다양한 상황에서 일관성 있는 은유 집합의 관점에서 사고하고 행동하려고 한다고 생각한다. 바로 이것이 사람들이 자신의 경험에 객관주의 모형을 적용하려고 노력한다고 볼 수도 있는 경우이다.

사람들이 삶의 상황을 객관주의 모형의 관점에서, 즉 일관성 있는 일련의 은유의 관점에서 보려고 하는 두드러진 이유가 있다. 그 이유는 바로 간단하다. 만일 우리가 이렇게 할 수 있다면 상황에 관해 상호 갈등이 없는 추론을 끌어낼 수 있기 때문이다. 즉 우리는 행동을 위한 갈등 없는 기대와 제안을 끌어낼 수 있을 것이다. 그리고 세계에 대한 일관성 있는 입장을 가지고 있다는 것과 우리가 무엇을 해야 하는지에 대해 일련의 기대는 있지만 갈등은 전혀 없다는 것은 편안한 일이다—정말로 지극히 편안한 일이다. 객관주의 모형은 진정한 매력이 있다. 그것도 인간적인 이유에서 말이다.

우리는 이 매력을 과소평가하고 싶지 않다. 이 매력은 우리의 삶에서나 어떤 범위의 삶의 경험에서 정합성을 찾는 매력과 동일하다. 기대와 행위의 근거를 지니고 있다는 것은 생존에 중요하다. 그러나 어떤 제한된 상황에서 단일한 객관주의 모형을 부과하고 이 모형의 관점에서 (아마도 성공적으로) 활동하는 것과, 이 모형이 실재의 정확한 반영이라고 결론짓는 것은 별개의 문제이다. 우리의 개념 체계가 단일한 개념에 대해 일관성 없는 은유들을 갖는 합당한 이유가 있다. 바로 [그 일관성 없는 은유들이 하는 것을 한꺼번에]다 해 줄 수 있는 어떤 단일한 은유도 존재하지 않기 때문이다. 각각의 은유는 그 개념의 한 측면에 대한 특정한 이해를 제공하고 다른 측면들을 은폐한다. 오직 어떤 일관성 있는 은유 집합의 관점에서만 작용하는 것은 실재의 많은 측면을 은폐하는 것이다. 우리 일상의 성공적인 활동은 은유의 지속적 변화를 요구하는 것으로 보인다. 서로 일관성 없는 다양한 은유를 사용하는 것은 우리의 일상적 생존의 세부 사항을 이해하는 데 필수적으로 보인다.

인문과학에서 형식적인 객관주의 모형 탐구의 명백한 유용성은
이 모형 덕분에 일관성 있는 은유 집합의 관점에서 사유하고 활동하
는 능력을 **부분적으로** 이해할 수 있다는 점이다. 이것은 이해에서
일상적이고 또한 중요한 활동이다. 이 덕분에 우리는 또한 일관성
의 의무적 부과에 존재할 수 있는 문제점을 볼 수 있다. 즉, 어떤
일관성 있는 은유 집합이든 실재의 무수히 많은 측면, 즉 그러한
은유 집합과는 일치하지 않는 다른 은유들만이 부각할 수 있는 측면
을 은폐할 가능성이 가장 높다는 점을 확인할 수 있다.

우리가 상상할 수 있는 한, 형식적 모형의 명백한 한계 중의 하나
는 은유의 체험적 근거를 포용하는 방법을 제공하지 못하며, 따라서
은유적 개념 덕분에 우리가 우리 자신의 경험을 이해할 수 있는
방식을 해명하는 방법을 제공하지도 못한다는 점이다. 이것의 한
귀결은 컴퓨터가 과연 사람들이 이해하는 방식으로 상황을 조금이
라도 이해할 수 있는가와 관련이 있다. 우리의 대답은 부정적이다.
그 이유는 간단하다. 바로 이해에는 경험이 필요하고, 컴퓨터는
몸을 가지고 있지 않으며, 인간의 경험을 하지 못하기 때문이다.

그렇지만 컴퓨터 모형의 탐구는 인간의 지적 능력에 관한 많은
것을 알려줄 수도 있다. 특히 인간이 부분적으로 객관주의 모형의
관점에서 사유하고 활동하는 영역에서는 그러할 수도 있다. 더욱이
오늘날 컴퓨터 과학의 형식적 기술은 **일관성 없는** 은유들의 집합의
표상을 제공할 수 있는 가능성을 보여준다. 어쩌면 이것은 사람들

이 정합적이지만 일관성 없는 은유적 개념들의 관점에서 사유하고 활동하는 방식에 대한 통찰로 이어질 수도 있다. 형식적 탐구의 한계는 우리 개념 체계의 체험적 근거 영역에 있는 것으로 보인다.

요약

우리의 전반적 결론은 객관주의 기획이 인간의 이해에 대해 만족스러운 해명을 제시하지 못하고, 그러한 해명을 요구하는 다른 어떤 문제에 대해서도 마찬가지라는 것이다. 다음 목록은 그러한 문제의 일부이다.

- 인간의 개념 체계와 인간 합리성의 본성
- 인간의 언어와 의사소통
- 인문과학, 특히 심리학, 인류학, 사회학, 언어학 등
- 도덕적·미적 가치
- 인간의 개념 체계를 통한 과학적 이해
- 수학의 기초가 인간의 이해에 바탕을 두는 모든 측면

이해에 대한 체험주의 해명의 기본 요소, 즉 상호작용 속성과 체험적 게슈탈트, 은유적 개념은 이러한 인간적 문제를 제대로 다루는 어떤 해명에나 꼭 필요해 보인다.

제 28장
주관주의 신화의 부적절성

서구 문화에서 객관주의의 주요한 대안은 전통적으로 주관주의로 간주되어 왔다. 우리는 객관주의 신화가 인간의 이해와 언어, 가치, 사회·문화 제도, 과학이 다루는 모든 것을 설명하는 데 적절치 않다고 주장했다. 따라서 우리 문화가 우리에게 억지로 떠넘겨 놓은 이분법에 따르면, 「객관주의를 거부하는」 우리에게 남은 것은 오직 급진적인 주관성뿐일 것이다. 이 주관성은 인간의 실재에 대한 과학 '법칙 비슷한' 어떤 해명의 가능성도 다 부정한다.

그러나 우리는 주관주의가 객관주의의 유일한 대안은 아니라고 주장했으며, 대신에 제3의 선택을 제안했다——바로 체험주의 신화이다. 우리는 이 신화가 인문과학의 적절한 철학적·방법론적 근거를 제공해 줄 수 있다고 본다. 우리는 이미 이 대안을 객관주의적인 기획과 구분했다. 이 대안을 주관주의적인 기획과 구별하는 것도 또한 중요하다.

  사람들이 자신의 경험과 언어를 어떻게 이해하는가에 대한 일부 주관주의 입장을 간략히 살펴보기로 하자. 이러한 입장은 주로 낭만주의의 전통에서 흘러나온 것이며, 최근의 대륙 철학에 대한 오늘날의 해석(아마도 **그릇된** 해석), 특히 현상학과 실존주의의 전통에서 찾아볼 수 있다. 그러한 주관주의 해석은 주로 반객관주의적인 대륙 철학의 요소를 선택적으로 가려내 대중화한 해석이다. 이 해석에서는 무엇이 대륙 철학적 사고의 특정 경향을 인문과학의 근거를 제공하려는 진지한 시도로 만들어 주는가를 흔히 무시한다. 아래에 열거한 이러한 주관주의 입장은 한데 묶어서 '카페 현상학'이라고 특성화할 수도 있다. 예컨대 다음 입장에 주목해 보자.

  의미는 사적이다. 의미는 항상 개인에게 무엇이 의미 있고 중요한가의 문제이다. 어떤 개인이 무엇을 중요하다고 보는가와, 그 무엇이 그에게 어떤 의미를 지니는지는 직관과 상상력, 느낌, 개인적 경험의 문제이다. 어떤 것이 한 개인에게 무슨 의미가 있는가는 다른 어떤 사람에게도 결코 완전히 알려지거나 전달될 수 없다.

  경험은 순수하게 전체론적이다. 우리의 경험에 대한 자연적 구조화란 없다. 우리 또는 타인이 경험에 부여하는 구조는 전적으로 인위적이다.

  의미는 자연적 구조를 갖지 않는다. 어떤 개인에게의 의미란 그의 개인적 느낌과 경험, 직관, 가치의 문제이다. 이러한 것은 순수하게 전체론적이다. 즉 자연적 구조를 갖지 않는다. 따라서 의미는 자연적 구조를 갖지 않는다.

맥락은 구조화되지 않는다. 어떤 발화를 이해하는 데 필요한 물리적·문화적·개인적·대인 관계적 맥락은 자연적 구조를 갖지 않는다.

의미는 자연스럽게 또는 적절하게 표상할 수 없다. 이것은 의미가 자연적 구조를 갖지 않는다는 사실과, 의미가 결코 타인에게 완전하게 알려지거나 전달될 수 없다는 사실, 그리고 의미를 이해하는 데 필요한 맥락이 구조화되지 않는다는 사실의 귀결이다.

이러한 주관주의 입장은 모두 하나의 기본적인 가정, 즉 경험이 어떤 자연적 구조도 갖지 않으며 따라서 의미와 진리에 대한 어떤 자연적인 외적 제약도 있을 수 없다는 가정에 근거한다. 우리의 응답은 우리 개념 체계의 토대가 형성되는 방식에 대한 우리의 해명에서 나오는 직접적인 귀결이다. 우리는 우리의 경험이 체험적 게슈탈트의 관점에서 전체론적으로 구조화된다고 주장했다. 이 게슈탈트의 구조는 자의적이지 않다. 오히려 게슈탈트의 구조를 특징짓는 차원은 우리의 경험으로부터 자연적으로 창발한다.

이것은 다음 두 가능성을 부인하는 것이 아니다. 첫째, 어떤 것이 나에게 주는 의미는 나는 해본 적이 있지만 타인은 해본 적이 없는 그런 **종류**의 경험에 근거할 수 있다. 둘째, 나는 그 의미를 타인에게 완전하게나 적절하게 전달할 수 없을 것이다. 그렇지만 은유는 공유되지 않은 경험을 **부분적으로** 전달하는 방식을 제공하며, 이것을 가능하게 하는 것은 우리의 경험의 자연적 구조이다.

제 29장
체험주의적 대안 :
낡은 신화에 대한 새로운 의미 부여

주관주의 신화와 객관주의 신화가 서구 문화에서 그렇게 오랫동안 유지되어 왔다는 사실은 이 두 신화가 어떤 중요한 기능을 수행해 왔다는 것을 말해 준다. 각각의 신화는 실재하는 합리적인 관심사에 그 동기가 있으며, 우리의 문화적 경험에 상당한 바탕을 두고 있다.

체험주의는 객관주의의 동기가 되는
관심사 중 무엇을 유지하는가

객관주의 신화의 근본적 관심사는 인간의 외부에 존재하는 세계이다. 이 신화는 우리와 독립적으로 존재하는 실재의 사물이 있고,

그러한 사물이 우리가 그러한 사물과 상호 작용하는 방식과 우리가 그러한 사물을 이해하는 방식을 둘 다 제약한다는 사실을 강조한다. 이 사실의 강조는 타당하다. 객관주의에서 진리와 사실적 지식에 초점을 두는 근거는 우리의 물리적·문화적 환경 안에서 성공적으로 활동하는 데 그러한 지식이 중요하다는 사실이다. 객관주의 신화는 공정성과 공평성에 대한 관심에도 또한 동기가 있다. 그러한 관심이 중요하고 어떤 이성적인 방식으로 그러한 관심을 얻을 수 있는 경우에는 말이다.

지금까지 개괄했던 것처럼 체험주의 신화는 이 모든 관심사를 공유한다. 그렇지만 체험주의는 두 개의 핵심적인 논점에서 객관주의와 갈라진다.

절대적 진리가 존재하는가?

위의 관심사 — 우리로 하여금 성공적으로 활동할 수 있게 해 주는 진리에 대한 관심과 공정성이나 공평성에 대한 관심 — 에 대처하는 데 절대적 진리가 필수적인가?

체험주의는 이 두 물음에 다 '아니다'라고 대답한다. 진리는 항상 이해에 상대적이며, 이러한 이해는 비보편적인 개념 체계에 근거한다. 그러나 이것이 수세기에 걸쳐 객관주의에 동기를 제공해 온, 지식과 공평성에 대한 정당한 관심의 충족을 배제하는 것은 아니다. 객관성은 여전히 가능하지만 이제 새로운 의미를 갖는다. 지식의 문제에서든 가치의 문제에서든 객관성은 여전히 개별적인 편견의 극복과 관련이 있다. 그러나 객관성이 합리적인 경우에는 절대적이고 보편타당한 관점을 요구하지 않는다. 객관적임은 항상 개념 체계와 문화적 가치체계에 상대적이다. 충돌하는 개념 체계나 충돌하는 일련의 문화적 가치가 존재할 때는 객관성이 불가능할 수 있다. 이 사실을 인정하고 이러한 일이 언제 일어나는가를 인식하는 능력이 중요하다.

체험주의 신화에 따르면 과학적 지식은 여전히 가능하다. 그러나 절대적 진리 주장의 포기는 과학적 실천에 더 큰 책임을 지울 수도 있다. 왜냐하면 일반적으로 인식하듯이 과학 이론은 부각하는 만큼 은폐할 수도 있기 때문이다. 과학이 절대적 진리를 제공하지 못한다는 일반적 인식은 틀림없이 과학계의 힘과 권위는 물론 연방 정부의 예산 집행도 변화시킬 것이다. 그 귀결은 무엇이 과학적 지식이며, 무엇이 과학적 지식의 한계인지에 대한 더 합리적인 평가일 것이다.

체험주의는 주관주의의 동기가 되는
관심사 중 무엇을 유지하는가

주관주의에 정당한 동기를 부여하는 것은 의미가 항상 개인에게의 의미라는 인식이다. 무엇이 나에게 의미 있는가는 무엇이 나에게 중요성을 갖는가의 문제이다. 그리고 무엇이 나에게 중요한가는 나의 합리적 지식뿐만 아니라, 과거의 경험과 가치, 느낌, 직관적 통찰에도 의존할 것이다. 의미는 고정 불변의 판에 박힌 것이 아니라, 상상력의 문제이자 정합성 형성의 문제이다. 보편타당한 관점의 성취에 대한 객관주의의 강조는 무엇이 개개인에게 중요하고, 통찰력을 주고 정합적인가를 간과한다.

체험주의 신화는 이해가 이 모든 요소를 실제로 포함한다는 점에 동의한다. 상호작용과 상호작용적 속성에 대한 체험주의의 강조는 의미가 항상 어떻게 어떤 개인에게의 의미인지를 보여준다. 그리고 체험적 게슈탈트를 통한 정합성 구성에 대한 체험주의의 강조는 어떤 것이 개인에게 중요하다는 말의 의미가 무엇인지를 설명해 준다. 더욱이 체험주의는 이해가 어떻게 은유를 통해 기본적인 상상력 자원을 사용하는가, 그리고 어떻게 이해가 경험에 새로운 의미를 주고 새로운 실재를 창조할 수 있는가를 설명해 준다. 체험주의는 상상적 이해가 전적으로 무제약적이라는 낭만주의의 관념을 거부한다. 바로 이 지점에서 체험주의는 주관주의와 갈라진다.

요약하면 우리는 체험주의 신화가 객관주의 신화와 주관주의 신화 둘 다에 동기를 부여해 왔던 실재하는 합리적인 관심을 채워줄 수 있다고 본다. 그러면서도 체험주의 신화는 절대적 진리에 대한 객관주의의 집착이나 상상력이 전적으로 무제약적이라는 주관주의의 주장에 빠지지 않는다.

제 30장
이해

우리는 객관주의와 주관주의 두 신화의 배후에 단일한 동기, 즉 이해에 대한 관심이 있다는 것을 알 수 있다. 객관주의 신화는 세계 안에서 성공적으로 활동할 수 있기 위해서 **외적** 세계를 이해해야 하는 인간의 필요성을 반영한다. 주관주의 신화는 이해의 내적 측면, 즉 개인은 무엇을 의미 있다고 보게 되는가와 무엇 때문에 개인의 삶은 살 만한 가치를 지니게 되는가에 초점을 맞춘다. 체험주의 신화는 이 두 측면이 대립되는 관심사가 아니라고 제안한다. 체험주의는 두 관심사에 동시에 대처할 수 있는 하나의 관점을 제시한다.

오래된 두 신화는 하나의 공통적 관점을 공유한다. 이것은 바로 인간이 환경으로부터 분리되어 있다는 생각이다. 객관주의 신화에서는 진리에 대한 관심이 성공적인 적응 활동에 대한 관심에서 생겨난다. 인간이 환경과 분리되어 있다는 관점에서는 성공적인 적응 활동을 환경에 대한 지배로 본다. 바로 여기에서 객관주의의 두 은유 「지식은 힘」과 「과학은 자연에 대한 통제력을 제공한다」가 나온다.

주관주의 신화의 주요한 논제는 인간을 자신의 환경이나 타인과 분리된 존재로 보는 데서 비롯되는 소외를 극복하려는 시도이다. 이러한 논제는 자아의 포용, 즉 개별성, 개인적 느낌, 직관, 가치의 포용 등을 포함한다. [주관주의의] 낭만주의적 해석은 감각과 느낌의 중시와 관련이 있고, 자연에 대한 수동적 인식을 통해서 자연과의 통합을 이루려는 시도와 관련이 있다.

체험주의 신화는 인간이 자기 환경의 일부라는 견해를 취하기에 인간을 환경으로부터 분리된 존재로 보지 않는다. 이 신화는 물리적 환경이나 타인과의 지속적 상호작용에 초점을 맞춘다. 그리고 이 신화는 환경과의 이러한 상호작용이 상호 변화와 관련이 있다고 본다. 이 환경 안에서 제 기능을 발휘하며 살아가려면 우리는 환경을 변화시키거나 환경 변화에 순응해야 한다.

체험주의 신화에서는 이해가 상호작용으로부터, 즉 환경이나 타인과의 지속적인 타협으로부터 생겨난다. 이해는 다음과 같은 방식으로 생겨난다. 우리의 몸과 물리적·문화적 환경의 본성이 우리가 앞에서 논의했던 종류의 자연적 차원의 관점에서 우리의 경험에 구조를 부여한다. 반복적 경험은 범주의 형성으로 이어진다. 이러한 범주는 그러한 자연적 차원을 갖는 체험적 게슈탈트이다. 그러한 게슈탈트는 우리 경험의 정합성을 결정한다. 우리의 경험을 직접 이해하는 경우는, 우리가 경험이 환경과의 상호작용이나 환경 안에서의 상호작용으로부터 직접 창발하는 게슈탈트의 관점에서 구조화된다고 확인할 때이다. 우리가 경험을 은유적으로 이해하는 경우는, 한 경험 영역의 게슈탈트를 사용해서 다른 한 영역의 경험을 구조화할 때이다.

체험주의적 관점에서 진리는 이해에 달려 있고, 이해는 세계 안의 적응 활동으로부터 생겨난다. 바로 그러한 이해를 통해서 체험주의적 대안은 진리의 해명에 대한 객관주의의 요구를 충족시킨다. 또한 바로 이 경험의 정합적 구조화를 통해서 체험주의적 대안은 개인적 의미와 중요성에 대한 주관주의의 요구를 충족시킨다.

그러나 체험주의는 객관주의와 주관주의에 동기를 부여하는 관심을 채워주는 단순한 종합 이상의 관점을 제시한다. 이해에 대한 체험주의의 해명은 우리의 가장 중요한 경험 영역의 일부에 대해 더 풍부한 관점을 제시한다. 예컨대 다음 영역이 그러한 영역이다.

- 대인 의사소통과 상호 이해
- 자기 이해
- 미적 경험
- 정치

객관주의와 주관주의가 위의 모든 영역에 관해 제시하는 견해는 빈약하다. 우리는 그 이유가 둘 다 상대편에 동기를 부여하는 관심사를 등한시하기 때문이라고 본다. 모든 영역에서 이 두 입장이 간과하는 것은 바로 상호작용에 근거한 창조적인 이해이다. 위의 각 영역에서 체험주의가 이해의 본성에 대해 제시하는 설명으로 관심을 돌려보자.

대인 의사소통과 상호 이해

대화를 나누는 사람들이 동일한 문화와 지식, 가치, 가정을 공유하지 않으면 상호 이해는 특히 어려울 수 있다. 그러한 이해는 의미의 절충을 통해서 가능하다. 누군가와 의미를 절충하기 위해서는 서로의 배경 차이는 물론 언제 그러한 차이가 중요한가를 깨닫고 존중해야 한다. 다양한 세계관의 존재를 인식하고 그러한 세계관이 어떤 모습일 수 있는가를 자각하기 위해서는 문화적·개인적 경험의 충분한 다양성이 필요하다. 또한 우리는 인내와 약간의 세계관 유연성, 실수에 대한 관용이 필요하다. 동시에 비(非)공유 경험의 관련 부분을 전달하기 위해서나, 공유 경험은 강조하는 반면 다른 경험은 경시하기 위해 합당한 은유를 찾는 능력도 필요하다. 은유적 상상력은 공감대를 새로 형성할 때나 비공유 경험의 본성을 전달할 때 핵심적인 기술이다. 이 기술은 주로 우리의 세계관을 바꾸고 우리의 경험을 범주화하는 방식을 조정하는 능력으로 구성된다. 상호 이해의 문제는 낯선 것이 아니라, 이해가 중요한 모든 확장 대화에서 발생한다.

「도관」 은유에 따르면, 한 사람이 다른 한 사람에게 공통의 언어 표현을 사용해서 타인에게 고정된 명료한 명제를 전달하고, 양측이 모든 적합한 공통적 지식과 가정, 가치를 다 가지고 있다. 그렇지만 의미가 정말로 중요할 때는 거의 언제나 「도관」 은유에 따라 전달되지 않는다. 일단 상황이 벌어지면 의미는 절충된다. 우리는 상대 방과 무엇을 공유하는가, 무슨 말을 해야 무난한가, 비공유 경험을 어떻게 전달할 수 있는가, 또는 공유 시각을 어떻게 창조할 수 있는 가를 서서히 계산해 낸다. 세계관을 바꾸는 충분한 유연성을 통해서, 또한 행운과 기교, 관용 덕분에 우리는 어느 정도의 상호 이해에 도달할 수 있다.

「도관」 은유에 근거한 의사소통 이론은, 정부의 감시나 전산화 자료철에서처럼 무차별적으로 광범위하게 적용될 때, 무력한 이론에서 사악한 이론으로 탈바꿈한다. 이 이론에는 진정한 이해를 위한 가장 중요한 핵심이 거의 들어있지 않다. 그리고 이 이론은 그 자료철 안의 낱말이 그 자체로 탈신체화된 객관적인 이해 가능한 의미를 지니고 있다고 가정한다. 어떤 사회의 삶을 「도관」 은유가 광범위하게 이끌어갈 때, 일어날 만한 일은 오해와 박해, 그리고 더 심한 악행이다.

자기 이해

자기 이해 능력은 상호 이해 능력을 전제한다. 상식적으로 우리는 우리 자신에 대한 이해가 타인에 대한 이해보다 더 쉽다고 알고 있다. 결국 우리 자신의 느낌이나 생각에는 직접 접근할 수 있고, 다른 어떤 사람의 느낌이나 생각에는 직접 접근할 수 없다고 믿는 경향이 있다. 자기 이해가 상호 이해에 앞선다고 보인다. 그리고 몇 가지 측면에서 이것은 사실이다.

그러나 왜 우리가 지금처럼 행동하고, 느끼고, 바꾸고, 심지어는 믿는가를 어떻게든 정말로 깊이 이해하기 위해서는 우리 자신을 넘어설 필요가 있다. 우리 자신을 이해하는 것은 다른 유형의 이해와 다를 바 없다. 우리 자신에 대한 이해는 우리의 물리적·문화적·대인관계적 환경과의 끊임없는 상호작용으로부터 생겨난다. 최소한은 **상호** 이해에 필요한 기술이 **자기** 이해에 접근하는 데에도 필수적이다. 상호 이해에서 우리가 타인과 이야기할 때 끊임없이 경험의 공통성을 찾아내는 것처럼, 자기 이해에서도 우리는 삶에 정합성을 주기 위해서 무엇이 우리의 다양한 경험을 통합하는가를 항상 탐색하고 있다. 우리가 타인과의 공통점을 부각하고, 그러한 공통점에 정합성을 부여하기 위해서 은유를 찾아낸 것처럼, 우리는 자신만의 과거와 자신의 현재 활동은 물론 자신의 꿈과 희망, 목표를 부각하고 이러한 것에 정합성을 부여하기 위해서 **개인적 은유**를 찾아낸다.

자기 이해의 대부분은 우리의 삶을 의미 있게 만들어 주는 적절한 개인적 은유에 대한 탐구이다. 자기 이해를 하려면 우리는 경험이 우리 자신에게 주는 의미를 끊임없이 타협하고 재타협해야 한다. 예를 들면 치료 요법에서 자기 이해의 상당 부분은 과거의 무의식적인 은유와 그 은유가 우리 삶을 이끌어 온 방식을 의식적으로 인식하는 것과 관련이 있다. 자기 이해에는 우리 삶의 새로운 정합성, 즉 낡은 경험에 새로운 의미를 부여하는 정합성의 지속적인 구축이 포함된다. 자기 이해 과정은 혼자서 새로운 삶의 이야기를 지속적으로 펼치는 것이다.

자기 이해 과정에 대한 체험주의 접근은 다음 활동을 포함한다.

삶을 이끌어 가는 은유에 대한 인식 능력을 계발하고 그 은유가 어디에서 우리의 삶 속으로 들어오며, 어디에서 그렇지 않은가에 대한 인식 능력을 계발하는 것

대안적 은유의 근거를 형성하는 경험을 하는 것

'체험적 유연성'을 계발하는 것

새로운 대안적 은유를 통해 우리의 삶을 조망하는 끊임없는 과정에 참여하는 것

의례

우리는 일상의 의례에서 아주 경건한 정례적 종교 행사에 이르기까지 다양한 의례를 끊임없이 행한다. 예컨대 일상의 의례로 우리는 매일 일정한 행동 절차를 따라 아침 커피를 끓여 마시고, (이미 6시에 뉴스를 보고 난 뒤에도) 11시 뉴스를 끝까지 본다. 또한 축구 경기를 보러 가고, 추수감사절 저녁 식사를 하고, 유명 연사의 초청 강연을 들으러 간다. 이 모든 의례는 반복적으로 구조화된 관행이다. 일부는 의도적으로 세밀하게 고안한 의례이고 일부는 다른 일부보다 더 의도적으로 행하는 의례이고 또 어떤 일부는 저절로 생겨난 의례이다.

각각의 의례는 우리 경험의 반복적이고, 정합적으로 구조화되고, 통합된 측면이다. 의례를 행할 때 우리는 우리의 활동에 구조와 중요성을 부여하고, 우리 행동의 혼란과 불일치를 최소화한다. 우리의 용어를 사용한다면 의례는 체험적 게슈탈트의 일종이다. 의례는 행동의 정합적인 연속체이며, 경험의 자연적 차원의 관점에서 구조화된다. 종교적 의례는 전형적으로 은유적 종류의 활동이다. 이러한 활동은 환유와 관련이 있다―즉, 실제 세계의 대상이 특정 종교가 정의하는 그대로의 세계 내의 개체를 가리킨다. 종교 의례의 정합적 구조는 보통 그 종교를 통해서 드러나는 실재의 어떤 측면과 유사하다고 간주된다.

일상의 개인적 의례도 또한 전체/부분 구조, 단계, 인과적 관계, 목적 성취 수단 등 경험의 자연적 차원을 따라 구조화되는 행동의 연속체로 구성되는 체험적 게슈탈트이다. 따라서 개인적 의례는 개인에게나 하위문화의 구성원에게나 자연적 종류의 활동이다. 개인적 의례는 은유적 종류의 활동일 수도 있고 그러한 활동이 아닐 수도 있다. 예를 들어 로스엔젤레스에서는 사람들이 흔히 할리우드 스타들의 집을 따라 드라이브하는 의례를 행하곤 한다. 이것은 「집으로 사람을 대신함」 환유와 「인간적 가까움은 물리적 가까움」 은유에 근거한 은유적 종류의 행동이다. 다른 일상적인 의례는, 은유적인 의례이든 아니든, 은유의 근거일 수 있는 체험적 게슈탈트를 제공한다. 예컨대 '넌 네가 하는 일이 무엇을 초래할지 모른다'(You don't know what you are opening the door to)나 '팔을 걷어 부치고 일을 시작하자'(Let's roll up our sleeves and get down to work)를 보라.

우리는 다음과 같이 제안한다.

삶을 이끌어 가는 은유는 문화적이든 개인적이든 부분적으로 의례 안에서 유지된다.

문화적 은유와 그 은유가 함의하는 가치는 의례를 통해 확산된다.

의례는 우리의 문화적 은유의 체계에 대한 체험적 토대의 필수불가결한 부분을 구성한다. 의례가 없는 문화란 있을 수 없다.

마찬가지로 (보통은 일상적이며 그냥 저절로 일어나는 종류의 의례인) 개인적인 의례가 없이는 자아에 대한 정합적인 견해도 있을 수 없다. 우리의 개인적 은유가 임의적이 아니라 우리의 특성에 합치하는 체계를 형성하는 것처럼, 개인적 의례도 임의적이 아니며, 세계와 자신에 대한 우리의 입장과 정합적이고 또한 개인적인 은유나 환유와도 정합적이다. 우리의 삶을 이끌어 가는 자아관과 가치관은 암시적일 뿐만 아니라 전형적으로 무의식적이고 이러한 관념은 아마도 우리가 반복적으로 행하는 작은 일, 즉 우리의 일상생활에서 그냥 저절로 발생하는 일상의 의례에 가장 선명하게 반영되어 있다.

미적 경험

체험주의 관점에서는 은유가 **상상적 합리성**의 문제이다. 은유 덕분에 우리는 한 종류의 경험을 다른 종류의 경험의 관점에서 이해할 수 있고, 경험의 자연적 차원이 구조화하는 게슈탈트의 부과를 통해 정합성을 창조한다. 새로운 은유는 새로운 이해를 창조하며, 따라서 새로운 실재를 창조할 수 있다. 이것은 시적 은유의 경우에 분명하다. 시적 은유에서는 언어가 새로운 개념적 은유를 창조하는 통로가 되는 매체이다.

그러나 은유는 단순히 언어의 문제가 아니다. 은유는 개념 구조의 문제이다. 또한 개념 구조는 단순히 지성의 문제가 아니다—개념 구조는 색깔, 모양, 구조, 소리 등 감각 경험을 비롯한 경험의 모든 자연적 차원을 포괄한다. 이러한 차원은 세속적 경험뿐만 아니라 미적 경험도 구조화한다. 각각의 예술 매체는 경험의 특정한 차원은 취하고 다른 차원은 배제한다. 예술 작품은 우리 경험을 이 자연적 차원의 관점에서 구조화하는 방식을 제공한다. 예술 작품은 새로운 체험적 게슈탈트를 제공하며, 따라서 새로운 정합성을 제공한다. 체험주의 관점에서는 예술이 일반적으로 상상적 합리성의 문제이며 새로운 실재를 창조하는 수단이다.

따라서 미적 경험은 공식적인 예술 세계에만 국한되지 않으며 우리 일상생활의 어느 측면에서나 나타날 수 있다. 즉 미적 경험은 우리의 관습화된 지각 양식과 사고 양식의 일부가 아닌 새로운 정합성에 주목할 때 또는 그 정합성을 우리 자신을 위해서 창조할 때마다 나타날 수 있다.

정치

정치적 논쟁은 전형적으로 자유와 경제의 문제와 관련이 있다. 그러나 사람은 자유로운 동시에 경제적으로 안정되어 있으면서도 전적으로 무의미하고 공허한 삶을 이끌어 갈 수도 있다. 우리는 「자유」「평등」「안전」「경제적 독립」「권력」등의 은유적 개념이유의미한 실존의 문제에 **간접적으로** 접근하는 여러 다른 방식이라고 본다. 이러한 은유적 개념은 이 실존 문제에 대한 적절한 논의의 필수적인 측면이지만, 적어도 우리가 아는 한 어떠한 정치적 이데올로기도 이 중요한 문제를 정면으로 다루고 있지 않다. 사실상 많은 이데올로기는 개인적이고 문화적인 유의미성 문제가 이차적이거나 차후에 다루어야 할 문제라고 주장한다. 그러한 모든 이데올로기는 비인간적이다.

정치적·경제적 이데올로기는 그 틀이 은유적 방식으로 형성된다. 다른 모든 은유처럼 정치적·경제적 은유도 실재의 측면을 은폐할 수 있다. 그러나 정치와 경제의 영역에서는 은유가 우리의 삶을 통제한다는 점에서 훨씬 더 중요하다. 어떤 정치·경제 체제 내의 은유는 무언가를 은폐함으로써 인간 비하를 초래할 수 있다.

「노동은 자원」 은유를 예로 들어보자. 자본주의든 사회주의든 오늘날 대부분의 경제 이론은 노동을 원료와 동등한 자연적 자원이나 상품으로 취급하며, 똑같이 노동의 비용과 노동의 공급이라는 말을 한다. 이 은유가 은폐하는 것은 바로 노동의 본성이다. 따라서 의미 있는 노동과 비인간적인 노동 사이에 어떠한 구분도 없어지게 된다. 노동에 관한 모든 통계 중 **의미 있는** 노동에 관한 것은 전무하다. 「노동은 자원」 은유를 받아들이고, 이러한 방식으로 정의된 자원의 비용은 계속 낮게 유지해야 한다고 가정할 때, 값싼 노동은 기름과 마찬가지로 좋은 것이 된다. 이 은유를 통한 인간 착취는

'거의 무한정에 가까운 싼 노동 공급'을 자랑하는 나라들에서 가장 현저하게 드러난다. 이 말은 인간 비하의 실재를 은폐하는 중립적으로 들리는 경제적 진술이다. 그러나 자본주의든 사회주의든 거의 모든 주요 산업국가들이 경제 이론과 정책에서 이 동일한 은유(「노동은 자원」)를 사용한다. 이 은유의 맹목적 수용은 '선진' 사회의 의미 없는 생산직/사무직 노동이든 세계 도처에 존재하는 실질적인 노예 상태이든 인간 비하의 실재를 은폐할 수 있다.

저자 후기

이 책을 함께 집필하면서 우리 두 사람은 많은 생각을 나눌 수 있었다. 또한 학생과 동료, 친구, 친척, 지인, 카페 옆자리의 낯선 사람들에 이르기까지 정말로 많은 사람들과 우리의 생각을 함께 탐색할 기회를 가졌다. 그리고 우리가 생각할 수 있었던, 철학과 언어학에 대한 모든 귀결을 탐구한 끝에 우리 마음속에 가장 뚜렷하게 드러나는 것은 은유 그 자체와 그러한 은유가 우리의 일상생활에 가져다준 통찰이었다. 우리는 우리 자신과 주변 사람들의 삶을 「시간은 돈」 「사랑은 여행」 「문제는 수수께끼」 등의 은유가 이끌어 가고 있음을 발견할 때 여전히 경외감을 느낀다. 우리는 우리 자신이 세계를 지각하도록 익혀 온 방식이 유일한 것은 아니며, 우리 문화의 '진리들'을 넘어서서 세계를 바라볼 수도 있다는 깨달음의 중요성을 끊임없이 보게 된다.

그러나 은유는 그저 보고 지나칠 어떤 것이 아니다. 실제로 우리는 오직 다른 어떤 은유를 사용함으로써만 어떤 은유를 넘어서서 볼 수도 있는 것이다. 은유를 통해서 경험을 이해하는 능력은 마치

시각, 촉각, 청각 등의 감각과 같아서 은유는 세계의 많은 부분을
지각하고 경험하는 독특한 방식을 제공한다. 은유는 우리 활동에서
촉각만큼이나 중요한 부분이며, 그만큼 값진 것이다.

참고문헌

Bolinger, Dwight. *Meaning and Form.* London : Longman's, 1977.

Borkin, Ann. *Problems in Form and Function.* Norwood, N.J. : Ablex, 1985.

Cooper, William E. and Ross, John Robert. "World Order." In Robin E. Grossman, L. James San, and Timothy J. Vance, eds., *Functionalism.* Chicago : Chicago Linguistic Society (University of Chicago, Goodspeed Hall, 1050 East 59th Street, 1975).

Davidson, Donald. "What Metaphors Mean." *Critical Inquiry*, no. 5 (1978): 31 – 47.

Frege, Gottlob. "On Sense and Reference." In P. Geach and Max Black, eds. *Translations from the Philosophical Writings of Gottlob Frege.* Oxford: Balckwell, 1966.

Grice, H. P. "Meaning." *Philosophical Review*, no. 66 (1957) : 377 – 88.

Lakoff, George. "Linguistics and Natural Logic." In Donald Davidson and Gilbert Harman, eds. *Semantics of Natural Language.*

Dordrecht : D. Reidel, 1972.

_____. "Hedges : A Study in Meaning Criteria and the Logic of Fuzzy Concepts." In Donald Hockney et al., eds. *Contemporary Research in Philosophical Logic and Contemporary Semantics.* Dordrecht : D. Reidel, 1975.

_____. "Linguistic Gestalts." In *Proceedings of the Thirteenth Annual Meeting of the Chicago Linguistic Society.* Chicago : Chicago Linguistic Society, 1977.

Lewis, David. "General Semantics." In Donald Davidson and Gilbert Harman, eds. *Semantics of Natural Language.* Dordrecht : D. Reidel, 1972.

Lovins, Amory B. *Soft Energy Paths.* Cambridge : Ballinger, 1977.

Montague, Richard. *Formal Philosophy.* ed. Richmond Thomason. New Haven : Yale University Press, 1974.

Nagy, William. "Figurative Patterns and Redundancy in the Lexicon." Ph. D. Dissertation, University of California at San Diego, 1974.

Reddy, Michael. "The Conduit Metaphor." In A. Ortony, ed. *Metaphor and Thought.* Cambridge : Cambridge University Press, 1979.

Rosch, Eleanor. "Human Categorization." In N. Warren, ed. *Advances in Cross-Cultural Psychology,* vol. 1. New York : Academic Press, 1977.

후기 2003

이 작은 책은 20여 년 전 우리가 처음 썼을 때는 생각할 수도 없었던 다양한 방식으로 인간의 마음에 관한 탐구에 기여했다. 우리의 원래 동기는 흔히 아름답고, 때로는 혼란스럽지만 항상 심오한 일상적인 은유적 사고의 실상을 세계의 독자들에게 알리려는 것이었다.

이 책은 은유적 사고를 전면에 부각함으로써 마음에 대한 탐구에서 매우 기본적인 몇몇 개념, 즉 의미와 진리, 사고의 본성, 마음이 형성될 때 몸이 하는 역할 등에 관해 다시 고찰해야 할 필요성을 보여주었다. 그 결과 이 책은 언어학과 인지과학, 철학뿐만 아니라 문학 이론과 정치학, 법학, 임상심리학, 종교학, 나아가 수학, 과학 철학에 이르기까지 수많은 분야에 걸쳐 광범위한 함축을 갖게 되었다.

우리가 어떻게 은유적으로 사고하는가는 정말로 중요하다. 이 은유적인 사고방식은 세속적 선택은 물론 전쟁과 평화, 경제 정책, 법적 판단 등의 문제를 결정할 수 있다. 군사적 공격은 '강간'인가,

'우리의 안전에 대한 위협'인가, 아니면 '테러리즘으로부터의 국민의 방어'인가? 우리는 동일한 공격을 매우 상이한 군사적 귀결과 함께 이 셋 중 어느 것으로나 개념화할 수 있다. 당신의 결혼은 파트너 관계인가, 일생을 통해 함께 하는 여행인가, 아니면 외부 세계로부터의 안식처인가, 성장의 수단인가, 아니면 제3의 개체가 되는 두 사람의 결합인가? 결혼에 대한 이러한 일상적인 개념화 방식 중 어떤 선택이 당신의 결혼이 무엇이 되는지 결정해 줄 수 있다. 근원적인 은유적 차이는 결혼 생활에 충돌을 불러올 수 있다. 결혼을 파트너 관계로 보는 배우자와 결혼을 안식처로 보는 배우자가 결합하는 경우를 예로 들어보자. 파트너 관계에서의 책임은 안식처의 특징인 '책임으로부터의 해방'과 충돌할 수 있다.

은유적 사고는 우리의 정신적 삶에서 의식적이든 무의식적이든 정상적이며 편재적이다. 단지 몇 개의 예만 살펴보아도, 시가에서 사용하는 은유적 사고라는 동일한 기제가 시간, 사건, 인과관계, 정서, 윤리학, 사업 등의 일상적인 개념에도 나타난다. 개념적 은유는 심지어 컴퓨터 인터페이스를 구축할 때나(예: 데스크탑 은유), 인터넷을 '정보 고속도로' '백화점' '채팅방' '옥션 가게' '놀이공원' 등으로 구축할 때도 그 배후에 자리 잡고 있다. 그러한 활용을 가능하게 해 주는 것이 바로 은유적 사고의 체계성이다.

은유의 핵심은 추론이다. 개념적 은유 덕분에 우리는 감각 운동 영역(예: **공간 영역, 대상 영역**) 내의 추론을 사용해서 다른 영역(예:

친밀성, 정서, 정의 등의 개념을 수반하는 주관적 판단의 영역)에 관한 추론을 이끌어낼 수 있다. 우리는 은유를 사용해서 추론하기 때문에 우리가 사용하는 은유들이 우리가 살아가는 방식에 관한 많은 것을 결정한다.

완강한 오류

은유적 사고의 본성과 그 심오함에 대한 이해를 가로막는 네 가지 역사적인 장애물이 있다. 바로 이러한 장애물이 은유에 대한 네 가지 그릇된 견해를 불러왔다. 서구적 전통에서 이 네 오류는 다 적어도 아리스토텔레스까지 거슬러 올라간다. 첫째, 은유가 개념의 문제가 아니라 언어의 문제라는 오류이다. 둘째, 은유가 유사성에 근거한다는 오류이다. 셋째, 모든 개념이 문자적이며 어떤 개념도 은유적일 수 없다는 오류이다. 넷째, 합리적 사고는 결코 우리의 뇌와 몸의 본성에 의해 형성되지 않는다는 오류이다.

이 책에 이어 이루어진 후속적 탐구는 이 네 견해가 다 그릇된 것임을 드러내는 데 결정적인 역할을 했다. 먼저, 은유의 소재는 언어가 아니라 개념이다. 둘째, 일반적으로 은유는 유사성에 근거하지 않는다. 이 책에서 내내 주장했던 것처럼 말이다. 그 대신에 은유는 전형적으로 우리의 경험 속 영역 간 상관관계에 근거한다. 이 상관관계는 은유 안의 두 영역 사이에서 지각되는 유사성을 형성한다. 예를 들면 한 은유의 지속적 사용은 지각되는 유사성을 창조할 수 있다. 사랑 관계를 은유적으로 파트너 관계로 이해할 경우에, 책임과 이득을 동등하게 공유하지 않으면 그 관계는 뒤틀리게 된다. 셋째, 시간, 사건, 인과관계, 도덕성, 마음 그 자체 등 매우 뿌리 깊은 지속적인 개념조차도 복합적인 은유를 통해 이해하고 추론한다. 각각의 경우에 하나의 개념 영역(예: 시간)은 다른 영역(예: 공간)의 개념적 구조의 관점에서 추론하고 이야기한다. 넷째, 개념적 은유의 체계는 절대로 자의적이 아니고, 역사적인 우연도 아니다. 오히려 개념적 은유 체계는 중요한 정도로 우리 몸의 공통적 본성과 우리 모두가 일상적 세계 안에서 활동하는 공통의 방식으로부터 형성된다.

그렇지만 개념적 은유의 편재성에 대한 모든 증거에도 불구하고 은유뿐만 아니라 의미 일반에 대한 오래된 그릇된 가정은 여전히 유지되고 있다. 긴 역사를 지닌 이 선험적인 철학적 견해는 사람들에게 너무나 깊이 각인되어 있어서 이러한 견해를 반박하는 증거를 독자들이 전혀 식별하지 못한다.

우리의 발견을 이해하지 못하도록 막는 가장 큰 장애는 은유의 개념적 본성을 인정하지 않으려는 태도이다. 은유가 단지 언어적 표현—그저 언어의 문제—일 뿐이라는 생각은 매우 흔한 오류이다. 그 결과, 많은 독자들이 계속 심지어 우리가 은유적으로 사고한다는 생각조차 수용하려 하지 않았다. 그 오류란 은유가 우리의 말하기 방식과 관련이 있지, 개념화나 사유와 관련이 있지 않다는 생각이다.

이 견해에 반해서 추상적 사고에서 은유가 중심적 역할을 수행한다는 것을 보여주는 다양한 탐구 방법이 제공하는 방대한 경험적 증거가 있다. 전통적 견해를 통해 교육받은 사람이 이 증거를 거부하거나 무시한다는 것은 놀라운 일이 아니다. 왜냐하면 그 증거를 수용하면 은유뿐만 아니라 개념과 의미, 언어, 지식, 진리를 이해하는 방식도 대폭 수정해야 할 것이기 때문이다.

너무나 많은 것들의 성패가 달려 있기 때문에 은유에 대한 이 오류를 제거하는 것은 쉬운 일이 아니다. 이러한 은유관은 2천년 이상 통용되어 왔다. 하지만 이것은 잘못된 견해이다. 즉 경험적 증거와 충돌한다. 이러한 견해가 잘못된 것이라는 사실은 결코 사소한 문제가 아니다. 이러한 견해는 전쟁과 평화, 환경, 건강, 그리고 다른 정치적·사회적 문제를 비롯한 우리 삶의 모든 측면에 관해 중요한 함축을 갖는다. 이러한 은유관은 우리가 우리 자신의 개인적 삶을 이해하는 방식과 직접 연관되고, 또한 철학이나 수학, 문학과 같은 지적 탐구와도 직접적으로 연관이 있다. 이러한 탐구는 모두 궁극적으로 중요한 문화적 영향력을 갖는다.

개념적 은유의 증거

의미와 개념화, 추론, 언어의 본성에 관한 물음이 경험적 탐구를 요구하는 물음이라는 사실을 인식하는 것은 결정적으로 중요한 일이다. 그러한 물음은 단순히 선험적인 철학적 사유만으로는 적절하게 답할 수 없다. 은유의 본성 또한 정의(定義)의 문제가 아니며, 인지의 본성에 관한 문제이다.

> 우리는 어떤 개념 영역으로부터의 추론 패턴을 체계적으로
> 사용하며 다른 어떤 개념 영역에 관해 추론하는가?

이 질문에 대해 경험적으로 확증된 대답은 '그렇다'이다. 우리는 그러한 현상을 개념적 은유라고 부르고, 이러한 영역 사이의 체계적 대응을 **은유적 사상(寫像)**이라고 부른다. 이것은 다시 또 다른 경험적 물음으로 이어진다.

> 그러한 은유적 사상은 순수하게 추상적이고 자의적인가?

이 질문에 대한 경험적 대답은 '아니오'이다. 은유적 사상은 신체적 경험을 통해 구성되고 그러한 경험의 제약을 받는다. 그러한 경험은 두 개념 영역이 상관관계를 지니며 그에 따라 한 영역이 다른 영역에 사상되는 경험이다. 끝으로 언어의 본성에 대한 상응

하는 물음이 있다.

일상생활의 관습화된 언어는 다 문자적인가,
아니면 일상적인 언어 표현은 은유적일 수 있는가?

이 질문에 대한 대답은 경험적이다. 즉 일상적·관습적 언어의
대부분은 은유적이며, 은유적 의미는 궁극적으로 우리의 신체화된
경험 안의 상관관계로부터 발생하는 개념적인 은유적 사상에 의해
주어진다.

요약하면, 은유는 자연적 현상이다. 개념적 은유는 인간 사고의
자연적 일부이며, 언어적 은유는 인간 언어의 자연적 일부이다.
더욱이 우리가 사용하는 은유와 그 의미는 우리 몸의 본성과 우리가
물리적 환경 내에서 하는 상호작용, 그리고 사회적·문화적 관행에
의존한다. 개념적 은유의 본성이나 사고와 언어에서의 그 역할에
대한 모든 물음은 다 경험적 물음이다.

[이 물음에 답하는 데] 필요한 것은 훨씬 더 경험적인 연구이다.
이러한 연구는 여러 다른 경험적 탐구 방법을 사용해서 수합하는
수렴성 증거를 추구한다. 상이한 방법론적 가정을 사용하는 복합적
인 탐구 방법은 최근까지 효과적으로 사용해 왔다. 이 복합적인 탐구
방법 덕분에 연구자들은 어떤 특정한 방법론이 선험적으로 강요하
는 증거의 수용을 거부할 수 있다(Lakoff and Johnson 1999, 6장).

이 책이 처음 나왔던 1980년 당시에는 개념적 은유를 뒷받침하는 증거가 단지 두 탐구 영역에서 나왔다.

체계적 다의성

이 탐구 영역에서 낱말의 전 어휘장(場)은 구체적 영역 안에서 문자적 의미만을 갖는 것이 아니라 추상적 영역 안에서 체계적으로 연관된 다양한 의미를 갖는다. 예를 들어 위(up), 아래(down), 오르다(rise), 떨어지다(fall), 높은(high), 낮은(low), 바닥을 치다(hit bottom) 등은 단순히 수직성에 관한 낱말일 뿐만 아니라 양에 관한 낱말이기도 하다. 따라서 개념적 은유「많음은 위」는 왜 우리가 높이의 증가는 물론 양의 증가를 의미하는 데 다의어인 오르다를 사용하는지 설명해 준다. 개념적 은유는 다의 현상의 체계성을 설명하고, 따라서 체계적인 다의성은 개념적 은유의 존재를 뒷받침하는 증거를 제공한다.

추론 패턴의 일반화

여기에서 중요한 발견은 추상적 영역에서의 추론이 우리의 감각 운동 경험의 논리를 사용한다는 점이다. 예컨대 만약 어떤 것이 물리적으로 올라가면 그 위치가 그 전보다 더 높다. 만약 어떤 것의 가격이 (은유적으로) '올라가면' 그 가격은 그 전보다 (은유적으로) '더 높다'. 「많음은 위」 은유는 물리적 높이에 관한 추론 패턴을 양에 관한 추론 패턴에 사상한다. 이 은유를 가정함으로써 우리는 일견 다른 이 두 가지 추론 패턴이 사실상 동일하다는 것을 이해할 수 있다. 더욱이 수직성을 양에 사상하는 「많음은 위」라는 단일한 은유를 가정함으로써 우리는 낱말의 다의적 사용은 물론 추론의 일반화도 동시에 해명할 수 있다. 바꾸어 말하면 이 개념적 은유를 뒷받침하는 두 개의 증거 원천이 있다—바로 다의성과 추론이다.

지난 20여 년 동안 수백여 명의 연구자들이 노력한 결과로 인지과학 안의 다양한 분야에서 수행한 탐구로부터 개념적 은유를 지지하는 방대한 경험적 증거가 수합되었다. 처음에는 우리에게 다의성 일반화와 추론 일반화라는 두 가지 주요한 증거 원천이 있었다. 이제는 우리에게 다양한 경험적 방법이 제공하는 적어도 일곱 가지 다른 유형의 증거가 있다.

1. 시적이고 참신한 사례에로의 확장 (Lakoff and Turner 1989)
2. 예컨대 점화 연구와 같은 심리학적 탐구 (Gibbs 1994; Boroditsky 2000)
3. 몸동작 연구 (McNeil 1992)
4. 역사적인 의미 변화 연구 (Sweetser 1990)
5. 담화 분석 (Narayanan 1997)
6. 수어 분석 (Taub 1997)
7. 언어 습득 (C. Johnson 1999)

이 증거의 중요성은 증거가 다양한 방법론으로부터 나오며, 더 이상 언어 형식과 추론의 자료에만 배타적으로 의존하지 않는다는 데 있다. 이 새로운 원천은 추상적 사고와 상징적 표현의 중심에 은유가 자리 잡고 있는 방식에 관해서 수렴적인 결과를 산출해 왔다.

은유 이론의 발전

수년 동안에 걸쳐 은유 이론은 크게 발전하고 심화되어 왔다. 개념적 은유의 존재와 편재성에 대한 증거는 급속히 증가하여 은유가 어떻게 사고를 구조화하는지에 대해 훨씬 더 선명한 구도를 제공하고 있다. 처음에 우리는 개념적 은유가 신체적 경험에 근거하고 있다는 사실을 단지 추정하고 있을 뿐이었다. 1980년대 초반에 레이코프와 쾨브체시는 분노 은유의 체계가 다양한 언어와 문화에 걸쳐 분노 자체의 생리로부터 생겨난다는 사실을 보여주었다 (Lakoff 1987; Kövescses 1986, 1990).

1990년대 초에 이르러 완전히 새로운 차원의 은유 분석이 발견되었다. 앞으로 우리는 이 분석을 '심층 분석'이라고 부를 것이다. 다른 연구자들과 우리가 함께 발견한 것은 시간은 물론 사건, 인과관계, 도덕성, 자아 등 우리의 가장 기본적인 개념을 정교한 개념적 은유 체계가 거의 다 구조화한다는 사실이었다. 심지어 물리학이나 사회과학에서 사용하는 기본적인 인과관계 개념조차도 20여 개에

달하는 별개의 은유로 구성된 은유 체계로부터 나오며, 각 은유는 고유의 논리를 지니고 있다(Lakoff and Johnson 1999, 11장). 따라서 인과관계는 새로운 장소에로의 강제된 이동(예: Scientific developments have *propelled* us into the Digital Age / 과학적 발전은 우리를 디지털 시대로 **몰아갔다**), 물건을 주고받음(예: These vitamins will *give* you energy / 이 비타민이 당신에게 에너지를 줄 것이다), 연결(예: Cancer has been *linked to* pesticide use/ 암은 살충제 사용과 **연관이 있다**), 경로를 따르는 이동(예: China is on *the road* to democracy, having taken *the path* of capitalism / 중국은 자본주의 **노선을** 취함으로써 민주주의를 **향하고 있다**) 등의 관점에서 개념화될 수 있다. 이러한 발견은 우리 자신에게조차도 매우 놀라운 것이었다. 왜냐하면 세계를 구조화하는 단일한 인과적 논리를 갖는 단일한 종류의 인과관계가 존재한다는 널리 퍼진 견해를 반박하는 발견이었기 때문이다.

심층 분석은 더 나아가 도덕성에 대한 우리의 기본적 이해가 개념적 은유를 통해서 발생한다는 사실을 보여주었다. 전 세계의 다양한 문화에는 평범한 일상적인 경험으로부터 자연스럽게 발생하는 도덕성 은유 체계가 있으며, 이 체계는 20여 개가 넘는 은유로 구성된다(Lakoff and Johnson 1999, 15장). 자신의 평안이든 타인의 평안이든 도덕성은 평안함과 관련이 있기 때문에, 평안함에 관한 기본적 경험으로부터 도덕성에 대한 개념적 은유가 나온다. 사람들은 일반적으로 약할 때보다는 강한 **경우**에, 기어야 할 때보다는 바로 설 수 있는 **경우**에, 불결한 음식보다는 깨끗한 음식을 먹는 **경우**에 더 잘산다. 이러한 상관관계로부터 「강함으로서의 도덕성」과 「약함으로서의 비도덕성」, 「바로 섬으로서의 도덕성」과 「엎드림으로서의 비도덕성」, 「깨끗함으로서의 도덕성」과 「불결함으로서의 비도덕성」 등의 은유가 나온다.

필요한 것을 갖고 있지 않을 때보다는 갖고 있을 때 당신이 더 잘살기 때문에 「평안함」은 「부」와 관련이 있다. 그래서 도덕적 행위가 다른 사람의 평안함을 증대하는 것으로 개념화되고, 이 평안함 증대가 은유적으로 다른 사람의 부를 늘리는 것으로 개념화되는 편재하는 은유가 존재한다. 따라서 비도덕적 행위는 타인의 부를 감소시키는 것으로 개념화된다. 그래서 만약 누군가가 당신에게 호의를 베풀면 당신은 그(녀)에게 **빚을 지게** 되며, 그 호의를 **갚으려**고 한다. 이것이 「도덕적 회계」 은유의 근거이다. 이 은유에서는 도덕성이 도덕 장부의 수지 균형을 정의한다.

도덕성에 대한 심층적 분석은 정치에 대한 중요한 함축을 갖는다. 이것은 도덕성과 정치에 대한 자유주의 세계관과 보수주의 세계관을 다룬 레이코프의 분석에 드러나 있다. 이 분석은 가정(家庭)에 대한 대립적인 두 모형, 즉 자애로운 부모 가정 모형과 엄격한 아버지 가정 모형에 근거한다(Lakoff 1996). 「가정으로서의 국가」 은유 안에서 가정에 관한 대립적인 이 두 모형은 기본적으로 상충하는 도덕적·정치적 세계관으로 바뀐다. 그러한 세계관 은유는 매우 뿌리깊게 퍼져 있어서 다른 은유들을 조직화하여 도덕적·정치적 개념 체계를 생성한다.

은유 합성

『냉철한 이성을 넘어서』(*More than Cool Reason*, 1989)에서 레이코프와 터너(G. Lakoff and M. Turner)는 심층 분석을 복합적인 시적·문학적 텍스트의 은유에 적용했다. 그 분석은 상상력의 구조를 드러내 주었다. 즉 경험을 조직화하고 이해하는 새로운 방식인 새로운 은유적 개념은 단순한 개념적 은유들을 조합해서 복합적 은유를 만드는 데서 발생한다는 것을 보여주었다. 결과적으로 혁신이나 참신성은 기적적인 것이 아니며, 뿌리 없이 나오는 것도 아니다. 오히려 이 둘은 다른 평범한 개념적 기제와 함께 일상적인 은유적 사고의 도구를 사용함으로써 형성된다.

예를 들어 셰익스피어의 소네트 73은 일생에 대해 하루와 한 해, 불이라는 세 가지 은유를 사용한다. 레이코프와 터너는 이 세 은유가 다음과 같은 더 기본적인 은유로 구성되는 복합적 은유라는 사실에 주목한다. 예컨대 「삶은 빛 / 죽음은 어둠」 「삶은 뜨거움 / 죽음은 차가움」 「일생은 흥망성쇠 주기」 등의 은유이다. 하루, 한 해, 불 등은 모두 흥성할 때는 빛과 뜨거움을 보이고, 쇠퇴할 때는 어둠과

차가움을 동반하면서 흥성하고 쇠퇴하는 주기를 포함한다.

더 나아가 레이코프와 터너는 은유와 환유를 둘 다 포함하는 합성의 사례를 발견했다. 고전적인 저승사자(Grim Reaper)의 형상에 그러한 합성이 있다. '수확자'(reaper)라는 용어는 「식물로서의 사람」이라는 은유에 근거한다. 마치 수확자가 밀이 그 생존 주기가 다하기 전에 낫으로 밀을 베는 것처럼 저승사자는 때 이른 죽음을 암시하면서 낫을 들고 나타난다. 「출발로서의 죽음」 은유 또한 저승사자 신화의 일부이다. 그 신화에서는 수확자가 문 앞에 이르면 죽은 자는 그와 함께 떠난다.

저승사자의 형상은 또한 두 가지 환유에 근거한다. 저승사자는 썩은 뒤의 몸 형태로 환유적으로 죽음을 상징하는 해골의 형태를 취하고 있다. 저승사자는 또한 고깔 외투를 입고 있다. 이 옷은 저승사자의 형상이 일반화되었던 시기에 장례식을 주재하던 수도승의 옷이다. 더욱이 이 신화에서 저승사자는 죽은 자가 삶을 떠나는 출발을 주재하면서 통제권을 갖는다. 따라서 저승사자 신화는 섬세하게 결합된 두 가지 은유와 두 가지 환유의 산물이다.

이렇게 해서 레이코프와 터너는 개념적 은유와 환유가 어떻게 함께 결합해서 복합적인 참신한 조합을 형성하는지 상세하게 보여주었다.

은유에 대한 은유들

모든 과학 이론은 필연적으로 사람의 마음속 도구를 사용해야만 하는 과학자들이 만든다. 그러한 도구 중의 하나가 개념적 은유이다. 과학적인 탐구 주제가 은유 자체일 때는 은유가 무엇인지 과학적으로 이해하기 위해서 그 작업이 은유, 즉 마음속에 신체화된 그대로의 은유를 사용해야만 한다는 것은 별로 놀라운 일이 아닐 것이다.

개념적 은유에 대한 우리의 첫 번째 은유는 수학으로부터 나왔다. 우리는 먼저 개념적 은유를 수학적 의미의 사상(寫像), 즉 개념적 영역들 사이의 사상으로 간주했다. 이 은유는 몇 가지 측면에서 유용성이 입증되었다. 이 은유는 정밀하다. 정확하고 체계적인 대응 관계를 명시한다. 이러한 대응 관계 덕분에 우리는 표적 영역에 관해 추론하기 위해 원천 영역의 추론 패턴을 사용할 수 있다. 끝으로 부분적 사상이 가능하게 된다. 요컨대 이 은유는 성공적인 초기 접근이었다.

그렇지만 「수학적 사상」 은유는 중요한 측면에서 부적절하다고 드러났다. 수학적 사상은 목표 개체를 창조하지 않는 반면, 개념적 은유는 흔히 목표 개체를 새로 생성한다. 예컨대 시간이 반드시 용도를 가져야 하는 것은 아니며, 반드시 자원이어야 하는 것도 아니다. 세계적으로 다양한 문화권의 많은 사람들은 자신들이 시간을 효율적으로 사용하는지에 관심이 없이 그저 삶을 살아간다. 그렇지만 다른 문화는 시간을 마치 제한된 자원인 것처럼 은유적으로 개념화한다. 「시간은 돈」 은유는 시간이라는 영역에 자원의 다양한 측면을 부과한다. 그렇게 할 때 이 은유는 시간이라는 영역에 여러 요소를 부가함으로써 시간에 대한 새로운 이해를 창조한다.

이러한 창조적 측면을 해명하기 위해서는 개념적 은유에 대한 좀 더 적절한 은유가 필요했다. 우리는 은유가 단순히 사상만을 하는 것이 아니라 한 영역에 요소를 부가할 수도 있다고 생각하는 방식이 필요했다. 그래서 우리는 오버헤드 프로젝터의 이미지에 근거한 「투사」 은유를 채택하게 되었다. 우리는 표적 영역을 이 프로젝터의 초기 슬라이드로 보았으며, 은유적 투사를 첫 번째 슬라이드 위에 다른 슬라이드를 겹침으로써 원천 영역의 구조를 표적 영역의 구조에 부가하는 과정으로 보았다. 은유에 대한 이 은유 덕분에 우리는 은유가 추가적인 개체나 관계를 표적 영역에 부가한다는 발상을 개념화할 수 있었다.

「투사」 은유 덕분에 우리는 또 하나의 사실도 해명할 수 있었다. 이 책이 나오기 전에 이미 영상이 하나의 구조를 갖는다는 사실이 발견되었다. 예를 들어 방안으로 걸어 들어오는 사람을 상상해 보자. 방은 하나의 그릇으로 개념화되며, 걷기는 방의 밖에서 시작해서 방안에서 끝나는 운동의 경로를 구성한다고 개념화된다. 「그릇」과 「경로」는 풍부한 영상을 구조화하는 기초 요소라는 점에서 **영상**

도식이다. 우리는 원천 영역의 영상도식 구조가 표적 영역에 관한 추론에 사용된다는 사실을 발견했다. 더욱이 우리는 수백 개의 사례에 대한 검토를 통해 영상도식 구조와 영상도식적 추론이 은유를 통해 '보존되는' 것처럼 보인다는 사실을 발견했다. 말하자면 원천 영역 그릇(예 : 물리적 뒷)이 표적 영역 그릇(예: 은유적 뒷)에 사상되고, 이 경우에 내부는 내부에 사상되고 외부는 외부에 사상된다. 어떤 개념적 은유가 「경로」 도식에 적용될 때, 목표는 목표에 사상되고 출발점은 출발점에 사상된다. 그리고 사상은 이런 식으로 계속된다. 「투사」 은유 안에서는 이것이 직접적인 귀결이다.

유감스럽게도 「투사」 은유는 큰 문제를 불러왔다. 「투사」 은유에 따르면 원천 영역의 **모든** 것이 표적 영역에 투사되어야만 한다. 그렇지만 실제로 원천 영역의 어떤 부분은 사상되지 않는다. 「이론은 건물」 은유에서 페인트, 전기 배선 등 많은 부분이 사상되지 않는다. 「도관」 은유에 따르면 나는 당신에게 아이디어를 줄 수 있지만, 여전히 나는 그 아이디어를 가지고 있다. 이것은 물리적 대상의 원천 영역에서는 사실이 아니다. 요컨대 사상은 부분적인 경향이 있지만 「투사」 은유는 사상의 부분성을 허용하지 않는다. 설상가상으로 부분적 사상의 특정한 측면에 체계성이 존재한다는 점이다. 원천 영역의 요소가 만약 표적 영역의 내적 구조와 모순적일 추론을 산출할 경우에는 사상되지 않는다. 그 경우에는 사상이 억제되어야만 한다. 따라서 우리는 **표적 영역 우선성**이라는 불품없는 아이디어를 「투사」 은유에 부가해야만 했다. 이 조건에 따른 유감스러운 원리는 "만약 (원천 영역의) 어떤 요소가 표적 영역에 모순을 야기한다면 사상하지 말라"(Lakoff 1993)이다.

1997년에 이르러 신경 이론을 받아들이면서 「투사」 은유는 포기하게 되었다. 신경 이론은 버클리의 국제컴퓨터과학연구소에서 펠트만(J. Feldman)과 레이코프가 주도하는 언어 신경 이론 기획으로부터 나왔다.

일차 은유와 신경 이론

은유 이론은 1997년 엄청난 진전을 보여주었다. 이 진전은 그래디(J. Grady, 1997)와 존슨(C. Johnson, 1997), 나라야난(S. Narayanan, 1997)의 근원적인 통찰에서 비롯되었다. 우리는 「많음은 위」처럼 세계 안에서의 신체화된 경험이 은유의 근거를 제공하는 것으로 보이는 많은 사례를 발견했다. 「많음은 위」 은유에서 우리는 양의 증가와 상관관계가 있는 높이의 증가를 자주 경험한다. 더 많은 물을 잔에 부을 때처럼 말이다. 우리가 신체적 토대의 거대함을 제대로 인식하지 못했던 이유는, 바로 이 책에서 다룬 그런 복합적 은유에 주의를 집중했기 때문이다. 그래디는 복합적 은유가 감각 운동 경험을 주관적 판단의 영역에 연결하는 일상의 경험에 직접적인 토대를 두고 있는 **일차 은유**로부터 발생한다는 사실을 보여주었다. 예를 들면 우리에게 「애정은 따뜻함」이라는 일차적인 개념적 은유가 있는 것은, 애정의 맨 처음 경험이 꼭 껴안김의 따뜻함이라는 신체적 경험에 대응하기 때문이다.

크리스토퍼 존슨은 어린이들이 일상생활에서 이루어지는 개념적 영역들의 융합을 토대로 일차 은유를 배운다고 주장했다. 그는 「아는 것은 보는 것」 은유가 어떻게 발달하는지를 연구했다. 그의 예증에 따르면, 처음에는 어린이들이 '보다'(see)를 문자적으로, 즉 시각에 관한 것으로만 사용한다. 그 다음에 보는 것과 아는 것이 융합되는 단계가 있다. 예컨대 어린이들이 '보아라, 아빠 들어오신다'(See Daddy come in) 또는 '보아라, 내가 무얼 엎질렀는지'(See what I spilled)라는 말을 할 때가 이 단계이다. 보는 활동이 아는 활동과 함께 일어난다. 그 이후에야 비로소 '보다'(see)의 분명한 은유적 사용이 출현한다. 예컨대 '네 의도가 훤히 다 **보여**'(See what I mean)와 같은 말을 하기 시작한다. 이러한 사용은 '앎'과 관련이 있지 글자 그대로의 '봄'과는 관련이 없다.

그래디의 연구 성과와 존슨의 연구 성과는 나라야난(1997)이 전개했던 은유의 신경 이론으로 설명할 수 있다. 신경 모형화에 대한 계산적 기술을 사용해서 나라야난은 개념적 은유들이 감각 운동 체계를 상위 피질 영역과 연결하는 신경 지도를 통해 신경적으로 계산된다는 이론을 전개했다.

여기에서 사용하는 '지도'(map)나 '사상'(mapping)은 신경과학에서 나온 용어이다. 뇌의 시각 체계에서 뉴런은 망막으로부터 일차 시각 피질(V_1)로 투사된다, 즉 확장된다. 이 때 망막 안의 인접하거나 가까운 뉴런들이 일차 시각 피질(V_1) 안의 인접하거나 가까운 뉴런들에 투사된다. 일차 시각 피질(V_1) 안의 활동적인 뉴런들이 이 일차 시각 피질(V_1) 안에 망막 영상의 지도를 만든다고 알려져 있다. 이 경우에 은유는 망막이 지역이고 일차 시각 피질(V_1)이 지도라는 점에서 지형학적이다.

마찬가지로 운동 피질은 몸의 지도를 포함한다고 알려져 있다. 몸 전체의 신경세포 다발이 운동 피질 안의 신경세포 다발에 '투사된다'(즉, 연결된다). 이 때 몸의 인접하거나 가까운 신경세포 다발이 운동 피질 안의 상응하는 다발에 인접하거나 가까운 신경세포 다발에 투사된다. 그러한 유형의 지도는 뇌에 흔하다.

따라서 은유의 신경 이론에서 '지도'나 '투사'와 같은 용어는 완전히 새로운 의미를 갖게 된다. 지도나 사상은 물리적 연결이다. 즉 신경절(節)이라고 불리는 신경세포 다발을 연결하는 신경 회로이다. 영역은 뇌의 상이한 부분들 안의 섬세하게 구조화된 신경 결합체이다.

신경 지도는 신경 결집(neural recruitment)을 통해 학습된다. 신경 결집은 존슨이 말하는 융합 기간 중에 동시 활성화되는 원천 신경 결합체와 표적 신경 결합체에 연결된 뉴런들의 장기적인 강화 작용이다 (Lakoff and Johnson 1999, 4장). 이 신경 학습 기제는 일차 은유들의 일정한 관습적 체계를 산출한다. 일차 은유는 언제까지나 개념 체계 안의 제 자리에 남아 있는 편이며 언어로부터 독립적이다.

예를 들어 '그는 **따뜻한** 사람이야'(He's a *warm* person)나 '그녀는 **얼음 덩어리야**'(She's a *block of ice*)와 같은 표현에 들어 있는 「애정은 따뜻함」 은유는 부모에게 다정하게 안긴 어린이의 평범한 경험에서 발생한다. 여기에서 애정은 따뜻함과 함께 발생한다. 존슨의 용어로 표현하면 애정과 따뜻함이 융합한다. 뇌 안의 두 부위에서 신경 활성화가 동시에 일어난다. 하나는 정서를 전담하는 부위이고, 다른 하나는 온도를 전담하는 부위이다. 신경과학에서 흔히 말하는 것처럼 '함께 점화되는 신경들은 함께 연결된다.' 뇌 부위들 사이의 적절한 신경 연결이 결집된다. 이러한 연결이 「애정은 따뜻함」 은유를 물리적으로 구성한다.

은유는 신경 현상이다. 우리의 이른바 은유적 사상은 신경 지도로서 물리적으로 실현되는 것으로 보인다. 그러한 신경 지도는 추상적 사고에 사용하기 위한 감각 운동 추론을 자연적이면서도 불가피하게 결집하는 신경기제를 구성한다. 일차 은유는 우리가 의식하지 못한 상태에서 자연적으로 그리고 자동적으로 발생한다. 그러한 일차 은유는 수백 개에 이르며, 대부분 그냥 인간의 몸과 뇌를 갖고 일상적 세계 안에서 활동함으로써 어린 시절에 무의식적이고 자동적으로 학습된다. 시간과 인과관계, 사건, 도덕성, 정서에 대한 일차 은유는 물론 인간의 사고에서 매우 중요한 다른 영역에 대한 일차 은유도 있다. 이러한 일차 은유는 또한 복합적인 은유적 사고와 언어 체계의 상부 구조를 제공한다.

은유적으로 사고할 것인지는 우리에게 선택권이 없다. 은유적 지도가 우리 뇌의 일부이기 때문에 원하든 원하지 않든 우리는 은유적으로 사고하고 말할 것이다. 또한 은유라는 기제가 대부분 무의식적이기 때문에 은유를 알든 모르든 우리는 은유적으로 사고하고 은유적으로 말할 것이다. 더 나아가 우리의 뇌가 신체화되어 있기 때문에 우리의 은유는 세계 안에서의 우리의 평범한 경험을 반영할 것이다. 그래서 필연적으로 수많은 일차 은유는 보편적이다. 왜냐하면 은유와 관련된 특성에 관한 한 우리 모두가 기본적으로 동일한 종류의 환경에서 기본적으로 동일한 종류의 몸과 뇌를 갖고 삶을 유지하기 때문이다.

일차 은유로 구성되는 복합 은유와 문화에 근거한 개념 틀을 사용하는 복합 은유는 또 하나의 문제이다. 복합 은유는 문화적 정보를 사용하기 때문에 문화에 따라 크게 다를 수도 있다.

은유적 사고의 신경적 토대

어떤 장면을 보고 있는 상상을 할 때는 우리의 시각 피질이 활성화된다. 몸을 움직이는 상상을 할 때에는 전(前)운동 피질과 운동 피질이 함께 활성화된다. 간단히 말해서 지각하고 행동할 때와 마찬가지로 상상할 때에도 우리 뇌의 동일한 부위의 일부가 활성화된다. 우리는 지각할 때와 행동할 때는 물론 상상할 때에도 공통적으로 나타나는 뇌의 역동적인 기능에 대해 **실연**(實演: enactment)이라는 용어를 사용할 것이다. 실재하는 실연이든 상상적인 실연이든 실시간으로 나타난다는 점에서 둘 다 역동적이다.

우리의 감각 운동 개념은 (공간 안의 운동 경험, 지각 경험, 사물 조작 경험 등) 감각 운동 경험에서 발생한다. 고정된 개념은 활성화될 때 상상적 실연을 유도할 수 있는 **신경 매개변수화**(neural pa-rameterizations)라고 불리는 신경 정보 구조이다. 신경 층위에서 개념적 은유는 원천 영역 매개변수화를 표적 영역 매개변수화에 연결한다. 이 수단 덕분에 우리는 은유적 실연을 할 수 있다 — 추상적 사유가 실시간에 또한 실제적인 맥락에서 펼쳐지는 감각 운동 실연의 지배를 받는 여러 형태의 상상을 할 수 있다.

다중 실연은 언제나 뇌가 수행하고 있고, 실연은 다중 매개변수화가 유도할 수 있다. 결과적으로 표적 영역 실연은 다중 은유의 지배를 받는다. 이것이 바로 '**나는 사랑에 빠졌지만 우리는 서로 다른 방향으로 가고 있는 것 같아**'(I've fallen in love, but we seem to be going in different directions)와 같은 복합적인 은유적 문장이 가능한 이유를 설명해 준다. 이 문장에서는 수많은 은유가 이 실연을 구조화한다. 즉 fall(떨어지다)에는 「통제 결여는 아래」 은유가 작용하고, in love(사랑 속에)에는 「상태는 장소」 은유가 작용한다. 그리고 사랑에 빠지는 것이 새로운 상태로의 변화로 특성화될 때는 「변화는 이동」 은유가 작용하고, 연인들이 '다른 방향으로 가고 있을' 때는 「사랑은 여행」 은유가 작용한다. 그러한 구체적인 표적 영영 실연에서 사랑은 상태('사랑 속에')와 통제 문제('넘어짐'), 연인들의 인생 목표의 양립 가능성('서로 다른 방향으로 감')의 측면에서 이해할 수 있다.

이것은 결코 예전의 「투사」 은유가 아니다. 전형적으로 은유적 추론은 원천 영역 실연을 통해 이루어진다. 원천 영역 추론의 결과는 신경 연결을 통해서 특정한 표적 영역에 전해진다. 따라서 새로운 은유의 학습은 단지 새로운 신경 연결의 수립과 관련이 있을 뿐, 복합적인 추론 기계의 복제 창조와는 전혀 관련이 없다. 어떤 우선성도 요구되지 않는다. 그 이유는 다음과 같다. 은유는 두 경험이 동시에 발생할 때 학습된다. 어떤 은유적 연결이 흔히 표적 영역 내의 모순을 초래한다면 이 연결은 학습되지 않을 것이다. 신경적으로 볼 때 모순은 상호 억제이다. 해당 표적 영역의 내재적 구조와의 모순을 초래할 어떤 연결이든 다 억제될 것이다. 따라서 이러한 연결은 결코 학습되지 않을 것이다.

언어 신경 이론 안에서 은유 이론의 위치를 파악하면 다음과 같은 많은 이점이 있다.

- 일차 은유가 어떻게 습득되는가에 대해 신체화를 통한 설명을 할 수 있다. 즉 보편적인 일차 은유는 보편적인 일차 경험에서 발생한다.
- 은유적 사고가 왜 존재하는가, 그리고 은유적 사고가 왜 정상적이고 피할 수 없는가에 대해 설명할 수 있다. 두 영역의 규칙적인 동시활성화가 이 두 영역을 연결하는 신경 회로를 불러낸다.
- 어떤 우선성 이론도 필요하지 않다.
- 은유는 언어 신경 이론의 나머지 부분과 자연스럽게 합치한다.
- 신경 실연은 맥락과 담화 안에서의 은유의 역동적 사용을 특징짓기 위한 기제를 제공한다.
- 언어 실연 이론은 명시적인 계산 모형과 잘 들어맞기 때문에, 은유가 역동적으로 어떻게 작동하는가에 대한 명시적인 계산적 해명이 가능하다.

은유와 역동적 실연(實演)

『삶으로서의 은유』를 쓴 이후 지금까지 우리의 주요한 관심사는 은유적 추론이었다. 그렇지만 두 유형의 추론 사이의 중요한 구별은 최근에 와서야 비로소 드러났다. 나라야난의 모형(Narayanan 1997)에서 매개변수화는 이른바 우리의 **구조적 추론**을 생성한다. 이 구조적 추론은 정적인 추론 구조를 특징짓는다. 반면에 실연 추론은 역동적 과정이 펼쳐질 때에만 발생한다.

경제학에서 구조적 추론의 한 실례는 '생산의 증가 없는 화폐 공급의 증가는 인플레이션을 증가시키는 경향이 있다'(Increasing the money supply without increasing production tends to increase inflation)일 것이다. 그러한 확률적인 추론은 국가의 경제 체계를 구조화하는 경향을 특징짓는다. 이것을 '존이 도랑에 빠졌는데 해리가 그를 끌어내 주었다'(John fell into a ditch and Harry pulled him out)와 같은 물리적 행동의 실연을 이해하기 위해 사용되는 추론 기제와 비교해 보자. 이 문장에서 상세한 추론은 무슨 일이 일어났는가를 상상한 결과로서 나타난다. 존은 넘어질 때 몸을 통제하지 못했다. 당연히 그는 부상을 입었다. 혼자 힘으로 빠져 나올 수 없었다. 해리가 그의 팔을 (또는 그의 다른 신체 부위를) 잡았다. 해리는 존에게는 없는 힘이나 지렛대를 가지고 있었다. 해리가 힘을 썼다. 그 과정에서 해리는 세게 끌어 당겨서 약간의 부상을 당했을지도 모른다. 해리가 끌어당김에 따라 존이 점점 도랑 밖으로 올라왔다.

경제 담화에 대한 모형화에서 나라야난(Narayanan 1997)은 '프랑스가 경기침체에 빠졌는데 독일이 꺼내 주었다'(France fell into a recession and Germany pulled it out)와 같은 문장을 다루었다. 이 경우에 수많은 개념적 은유와 하나의 환유가 작용한다. 여기에 작용하는 은유는 「국가는 사람」과 「경제는 시간의 흐름상에서 오르내리면서 앞쪽으로 움직이는 개체」「경기 침체는 함정」「경제적 힘은 돈의 사용」이다. 그리고 여기에 작용하는 환유는 「국가가 그 나라의 경제를 대신함」이다. 예를 들어 '프랑스'가 프랑스 경제를 대신한다.

나라야난은 전체적인 추론이 두 유형의 추론의 결합으로부터 나온다는 것을 보여주었다. 이 두 유형의 추론은 국제 경제(표적 영역)에 대한 구조적 추론과 빠지고 끌어내는 것(원천 영역)에 대한 실연 추론이다. 실연 추론은 신체화된다. 그 자체로서 실연 추론은 원천 영역에서 실행된다. 이 추론의 효과가 표적 영역에 사상되고, 따라서 국제 경제에 대한 담화 공간에 사상된다. (빠지고 끌어냄의) 원천 영역이 실연되고, 그 추론이 국제 경제라는 표적 영역에 사상된다. 이것은 그 추론이 국제 경제에 대한 지속적인 담화와 관련이 있는 추론에 영향을 미친다는 것을 의미한다. 즉 문자적인 구조적 추론과 실연되는 은유적 추론이 서로 섞이고 또한 맥락 정보와 섞여서 새로운 구조를 생성한다는 것을 의미한다. 이 새로운 구조는 단지 원천 영역 자체나 주제(표적) 영역 자체, 맥락 자체로부터 나오지 않는다. 우연히도 나라야난은 원천 영역만이 추론을 실연하는 경우만을 논의했다. 표적 영역도 역시 상상적으로 실연되어야 하는 다른 경우도 있다.

이러한 기술적인 성취 덕택에 우리는 실연 담화 속의 역동적인 은유 사용에 대한 신경 이론을 갖게 되었다. 이 이론은 중요한 측면에서 계산적으로 실행되었다.

실연과 혼성

언어 신경 이론 기획은 1988년에 시작되어 지금도 계속되고 있다. 거의 같은 기간에 포코니에와 터너(G. Fauconnier & M. Turner 2002)는 비록 영역과 의도가 다르기는 하지만 중요한 측면에서 언어 신경 이론의 몇몇 측면과 중첩되는 혼성 공간 이론을 전개했다.

혼성(blending) 이론은 실연에 사용되는 정적이고 장기적인 모든 개념 구조를 당연시한다. 달리 말하면 혼성 이론은 영상도식, 힘 역학 도식, 틀, 원형, 환유적 사상 등은 물론 원천 영역에서 표적 영역으로의 은유적 사상을 비롯한, 매개변수화라고 불리는 모든 구조를 가정한다. 혼성 이론의 핵심적인 관심사는 개별 실례에서 이 모든 일반적인 개념 구조를 사용하는 경우이다. 즉 혼성 이론은 **개념적 통합의 문제**, 즉 개념 구조들이 특정한 경우, 특히 상상적인 경우에 어떻게 결합되어 사용되는지의 문제에 관심을 갖는다. 혼성 이론의 이른바 혼성이나 개념적 통합은 신경 이론의 **결속**(binding)에 대응하는 개념으로 보인다.

혼성 이론은 포코니에의 정신 공간 이론을 사용한다. 정신 공간은 개별 상황에 대한 비교적 작은 정신 모형이며, 이 정신 모형은 우리의 개념 체계 안의 개념들이 구조화해 왔다. 혼성 공간은 적어도 두 개의 상이한 정신 공간을 상상적으로 결합하는 정신 공간이며, 이 두 개의 다른 정신 공간은 우리의 일상적인 장기적 개념 체계가 구조화한다.

여기에 최근에 텔레비전에 나왔던 한 혼성의 간단한 실례인 '유대식 피자'가 있다. 한 유대인 요리 쇼에서 볼프강 푸크(Wolfgang Puck)가 주역을 맡았다. 로스앤젤레스 출신의 뛰어난 오스트리아인 요리사인 푸크는 자신이 만든 우아한 피자로 유명하며, 유대인 여자와 결혼했다. 푸크는 피자 반죽을 가늘게 썬 빨간 양파와 함께 굽고, 그 다음에 (우아한 프랑스식 신 크림인) 크렘 프레쉬(crème fraiche)와 가늘게 썬 파, 훈제 연어, 연어 알, 가늘게 썬 미나리를 위에 덮어 유대식 피자를 만들기 시작한다. 피자 반죽은 관습적인 피자로부터 취해지는 요소이며, 유대식 요소는 훈제 연어와 (볼프강 푸크 식의 신 크림인) 크렘 프레쉬, 양파 등이다.

세계 안의 사물로서 그 유대식 피자는 바로 현재 눈에 보이는 것, 예컨대 훈제 연어와 반죽, 양파, 숙성된 크림 등이다. 그러나 개념적으로 (그리고 맛의 측면에서) 유대식 피자는 피자의 요소와 유대식 요리 요소의 혼성이다. 이 유대식 피자는 연기 목록의 주요한 요소가 되었던 만큼 그 자체로 음식 개념이 되었다. 비록 대부분의 경우에 피자 개념과 유대식 요리 개념을 제자리에 놓아두지만 유대식 피자는 이 두 개념을 약간 확장하고, 따라서 유대식 요리 개념과 피자가 무엇인가에 대한 개념을 확장한다.

혼성 이론에 따르면 이 확장은 두 개의 **입력 공간**을 지닌 혼성일 것이다. 하나는 일상적인 피자라는 개념 영역의 부분들이 구조화하는 공간이고, 다른 하나는 유대식 요리라는 개념 영역의 부분들이 구조화하는 공간이다. 유대식 피자라는 **아이디어**는 이 두 입력 공간 속 아이디어들의 개념적 혼성이다. 유대식 피자라는 아이디어를 포함하는 공간은 혼성 공간이다─ 즉 요소들을 혼합하는 작용의 새로운 개념적 산물이다.

언어 신경 이론은 개념적 혼성 이론에 신경적 토대를 제공한다. 혼성의 형성은 신경적 사상과 신경적 결속 둘 다에 근거한다. 신경적 결속에서는 두 개의 개념적 개체가 동일한 개체로 간주된다. 유대식 피자에서 고명 피자는 크렘 프레쉬가 발라진 훈제 연어와 **동일한 개체이다.** 신경적 사상은 피자 도식을 앞면이 비어 있는 도넛 위 연어 도식과 연결할 것이다. 사상과 결속을 둘 다 지닌 그러한 신경 구조가 개념적 층위에서 혼성을 형성한다.

여기에서 우리는 이 두 이론이 무엇을 성취하는지 보게 된다. 한 이론은 인지층위에서 성취하고, 다른 한 이론은 신경층위에서 성취한다. 유대식 피자 혼성은 분명히 문자적 혼성이다. 그 혼성은 아주 문자적이어서 우리는 실제로 유대식 피자 하나를 만들어서 먹을 수 있다. 포코니에와 터너(Fauconnier & Turner 2002)는 은유적 혼성도 역시 존재한다는 것을 보여주었다. 은유적 혼성은 한 입력 공간을 개념 체계 내에 있는 어떤 기존의 개념적 은유가 구조화하고 다른 입력 공간을 그 은유의 표적 영역이 구조화할 때 발생한다. 물론 개념적 은유가 사용될 때마다 혼성 공간이 존재해야만

하는 것은 아니다. 예를 들어 '철강 값이 올랐다'(Steel prices rose) 와 같은 문장을 살펴보자. 이것은 「많음은 위」의 실례이다. 철강 판매업자가 자신의 철강에 대해 더 많은 금액을 청구할 때 우리는 그 상황을 공간적 상승의 측면에서 개념화하고 이야기한다. 그러나 공간 속에 올라가고 있는 개체가 있어야만 하는 것은 아니다.

그렇지만 이 은유의 경우에 혼성이 가능하다. 「많음은 위」 은유 와 「변화는 이동」 은유, 「가상적 이동」 은유에 의해 구조화되는 철강 값 변화의 그래프를 떠올려 보라. 「많음은 위」 은유에서는 '더 높은' 가격이 그래프 상에서 문자 그대로 더 높이 있다. 「변화는 이동」 은유와 「가상적 이동」 은유에서는 변화는 이동이며, 선은 움직이는 개체가 왼쪽에서 오른쪽으로 따라간 경로를 나타낸다. 이 그래프에서 선은 오른쪽이 더 높게 기울어 있다. 이것은 문자적 인 그림으로 가격이 은유적으로 더 높아졌다는 것을 나타낸다. 이 것을 혼성으로 만들어 주는 것은 (언어 신경 이론의 용어로 말하면) 결속이다. 즉 청구 금액을 그래프 선위의 점 높이와 동일시하는 작용이다.

지난 10여 년 동안 포코니에와 터너는 은유적 혼성을 비롯한 수백 개의 실례를 모아서 혼성이 우리의 일상적인 정신생활의 특징 임을 명확하게 보여주었다. 그들은 또한 혼성의 속성을 상세하게 탐색했으며, 타당한 혼성에서 작용하는 원리를 발견했다. 언어 신경 이론에서 이에 대응하는 작업은 신경 계산과 신경 학습, 신경 최적화의 측면에서 포코니에와 터너가 발견한 특정한 속성과 원리가 왜 존재하는가를 설명하는 것이다.

언어 신경 이론과 혼성 이론은 매우 다른 기획이지만 어떤 경우에는 우연히도 이 두 기획의 주제가 중첩한다. 혼성 이론은 공간 층위, 즉 기존 개념 구조로부터 특정한 경우를 형성하는 층위에서 이루어지는 개념적 통합에 초점을 맞춘다. 혼성 이론은 또한 이러한 혼성의 관습화, 즉 혼성이 개념 구조의 일부가 될 수 있는 과정에 관심을 갖는다.

언어 신경 이론도 역시 개념적 통합에 초점을 맞춘다. 더 나아가 언어 신경 이론은 언어 전반과 언어가 표현하는 아이디어에 대한 정확하고 전면적이며 계산적인 신경적 설명을 추구한다. 언어 신경 이론은 매개변수화를 형식적으로 특징짓는 것과 신체화된 실연에 대한 계산적 모형을 정확하게 구성하는 일 둘 다에 관심을 갖는다. 언어 신경 이론은 또한 학습 모형을 만드는 데, 즉 개념을 학습하는 것과 그러한 개념을 표현하기 위해 언어를 학습하는 것에 대한 모형을 만드는 데 집중한다. 은유와 관련해서 언어 신경 이론은 우리가 왜 지금 현재와 같은 일차 은유를 갖는가에 대해 신경적 토대 위에서 설명하려고 한다.

몇 가지 수정과 해명

이 책은 은유적 사고의 본성과 언어에 대한 은유적 사고의 관계를 밝혀내려고 했던 우리의 최초의 시도였다. 피할 수 없는 몇 가지 오류가 있었다. 여기에서 다음과 같이 몇 가지 수정 사항을 제시한다.

은유를 지향적 은유와 존재론적 은유, 구조적 은유의 세 유형으로 나눈 것은 인위적인 구분이었다. (구조를 사상한다는 점에서는) 모든 은유가 다 구조적이며, (표적 영역 개체를 창조한다는 점에서는) 모든 은유가 다 존재론적이며, (지향적 영상도식을 사상한다는 점에서는) 모든 은유가 다 지향적이다.

우리는 일차 은유의 심오함을 충분히 살펴보지 못했다. 그 결과 우리의 분석은 일부가 불완전한 것이 되었다. 이 점은 예컨대 「논쟁은 전쟁」에 대한 우리의 분석에서 분명히 확인할 수 있다. 많은 독자는 대부분의 사람들이 전쟁에 대해 배우기 전에 논쟁에 대해 배운다는 점을 정확히 관찰했다. 「논쟁은 전쟁」 은유는 실제로 「논쟁은 투쟁」이라는 일차 은유와 함께 어린 시절에 시작된다. 어린이는 모두 부모의 물리적 간섭에 대해 투쟁한다. 그리고 아이들이 언어를 배우게 되면 그들의 물리적 투쟁에 언어가 수반된다. 모든 어린이의 발달 과정에서 물리적 투쟁은 관련되는 말과 융합한다. 이 융합이 바로 「논쟁은 투쟁」이라는 일차 은유의 토대이다. 성장하면서 우리는 전투나 전쟁과 같은 더 확장되고 더 격렬한 투쟁에 대해 배운다. 「논쟁은 투쟁」 은유는 이 지식을 통해 확장된다.

은유와 환유의 구별은 실재하지만 흔히 혼란스럽다. 이 둘 사이의 기본적인 구별은 다음과 같다.

> 은유에는 두 개의 영역이 있다. 하나는 표적 영역으로 직접적인 주제에 의해 구성된다. 다른 하나는 원천 영역으로서 이 영역 내에서 중요한 은유적 추론이 생겨난다. 이 영역은 이 추론에서 사용하는 원천 개념들을 제공한다. 은유적인 언어가 원천 영역에서는 문자적 의미를 지닌다. 더욱이 은유적 사상은 다중적이다. 즉 둘 또는 셋 이상의 요소가 둘 또는 셋 이상의 다른 요소에 사상된다. 영상도식 구조는 사상에서 보존된다. 예를 들어 그릇의 내부는 내부에 사상되고, 바깥쪽은 바깥쪽에 사상된다. 또한 이동의 출발점은 출발점에 사상되고, 목적지는 목적지에 사상된다. 이 밖에도 사상 과정에서의 영상도식 구조의 보존을 보여주는 실례는 많이 있다.

> 환유에는 한 개의 영역(즉, 직접적인 주제)만이 있다. 하나의 사상만이 있다. 즉 전형적으로 환유적 원천이 환유적 표적(지시물)에 사상되어 그 영역 내의 한 항목이 나머지 한 항목을 대신할 수 있다.

비록 이러한 차이가 크기는 하지만 은유와 환유 사이에 왜 가끔 혼란이 일어나는지 그 이유는 이해할 만하다. 첫째, 두 경우에 다 언어 속에 반영되어 있는 개념적 사상이 있다. 즉 의미 A를 지닌 언어 표현이 의미 B를 전달한다. 만일 개념 체계와 추론 구조보다 오히려 해당 언어의 표면 형태에 주로 주목하고 있다면 당신은 그 둘 사이의 차이를 인지할 정확한 지점을 들여다보지 못할 수 있다. 둘째, 은유와 환유에 둘 다 신경 동시활성화가 있다. 은유에는 두 영역의 동시활성화가 있으며, 환유에는 두 개의 틀 요소의 동시활성화가 있다. 그렇지만 두 개의 다른 개념적 영역에서 나오는 여러 개의 단순한 틀로부터 단 하나의 **복합적인** 틀이 형성될 수 있다. 예를 들어 「시간으로 여행을 대신함」 틀은 은유적이 아닌 방식으로 시간 영역과 공간 영역을 결합한다. 이 틀에서는 시간과 거리 사이에 상관관계가 있어서 어떤 시간이 그 시간 내에 여행할 수 있는 거리에 사상된다. 따라서 「시간으로 거리를 대신함」 환유가 존재할 수 있다. 다음 실례를 보라.

(환유) San Francisco is *a half hour* from Berkeley.
(샌프란시스코는 버클리로부터 반시간이야.)

여기에서 시간(반시간)은 환유적으로 특정한 거리를 나타낸다. 시간은 「시간」 영역에서 나오고 거리는 「공간」 영역에서 나온다는 사실에 주목하라. 이것은 한 영역에서 나온 요소를 다른 한 영역의 요소에 연결하는 사상이다. 이것이 은유가 아니라 환유인 이유는 두 영역이 단일한 문자적인 틀의 부분이기 때문이고, 다수의 사상이 아니라 단 하나의 사상만이 있기 때문이다.

이 경우를 다음 경우와 비교해 보라. 아래 문장은 은유의 사례이다. 이 은유는 시간과 장소 사이의 체험적 상관관계로부터 발생하는 '시간의 공간화' 은유이다.

    (은유) Chanukah is *close to* Christmas.
         (하누카는 크리스마스와 가깝다.)

이 은유에서 「시간」은 표적 영역이며 「공간」은 원천 영역이다. 위의 문장에서는 두 휴일의 시간 사이의 관계를 공간(가깝다)의 관점에서 은유적으로 제시한다. 여기에서 「시간」은 이 문장의 주제이지만 「공간」은 주제가 아니다. 「공간」은 단지 개념적 근원일 따름이다. 환유의 경우에는 시간과 공간 사이의 관계(「시간으로 여행을 대신함」)가 해당 문장의 주제이다.

이것이 우리에게 주는 교훈은 다음과 같다. 은유와 환유를 구별할 때 단지 어떤 단일한 표현의 의미만을 살펴보거나 두 영역이 관여하는지 그 여부만을 살펴보아서는 안 된다. 오히려 해당 표현이 어떻게 사용되는가를 살펴보아야 한다. 두 영역이 사용 중일 때 단일한 사상을 통해 어떤 단일한 복합 주제를 형성하는가? 아니면 두 영역이 사용 중에 분리되어 수많은 사상을 지니면서 그 두 영역 중의 하나가 주제(표적 영역)를 형성하는 반면, 나머지 한 영역(원천)은 상당한 추론과 수많은 언어 표현의 토대가 되는가? 만일 이것이 사실이라면 우리는 은유를 갖게 된다.

은유 이론의 적용

우리가 최초로 개념적 은유를 발견한 이후 지난 25년 동안 문학 비평, 법학, 언어학, 과학철학 등 다양한 분야의 연구자들이 개념적 은유 이론을 자신들의 연구에 흥미롭게 적용해 왔다. 그들은 시학과 법학, 심리학, 물리학, 컴퓨터과학, 수학, 철학의 한 가운데 개념적 은유가 있음을 밝혀냈다. 그들의 연구는 은유가 다음과 같은 지적인 학문 분야에서 어떻게 우리의 사고방식을 구조화하는가, 더 나아가 그러한 학문에서 어떤 사고를 허용하는가를 보여준다.

비평 분석

『냉철한 이성을 넘어서』에서 레이코프와 터너는 시(詩)에서 사용하는 은유의 대부분이 일상적 사고와 언어에서 사용하는 안정적이고 관습적인 개념적 은유의 확장인 동시에 특별한 경우라는 것을 보여주었다. 따라서 그들은 시인의 은유적 혁신이 은유적 사고의 완전히 새로운 창조에 있는 것이 아니라, 오래된 은유적 사상을 새롭게 확장하고 조합하기 위해 은유적 사고의 기존 형식을 동원하는 데 있다는 것을 보여주었다.

레이코프와 터너는 또한 관습적 은유가 속담의 핵심에 자리 잡고 있다는 것을 보여주었다. 『죽음은 아름다움의 어머니』(*Death Is the Mother of Beauty*, 1987)에서 터너는 플롯을 만드는 데 적용될 때 일상적인 개념적 은유가 어떻게 풍유의 토대를 형성할 수 있는가를 보여주었다. 이어서 터너는 『문학적 마음』(*The Literary Mind*, 1996)에서 은유적 혼성이 우화를 만들거나 문학적 상상력의 다른 흔한 산물을 만들어내는 데 어떻게 숨은 역할을 하는지를 보여주었다.

문학의 도덕적 차원이 갖고 있는 은유적 토대는 존슨의 『도덕적 상상력』(*Moral Imagination*, 1993)과 레이코프의 『도덕의 정치』(*Moral Politics*, 1996), 레이코프와 존슨의 『몸의 철학』(*Philosophy in the Flesh*, 1999)에서 제시한 은유와 도덕성에 대한 논의를 보면 분명히 알 수 있다.

정치학, 법학, 사회적 쟁점

지금까지 개념적 은유 이론의 가장 중요한 적용은 법학과 정치학, 사회적 쟁점 영역에서 이루어졌다. 법 이론가인 윈터(S. Winter)는 여러 편의 법률 평론 논문과 대표 저서인 『숲 속의 벌목지』(*A Clearing in the Forest*, 2001)에서 은유가 법적 추론에서 맡는 핵심적 역할에 대해 광범위하게 다루었다. 법적 은유는 「기업은 (수정헌법 제1조의 권리를 지닌) 사람」(Corporation As Person with First Amendments Rights) 은유에서부터 부동산을 권리의 다발로 보는 은유, 지적 재산에 대한 진화하는 은유적 이해에 이르기까지 풍부하다. 원터가 보여주는 바와 같이 미국 대법원은 이전의 판결에서 사용한 법적 범주를 확장하기 위해 흔히 은유를 사용한다. 따라서 은유는 지금까지 우리의 사회적 삶 전반에 영향을 미친 강력한 법적 도구이다.

걸프전 발발 전날 밤 인터넷으로 수백만 명의 사람들에게 유포한 레이코프의 시론(時論) 「은유와 전쟁」(Metaphor and War)은 미국 정부가 대중을 설득하기 위해 사용하는 은유와 외교 정책을 입안하는 데 개념적 은유가 맡는 역할을 다룬 가장 중요한 분석 중의 하나로 남아 있다. 그의 시론은 이라크의 정치적·경제적 상황을 개념화하기 위해 미국 정부 내에서 사용한 은유가 어떻게 그 전쟁의 가장 두려운 결과를 체계적으로 은폐했는가를 상세히 보여준다. 레이코프와 존슨의 『몸의 철학』에서 합리성을 다룬 장은 경제와 정치에서 널리 사용하는 합리적 행위자 모형의 은유적 구조와, 그 모형이 무엇을 은폐하고 있는지에 관한 철저한 분석이다.

레이코프의 『도덕의 정치』는 미국의 보수주의자와 진보주의자의 정치적 세계관을 분석한다. 레이코프는 낙태와 총기 규제, 사형제도, 과세, 사회보호 정책, 환경, 예술에 대한 보수주의자의 견해와 진보주의자의 견해가 왜 각각 사리에 맞고 일관성 있는 두 개의 대립적인 틀과 합치하는가에 대해 의문을 제기한다. 그 물음에 대한 대답은 이 두 세계관이 편재하는 도덕성 은유를 통해 일관성을 유지하며, 각 세계관의 도덕성 은유는 다시 가족에 대한 대립적인 이상화된 인지 모형을 통해 구조화된다는 것이다. 보수적 지식인은 지금까지 가족과 도덕성, 정치를 연결하는 주요한 윤곽을 명시적으로 그려냈지만, 진보주의자는 대부분 그렇게 하지 못했다. 이 책은 진보주의자에게 그들 자신의 도덕 체계를 이해하기 위한 지침을 제공한다. 이 책은 그 체계가 다양한 종류의 진보주의자들을 어떻게 통합하는지, 보수주의 정치는 물론 진보주의 정치 뒤에 있는 전체적인 도덕적 토대가 무엇인지를 보여준다. 이 분석은 미국의 모든 주요한 사회적 쟁점에 적용된다.

심리학

은유 분석은 인지심리학과 임상심리학에 다 중요하다고 입증되었다. 인지심리학은 모든 개념이 문자적이며 탈신체적이라는 낡은 사고의 지배를 받는다. 은유 이론에 관한 연구는 그 견해가 잘못임을 보여주는 결정적인 증거를 제공하며, 이미 어느 정도 진전된 훨씬 더 흥미로운 인지심리학의 가능성을 열어 놓고 있다(Gibbs 1994). 예를 들어 자아의 은유적 개념화(Lakoff & Johnson 1999, 12장), 마음과 기억, 주의의 개념화(Fernandez-Duque & Johnson 1999), 감정의 은유적 개념화(Lakoff 1987 사례 연구 1; Kövecses 1990)에 대해 상당한 연구가 수행되었다.

임상심리학에서 은유 이론의 전망은 아주 밝다. 무의식적인 은유 체계에 대해 이제 우리는 많은 것을 알고 있다. 따라서 우리는 무의식적인 은유 체계가 어떻게 개인으로서의 우리의 삶에 영향을 미치고, 우리가 우리 자신의 삶을 이해하기 위해 일생 동안 어떤 **개인적인 은유**를 전개해 왔는지를 보여줄 수 있다. 또한 우리는 결혼과 사랑에 관해 어떤 기본적인 은유가 있는지, 또한 배우자의 은유가 어떻게 서로 다를 수 있는지를 알고 있다. 그러한 차이는 커다란 어려움을 초래할 수 있다. 레이코프의『도덕의 정치』는 가족 모형의 결정적으로 중요한 차이를 기술하고, 이 차이가 이후의 삶에 어떻게 영향을 미칠 수 있는지를 기술한다. 비록 숙련된 치료사가 이 영역에서 잘 발달된 직관을 가질 수 있지만, 은유 이론은 우리의 자아 이해의 인지적·정서적 차원에 대한 체계적 지침을 제공한다. [꿈에 대해 은유 이론을 적용한 논의는 레이코프(Lakoff 1997)를 보라.]

수학

지금까지 문자적이고 탈신체적이며 객관적이라고 간주된 영역이 있다면 그 영역은 바로 수학일 것이다. 그러나 레이코프와 누네즈 (G. Lakoff & R. Núñez 2000)는 수학도 역시 철저히 은유적이라는 것을 보여주었다. 예를 들어 수(數)직선을 생각해 보라. 수가 반드시 어떤 선 위의 점이어야 할 이유는 없다. 「수는 선 위의 점」이라는 것은 은유이다. 이것은 「수는 집합」이 은유인 것과 마찬가지이다. 「수는 집합」 은유는 19세기말 발전한 수학의 집합론적 토대에서 사용한다. 레이코프와 누네즈의 『수학은 어디에서 오는가』(*Where Mathematics Comes From*, 2000)는 산술에서 집합 이론과 논리, 여러 형식의 무한성, 고전적인 고급 수학에 이르기까지 수학의 은유적 구조에 대한 방대한 연구이다. 수학은 우주의 탈신체화되고 문자적인 객관적인 특성이 아니라 뇌를 가진 인간이 우리의 물리적 세계 안에 살면서 구성하는, 신체화되어 있으며 대부분 은유적이며 안정적인 지적 체계로 드러난다.

인지언어학

은유 이론은 인지언어학이라는 분야의 핵심적인 하위 분야이다. 인지언어학이 뇌와 마음에 대한 일반적인 연구에서 개념 체계와 언어에 대해 설명적인 토대를 제공하려고 시도하기 때문이다. 그 자체로서 인지언어학은 통사론에서 의미론, 담화에 이르기까지 가능한 한 언어의 많은 국면을 설명할 수 있는 통합적 구도를 형성하기 위해 인지심리학과 인지신경과학, 발달심리학의 최근 연구에 의존하며, 그 연구를 통합하려고 시도한다. 인지언어학계의 다른 핵심적인 발전은 다음과 같다.

1. 공간 관계와 같은 닫힌 부류의 요소에 대한 의미론 (Talmy 2000)

2. 기본 층위 범주와 원형, 방사상 범주를 비롯한 범주 구조에 대한 연구 (Lakoff 1987)

3. 정신 공간 (Fauconnier 1985; Fauconnier & Sweetser 1996)

4. 틀 의미론 (Fillmore 1982, 1985; Sweetser 1990)

5. 혼성 공간 (Fauconnier & Turner 1998, 2002)

6. 인지문법 (Langacker 1986, 1990, 1991)

7. 인지구문문법 (Goldberg 1995; Lakoff 1987, 사례 연구 3)

언어 신경 이론은 지금도 발전하고 있다. 언어 신경 이론은 신경 계산에 근거해서 사고와 언어에 대한 통합적인 이론을 제공하려고 시도한다 (Regier 1996; Narayanan 1997; Feldman & Lakoff, 2006.)

철학

부분적으로 『삶으로서의 은유』는 두 명의 뛰어난 현대 미국 철학자가 제시한 은유에 대한 영향력 있는 주장에 대응하려는 시도에서 시작되었다. 그 중 한 명은 은유에 의미가 없다고 주장한 데이빗슨 (D. Davidson)이며, 다른 한 명은 의미론적이고 화용론적인 원리 덕분에 우리가 문자적 의미를 은유적 문장에 할당할 수 있다고 주장했던 설(J. Searle)이다. 우리는 그들의 주장이 분석철학에서, 그리고 서양 전통에서 줄곧 유지되어 온 흔한 주장, 즉 개념이 모두 의식적이며 문자적이고 탈신체적이라는 (즉 개념의 결정적인 모습이 신체와 뇌에 의해 형성되지 않는다는) 주장에 의존한다는 사실을 깨달았다.

이 책의 마지막 몇 장에서 논의했던 것처럼 개념적 은유 이론이 보여주는 사실은 서양철학의 많은 주요 가정과 양립 불가능하다. 모든 사고가 의식적이며 문자적이고 탈신체적이라는 것은 결코 사실이 아니다. 이 책을 완성한 이후 지난 20여 년 동안 우리는 만일 신체화된 인지과학이 제시하는 마음과 언어에 대한 결과에서 출발해 철학을 새롭게 재구성한다면 철학이 어떻게 될 것인지를 그려보려고 했다. 이러한 노력의 결과는 『몸의 철학』에 제시되어 있다. 그 책은 다음 주제의 본성에 대한 폭넓고 심오한 재고찰이다.

- 진리와 과학
- 시간, 사건, 인과관계, 마음, 자아, 도덕성, 존재, 본질 등 기본적인 철학적 개념
- 소크라테스 이전의 철학자와 플라톤, 아리스토텔레스, 데카르트, 칸트, 콰인 등 현대 분석철학자에 이르기까지 위대한 철학자들이 사용한 근본적인 사유 형식을 정의하는 은유적 구조
- 인간은 무엇인가, 종교와 영적 경험은 무엇인가, 철학 자체의 과제는 무엇인가에 대한 새로운 견해의 귀결

요약

은유 이론은 이 조그만 책에 제시한 소박한 출발점에서 시작해서

긴 여정을 거쳐 왔다. 그러나 이 책의 핵심적 아이디어의 대부분은 전반적으로 인지언어학과 인지심리학의 최근의 경험적 연구에서 유지되었거나 더욱 발전되었다. 이러한 핵심적 아이디어는 다음과 같다.

- 근본적으로 은유는 그 본성이 개념적이며, 은유적 언어는 이차적이다.
- 개념적 은유는 일상적 경험에 토대를 두고 있다.
- 추상적 사고는 전부는 아니지만 대부분 은유적이다.
- 은유적 사고는 불가피하고, 편재하며, 대부분 무의식적이다.
- 추상적 개념은 문자적 핵심을 가지고 있지만 은유에 의해, 흔히 다수의 상호 모순적인 은유들에 의해 확장된다.
- 추상적 개념은 은유 없이는 완전하지 않다. 예를 들어 사랑은 마법, 매력, 미침, 결합, 양육 등에 대한 은유가 없이는 사랑이 아니다.
- 개념에 관한 사유에서 사용되는 은유들이 모순적일 수 있기 때문에 우리의 개념 체계가 완전히 일관성이 있는 것은 아니다.
- 우리는 은유를 통해 도출하는 추론에 근거해서 삶을 살아간다.

현재의 상황

우리의 주장을 뒷받침하는 증거는 방대하며 꾸준히 증가하고 있다. 그럼에도 불구하고 우리의 주장은 한 가지 분명한 이유 때문에 저항에 부딪혔다. 즉 우리의 주장이 학문 세계 안팎의 많은 사람들이 맨 처음 배웠으며, 또 여전히 그들이 추구하고 있는 연구 의제를 형성해 주었던 가정에 합치하지 않기 때문이다. 지금까지 주류의 많은 철학자와 언어학자, 심리학자들은 우리의 주장을 격렬하게 거부했거나, 우리의 주장을 마치 거짓인 것처럼 무시하고 자신들의 일상적 과제에 집중하는 쪽으로 기울었다. 그 이유는 분명하다. 우리의 주장이 의미와 사고, 언어의 본성에 대해 수 세기 동안 유지해 왔던 오래된 가정의 핵심에 타격을 가하기 때문이다. 만일 이 새로운 경험적 결과를 진지하게 받아들인다면 우리 문화 전반에 속하는 사람들은 과학과 철학이 무엇인가에 대해 자신들이 소중하게 품어왔던 믿음 중 상당 부분에 대해 다시 생각해야 하고, 자신들의 가치를 새로운 관점에서 검토해야 할 것이다.

무엇보다도 핵심적인 쟁점은 개념적 은유의 존재이다. 만일 개념적 은유가 실재한다면 의미와 지식에 대한 문자주의 견해와 객관주의 견해는 모두 잘못된 것이다. 우리는 더 이상 우리가 객관적이고 문자적인 토대에서 개념과 지식을 설명하는 것처럼 위장할 수 없다. 이것은 인간이라는 것이 무엇을 의미하는가, 마음은 어떻게 작동하는가, 사회적·문화적 존재로서 우리의 본성은 무엇인가에 대한 전통적인 사고방식의 대부분에 대한 심각한 도전이 된다.

동시에 우리가 지금까지 발견한 것은 근본적으로 포스트모던적 사고의 몇몇 핵심적 신조, 특히 의미는 토대가 없으며 단지 자의적인 문화적 구성물에 불과하다고 주장하는 신조와도 근본적으로 상충된다. 예컨대 일차 은유에 대해 지금까지 발견한 것은 결코 이 신조를 지지해 주지 않는다. 보편적 은유와 문화적 변이가 둘 다 존재하는 것으로 보인다.

이 때문에 이 책은 처음 출간되었을 때와 마찬가지로 현재에도 역시 많은 논란을 일으키고 있으며 급진적이다. 이 책은 일상적인 탐구에 의문을 제기하고 학제 간의 새로운 협동적 탐구 방식을 요구한다. 만일 그러한 탐구에 관심이 있다면 다음의 참고문헌이 그 출발점이 될 것이다.

조지 레이코프 (캘리포니아대학교, 버클리)

마크 존슨 (오리건대학교, 유진)

참고문헌(후기 2003)

Boroditsky, L. "Metaphoric Structuring : Understanding Time through Spatial Metaphors." *Cognition, 75* (2000) : 1-28.

Fauconnier, G. *Mental Spaces : Aspects of Meaning Construction in Natural Language.* Cambridge, Mass. : MIT Press, 1985.

_____. *Mappings in Thought and Language.* Cambridge : Cambridge University Press, 1997.

Fauconnier, G. and E. Sweetser. *Spaces, Worlds, and Grammar.* Chicago : University of Chicago Press, 1996.

Fauconnier, G. and M. Turner. "Conceptual Integration Networks." *Cognitive Science, 22,* no. 2 (1998) : 133-87.

_____. *The Way We Think : Conceptual Blending and the Mind's Hidden Complexities.* New York: Basic Books, 2002.

Feldman, J. and G. Lakoff. *From Molecules to Metaphors : The Neural Theory of Language* (2006).

Fernandez-Duque, D. & M. Johnson. "Attention Metaphors : How Metaphors Guide the Cognitive Psychology of Attention." *Cognitive Science,* 23, no. 1 (1999) : 83-116.

Fillmore, C. "Frame Semantics." In Linguistic Society of Korea, ed. *Linguistics in the Morning Calm.* Seoul : Hanshin, 1982, pp.

111-38.

_____. "Frames and the Semantics of Understanding." *Quaderni di Semantica, 6* (1982) : 222-53.

Gibbs, R. *The Poetics of Mind* : *Figurative Thought, Language, and Understanding.* Cambridge : Cambridge University Press, 1994.

Goldberg, A. *Constructions.* Chicago : University of Chicago Press, 1995.

Grady, J. *Foundations of Meaning* : *Primary Metaphors and Primary Scenes.* Doctoral Dissertation (University of California at Berkeley, 1995).

Johnson, C. "Metaphor vs. Conflation in the Acquisition of Polysemy: The Case of SEE." In M. K. Hiraga, C. Sinha, and S. Wilcox, eds. *Cultural, Typological and Psychological Issues in Cognitive Linguistics.* Current Issues in Linguistic Theory, vol. 152, Amsterdam : John Benjamins, 1999, pp. 155-69.

Johnson, M. *The Body in the Mind* : *The Bodily Basis of Meaning, Imagination, and Reason.* Chicago : University of Chicago Press, 1987.

_____. *Moral Imagination* : *Implications of Cognitive Science for Ethics.* Chicago : University of Chicago Press, 1993.

Johnson, M., ed. *Philosophical Perspectives on Metaphor.* Minneapolis : University of Minnesota Press, 1981.

Kövecses, Z. *Metaphors of Anger, Pride, and Love* : *A Lexical Approach to the Structure of Concepts.* Philadelphia : John Benjamins,

1986.

_____. *Emotion Concepts.* New York: Springer-Verla. 1900.

_____. *Metaphor and Emotion: Language, Culture, and Body in Human Feeling.* Cambridge : Cambridge University Press, 2000.

_____. *Metaphor : A Practical Introduction.* New York : Oxford University Press, 2002.

Lakoff, G. *Woman, Fire, and Dangerous Things : What Categories Reveal about the Mind.* Chicago : University of Chicago Press, 1987.

_____. "Metaphor and War : The Metaphor System Used to Justify War in the Gulf." Originally distributed by electronic mail, December 1990. On the Web at : www://philosophy. uoregon. edu/meta-phor/lakoff-1.htm. Also in Brien Hallet, ed. *Engulfed in War : Just War and the Persian Gulf.* Honolulu : Matsunaga Institute for Peace, 1991.

_____. "The Contemporary Theory of Metaphor." In A. Ortony, ed. *Metaphor and Thought.* 2nd. ed. Cambridge : Cambridge University Press, 1993.

_____. *Moral Politics.* Chicago : University of Chicago Press, 1996.

_____. "How Unconscious Metaphorical Thought Shapes Dreams." In D. J. Stein, ed. *Cognitive Science and Psychoanalysis.* New York : American Psychoanalytic Association, 1997.

Lakoff, G. & M. Johnson. *Philosophy in the Flesh.* New York : Basic Books, 1999.

Lakoff, G. & R. Núñez. *Where Mathematics Comes From*: *How the Embodied Mind Brings Mathematics into Being*. New York: Basic Books, 2000.

Lakoff, G. & M. Turner. *More than Cool Reason*: *A Field Guide to Poetic Metaphor*. Chicago: University of Chicago Press, 1989.

Langacker, R. W. *Foundations of Cognitive Grammar*, 1-2. Stanford, Cal.: Stanford University Press, 1986, 1991.

_____. *Concept, Image, and Symbol*: *The Cognitive Basis of Grammar*. Berlin: Mouton de Gruyter, 1990.

McNeill, D. *Hand and Mind*: *What Gestures Reveal about Thought*. Chicago: University of Chicago Press, 1992.

Narayanan, S. *Embodiment in Language Understanding: Sensory-motor Representations for Metaphoric Reasoning about Event Descriptions*. Doctoral Dissertation (University of California at Berkeley, 1997).

Regier, T. *The Human Semantic Potential*. Cambridge, Mass.: MIT Press, 1996.

Sweetser, E. *From Etymology to Pragmatics*: *Metaphorical and Cultural Aspects of Semantic Structure*. Cambridge: Cambridge University Press, 1990.

Talmy, L. *Toward a Cognitive Linguistics*. Cambridge, Mass.: MIT Press, 2000.

Taub, S. *Language from the Body*: *Iconicity and Metaphor in American Sign Language*. Cambridge: Cambridge University Press, 2001.

Tuner, M. *Death is the Mother of Beauty* : *Mind, Metaphor, Criticism*. Chicago: University of Chicago Press, 1987.

_____. *Reading Minds* : *The Study of English in the Age of Cognitive Science*. Princeton, N.J. : Princeton University Press, 1991.

_____. *The Literary Mind*. New York : Oxford University Press, 1996.

Winter, S. *A Clearing in the Forest* : *Law, Life, and Mind*. Chicago : University of Chicago Press, 2001.

찾아보기

지은이에 대하여

조지 레이코프(George Lakoff, 1941~)는 캘리포니아대학교(버클리)의 언어학 교수이다. 주요 저서로 『여자, 불, 위험한 것들』(*Women, Fire, and Dangerous Things*, 1987), 『냉철한 이성을 넘어서』(*More than Cool Reason*, 1988), 『몸의 철학』(*Philosophy in the Flesh*, 1999, 공저), 『도덕의 정치』(*Moral Politics*, 2002), 『코끼리는 생각하지 마!』(*Don't Think of an Elephant*, 2004) 등이 있으며, 주로 인지언어학 분야에서 은유와 관련된 많은 글을 발표했다.

마크 존슨(Mark Johnson, 1949~)은 오리건대학교(유진)의 철학 교수이다. 주요 저서로 『마음 속의 몸』(*The Body in the Mind*, 1987), 『도덕적 상상력』(*Moral Imagination*, 1993), 『몸의 철학』(*Philosophy in the Flesh*, 1999, 공저), 『몸의 의미』(The Meaning of the body, 2008), 『신체화된 마음과 의미, 이성』(Erubodied Mind, Meaning and Reason, 2017) 편저로 『은유의 철학적 관점』(*Philosophical Perspectives on Metaphor*, 1981)이 있으며, 주로 언어철학 분야에 많은 글을 발표했다.

옮긴이에 대하여

노양진 전남대학교와 동 대학원에서 철학을 공부하고 미국 서던일리노이대학교(카본데일)에서 마크 존슨의 지도 아래 철학박사 학위를 받았다. 현재 전남대학교 철학과 교수이다. 저서로 『현대철학과 언어』(2002, 공저), 『상대주의의 두 얼굴』(2007), 『몸·언어·철학』(2009), 『몸이 철학을 말하다』(2013), 『나쁜 것의 윤리학』(2015), 『철학적 사유의 갈래』(2018), 『기호적 인간』(2020) 등이 있으며, 역서로 『실용주의』(1999, 공역), 『마음 속의 몸』(2000), 『몸의 철학』(2002, 공역) 등이 있다. 그 외 언어철학 분야에 많은 논문이 있다.

나익주 전남대학교 영어영문학과를 졸업하고 서강대학교/전남대학교 대학원에서 영어학으로 문학석사와 문학박사 학위를 받았다. 전남대학교와 충남대학교에서 강의했고 캘리포니아대학교(버클리) 언어학과에서 객원학자로서 인지언어학과 은유를 연구했다. 『은유로 보는 한국 사회』(2020), 『조지 레이코프』(2017), 『비유의 인지언어학적 탐색』(2015, 공저) 등을 썼고, 『마음의 시학』(2003), 『프레임 전쟁』(2007), 『이기는 프레임』(2016) 등의 역서를 냈으며, 역서 『코끼리는 생각하지 마』(2015)를 감수했다. '성욕의 은유적 개념화' '삶을 지배하는 교육 은유' '도덕성 은유와 프레임 전쟁' 등의 논문을 썼다.